XINBIAN TIYUXUE SHIYAN JIAOCHENG

新编体育学
实验教程

范锦勤　李丕彦　冯培明　阮定国　主编

中山大学出版社
·广州·

版权所有　翻印必究

图书在版编目（CIP）数据

新编体育学实验教程／范锦勤等主编．－－广州：中山大学出版社，2025.8．－－ISBN 978 - 7 - 306 - 08440 - 8

Ⅰ．G80

中国国家版本馆 CIP 数据核字第 2025BW0781 号

出 版 人：	王天琪
策划编辑：	王旭红
责任编辑：	王旭红
封面设计：	曾　斌
责任校对：	陈　莹
责任技编：	靳晓虹
出版发行：	中山大学出版社
电　　话：	编辑部 020 - 84110283，84113349，84111997，84110779，84110776
	发行部 020 - 84111998，84111981，84111160
地　　址：	广州市新港西路 135 号
邮　　编：	510275　　传　　真：020 - 84036565
网　　址：	http://www.zsup.com.cn　E-mail：zdcbs@mail.sysu.edu.cn
印 刷 者：	佛山家联印刷有限公司
规　　格：	787mm×1092mm　1/16　18.5 印张　363 千字
版次印次：	2025 年 8 月第 1 版　2025 年 8 月第 1 次印刷
定　　价：	45.00 元

如发现本书因印装质量影响阅读，请与出版社发行部联系调换

前　言

体育专业的课程可分为"学科类课程"和"术科类课程"。其中,"学科类课程"由理论教学和实验教学两部分组成:理论教学主要通过课堂讲授等教学方法把理论知识传授给学生;而实验教学则通过培养学生的实际操作能力,使其巩固已学过的理论知识,掌握基本的科学研究方法,提高理论联系实际的能力。这一系列教学目标的达成,对学生在未来工作中应用体育理论知识和科研方法具有重要意义。

教育部颁布并实施的《普通高等学校体育教育本科专业各类主干课程教学指导纲要》与《全国普通高等学校体育教育本科专业课程方案》,对高校体育教学工作提出更高的要求。作为体育专业"学科类课程"的配套实验教材,本教程在编写时力求顺应现代教育理念的发展趋势,紧密协调实际与实践、知识与技能、现实条件与发展空间、有限课时与较多实验的关系,增强创新性与科研性,体现时代性与发展性,努力探索实验教学的新思路和新方法。

本教程对现有已开设课程的实验内容进行具体分析,依据理论课程的性质、学生的认知规律,对实验内容进行精心的设计与编排。本教程的编写内容包括:"绪论"介绍实验课的要求及实验守则、实验报告的内容与要求,为规范实验报告、培养学生科学研究的基本素质奠定基础。第一章为"实验仪器器具使用及基本操作",促进学生了解和掌握相关仪器器具的知识及使用,保证学生成功地完成实验操作。第二章为"人体形态结构观察与测评",主要涵盖人体解剖学、运动解剖学、体育测量与评价等内容。第三章为"运动机能测量与评定",其主要结合运动生理学、运动生物化学等知识进行阐述。第四章为"医学保健技术与检查",是运动医学、体育保健学等知识的有机结合。第五章为"体育心理测量与评价",其主要整合体育心理学、运动训练学等知识要点。第六章为"体育设计性实验",旨在激发学生学习的兴趣,启发学生的科学创想与创新意识,培养学生初步的科研能力。其中,第二章至第四章包含验证性实验和综合性实验。验证性实验为基本实验技能训练,主要目的是让学生掌握必备的实验技术、实验技能;综合性实验为科学思维引导性实验,主要目的是启发学生的思维与科学创想,培养学生的研究与探索能力。

全书的实验项目(内容)编写注重基础性和实用性的原则,各学校可根据

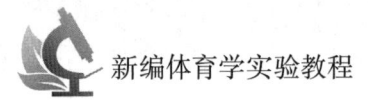

自身的教学条件、实验时数和课程开设情况，有选择地安排相关的实验。

2024年1月以来，各位编者通过数次的编写工作会议，确定了教程编写提纲，明确了各编者的编写任务。完成初稿以后，各位编者通过交叉审阅，提出各自的修改意见进行完善，随即由范锦勤、李丕彦、冯培明、阮定国四位主编负责实验教程的统稿、修改，最后由范锦勤主编进行定稿。在此，感谢张向群教授和卢文彪副教授对本教程书稿的指导和帮助。

"路漫漫其修远兮，吾将上下而求索。"在本教程的编写过程中，我们虽然努力使教程符合实验教学的要求，但由于体育实验的复杂性，加之编者能力所限，书中存在的欠妥和错误之处，恳请同仁不吝指正和提出修改意见，以使本教程日臻完善。

编　者

2025年2月

目　　录

绪　论 ··· 1

第一章　实验仪器器具使用及基本操作 ·· 10
第一节　常用实验仪器的使用 ·· 10
第二节　常用实验器具的使用 ·· 21
第三节　实验的基本操作规范 ·· 28

第二章　人体形态结构观察与测评 ·· 36
第一节　验证性实验 ··· 36
实验一　人体细胞和基本组织的显微镜观察 ·· 36
实验二　全身骨骼及其连结与运动的观察 ·· 42
实验三　全身不同肌群的定位及其机能分析 ·· 49
实验四　人体运动保障系统的观察 ·· 54
实验五　人体运动调节系统的观察 ·· 67

第二节　综合性实验 ··· 75
实验一　常用体表标志的识别与体型测定分析 ·· 75
实验二　专项运动员身体形态测定分析 ·· 82
实验三　身体成分评价的皮褶厚度法应用 ·· 83
实验四　人体体格测量与营养状况的评价 ·· 87
实验五　体育运动动作的原动肌分析 ··· 90

第三章　运动机能测量与评定 ·· 95
第一节　验证性实验 ··· 95
实验一　前庭功能稳定性的测定 ··· 95
实验二　肺通气机能的测定 ··· 99
实验三　蛙坐骨神经—腓肠肌标本的制备 ·· 102

第二节　综合性实验 ·· 106
实验一　视力、视野及眼肌平衡的测评 ··· 106

· 1 ·

实验二　人体运动前后心率和动脉血压的测评……………………………109
   实验三　人体心电图运动负荷试验及测评…………………………………113
   实验四　PWC_{170}和最大摄氧量的测评……………………………………118
   实验五　肌肉力量的测评……………………………………………………126
   实验六　尿液十一项的测评…………………………………………………130
   实验七　尿蛋白的测定及对运动负荷的评定………………………………133
   实验八　全血尿素氮的定量测定及对运动负荷的评定……………………137
   实验九　个体乳酸阈的测评…………………………………………………140

第四章　医学保健技术与检查……………………………………………………147
  第一节　验证性实验…………………………………………………………147
    实验一　包扎………………………………………………………………147
    实验二　止血………………………………………………………………150
    实验三　骨折、脱位的临时固定方法……………………………………153
    实验四　伤员的搬运………………………………………………………157
    实验五　游泳池水中余氯量的测定………………………………………160
  第二节　综合性实验…………………………………………………………162
    实验一　心肺复苏术及心脏除颤…………………………………………162
    实验二　肩及肘部运动损伤检查方法……………………………………168
    实验三　腕、手及腰部运动损伤检查方法………………………………175
    实验四　大腿、膝及踝部运动损伤检查方法……………………………181

第五章　体育心理测量与评价……………………………………………………190
  第一节　体育运动心理实验…………………………………………………190
    实验一　反应时测定………………………………………………………190
    实验二　深度知觉实验……………………………………………………192
    实验三　肘关节动觉感受性实验…………………………………………194
    实验四　知觉类型的测定…………………………………………………197
    实验五　动作稳定性实验…………………………………………………198
    实验六　注意分配能力的测定……………………………………………200
    实验七　动作技能迁移实验………………………………………………202
    实验八　动作技能练习实验………………………………………………205
    实验九　运动表象训练……………………………………………………206

第二节　体育运动常用心理测量量表 ································ 209
　　　实验一　心境状态量表 ······································· 209
　　　实验二　心理健康综合测量 ··································· 212
　　　实验三　青少年竞技运动员非智力因素调查量表 ················· 217
　　　实验四　个性测定 ··· 223
　　　实验五　身体自尊量表 ······································· 235

第六章　体育设计性实验 ·· 241
　　　实验一　体育运动动作分析的实验研究 ························· 241
　　　实验二　人体形态测量评价的实验研究 ························· 243
　　　实验三　心率、血压对体育课生理负荷的评定作用 ··············· 247
　　　实验四　血乳酸浓度对身体机能水平或训练方案的评定作用 ······· 249
　　　实验五　不同负荷量运动的设计及医务监督方法 ················· 251
　　　实验六　活动性休息对人体工作能力的影响 ····················· 253
　　　实验七　有氧健身运动处方的研制 ····························· 256
　　　实验八　闭合性软组织损伤的简易外用伤科中药制备及外敷疗法
　　　　　　　·· 261

附录一　全身骨骼及其连结与运动的观察实验附图 ······················· 264
附录二　全身不同肌群的定位及其机能分析实验附图 ····················· 268
附录三　人体运动保障系统的观察实验附图 ····························· 271
附录四　人体运动调节系统的观察实验附图 ····························· 275
附录五　个性测定实验用表 ··· 278

参考文献 ·· 286

绪　　论

一、实验须知

（一）实验课的目的

体育学实验是一门综合性的实验课程，旨在通过实验，使学生能够初步掌握实验的基本操作技术，验证课堂教学中所学习的基本理论、知识，加强学生从事体育实际工作的能力。实验可以培养学生运用辩证唯物主义的思想、观点、方法分析问题和解决问题的能力，以及严谨的科学态度，最终达到培养学生科研能力、创新思维和团队合作精神的目的。

本实验课程共分为 6 章，其中第一章为"实验仪器器具使用及基本操作"，第二章至第四章分为"验证性实验""综合性实验" 2 个部分，第五章分为"体育运动心理实验"和"体育运动常用心理测量量表" 2 个部分，第六章为"体育设计性实验"。通过验证性实验验证理论知识，学生可以掌握常用仪器的基本操作，熟悉实验设计原理与方法，同时可以培养观察问题的能力和实事求是的工作作风；通过综合性实验，学生可以培养分析问题、解决问题及查阅文献的综合能力；通过设计性实验，学生结合本人的兴趣特点自选题目，经过老师的辅导设计实验方案，以小论文的方式写出实验报告，可以提高归纳总结及文字表达的能力。这些都将为今后科学地组织体育教学、指导体育锻炼与运动训练、组织竞赛以及开展科学研究奠定良好的基础。

（二）实验课的要求

1. 实验前的要求

（1）课前认真预习本次实验课内容，了解实验的目的、原理、实验器材、步骤、操作程序、注意事项、预期结果，以及实验可能的应用与评价。

（2）结合实验内容，复习并充分理解有关理论知识，能够对预期的实验结果做出合理的解释。

（3）注意和预估实验中可能发生的误差。

2. 实验过程的要求

（1）遵守课堂秩序和实验室守则，按时到达实验室，中途因故外出应向指导老师请假。进入实验室时，除实验用书、笔记本和与实验有关的物品外，其他

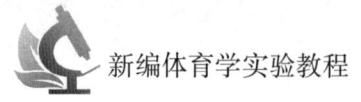

物品一律不得带入实验室。

（2）保持实验室安静，自觉关闭手机等移动通信工具，以免信号干扰实验仪器的正常工作。

（3）对照实验指导方案，按照实验步骤、要求，循序渐进，不得进行与本实验无关的任何活动，培养严谨的科学态度及细致、认真的工作作风。

（4）爱护实验器材、模型和标本，严格按照操作规程进行实验。如遇仪器发生故障和损坏，应及时报告指导老师，以便及时修理或更换，不得自行拆卸、修理。

（5）注意安全，严防触电、火灾以及中毒等事故的发生；节约实验材料等物品。

（6）在分组实验过程中，组内同学应分工合作，轮流负责各项工作，务必使每位同学都有学习和操作的机会。

（7）仔细观察、体会实验中出现的现象与感受，随时记录实验步骤与现象，并联系理论讲授的内容进行认真思考。不能仅凭记忆来描述实验结果，以免出错或遗漏，更不可随意修改实验数据或结果。

（8）在进行实习操作时，应严肃、认真，严禁相互逗闹，应发扬友爱精神，培养良好的职业道德。

3. 实验后的要求

（1）整理实验器材，及时做好汇报工作。如有器材短缺、损坏的情况，应及时报告指导老师，并按实验室规定予以处理。

（2）动物尸体、标本等应放到指定场所，不可随意乱扔，严禁丢入水池中，以免堵塞排水管；某些试剂或药品有毒或混合后可能会产生某种毒性物质而污染环境，应听从老师的安排，存放妥当或进行必要的处理。

（3）值日生做好实验室的清洁卫生工作，离开实验室前，应逐一检查电源、水源开关，关闭门窗，确保实验室整洁、安全。

（4）整理实验记录，分析实验结果，认真、独立撰写实验报告，按时交给指导老师评阅。

二、实验报告的书写要求

实验报告是对实验的总结，是记录和总结实验研究结果的一种形式。书写实验报告是一项重要的基本技能训练，是学习书写论文的基础。书写实验报告应注意内容的真实性、准确性，文字要简练、通顺，书写整洁，标点符号、外文缩写和度量单位要准确、规范。

（一）书写要求

实验完成后，要对实验结果进行整理和分析。实验报告具有一定的基本写作格式，书写基本要求如下：

（1）注明姓名、学号、班级、组别、实验日期及室温等。

（2）实验题目：要求简洁、鲜明，能够概括地表达实验内容。

（3）实验目的：说明进行该项实验的原因，需要解决的问题，具有的意义，以此了解实验者对本实验的目的和意义的理解程度。

（4）原理与方法：一般不必描述。如果实验仪器与方法临时有变动，或该实验属于研究设计性实验，则要求写明实验方法。

（5）实验对象：若观察人的生命指标，须注明观察对象的性别、年龄、职业、健康状况；若进行动物实验，须注明该动物的来源、属种、性别、年（周）龄、健康状况。

（6）实验仪器或药品（设计性实验）：所有的实验仪器、器械、辅料应介绍齐全。器材要记录其名称、型号、规格和数量；药品则要注明其汉英双语名称及其缩写、来源、批号和剂量，施加途径与手段。

（7）实验步骤（设计性实验）：用序号按顺序列出每一步操作，说明实验过程中的具体步骤，并描述每一个实验步骤的具体操作方法。

（8）实验结果：实验结果是实验中最重要的部分，应将实验过程中所观察到的现象真实、正确地进行记录；实验结束后，根据记录填写实验报告，不可单凭记忆，以免发生错误或遗漏。如果实验结果自动打印出来，则将其直接贴到实验报告纸上。

（9）讨论与分析：根据已知的理论知识对结果进行解释和分析，并判断实验结果是否与理论吻合。若出现非预期结果，应考虑和分析可能的原因，并指出实验结果的意义。讨论是实验报告的核心部分，学生必须独立完成。倡导学生根据实验结果提出自己的独到见解与认识以及需深入探索的课题。实验报告的书写是富有创造性的工作，应严肃认真对待，不得盲目抄袭书本和他人实验报告，参考课外读物应注明出处。

（10）结论：结论是从实验结果和讨论与分析中归纳出来的概括性判断，应与实验目的相呼应，即对实验所能验证的理论作简明的总结。结论要精炼、准确、客观，未得到充分证据的理论分析不应写入结论。

（二）实验报告的一般格式

实验报告可分为观察类实验报告和实验类实验报告，体育学院实验报告样表分别见表0-1、表0-2。

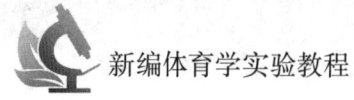

表 0-1　体育学院实验报告（观察类）

实验题目：			指导老师：
专业班级：	姓名：	学号：	实验日期：
实验同组人员：			
实验目的：			
实验仪器（药品）：			
实验步骤：			
注意事项：			
实验结果（数据或图表形式）：			
讨论与分析：			
小结：			

表 0-2 体育学院实验报告（实验类）

实验题目：				指导老师：
专业班级：	姓名：		学号：	实验日期：
实验同组人员：				
实验目的：				
实验原理：				
实验对象：				
实验仪器（药品）：				
实验步骤：				
注意事项：				
实验结果（数据或图表形式）：				
讨论与分析：				
小结：				

三、设计性实验的概念、程序与要求

（一）设计性实验的概念

设计性实验是在指导老师指导下，由指导老师提供课题范围和方向，或由学生自主选题，学生以小组为单位或个人独立设计实验方案并完成实验过程的教学活动。该活动包括以下7项工作内容：①学生独立完成文献资料查阅；②提出选题；③拟定实验方案（含实验方法和步骤），指导老师参与完善可行性实验方案；④选定仪器设备，必要时指导老师应对学生进行实验仪器操作培训；⑤学生进行实验具体操作；⑥处理实验结果和数据，对实验结果进行讨论与分析；⑦得出实验结论（可增加建议）。设计性实验是基础实验教学中一项崭新的内容，其教学目的包括以下3个方面：一是给学生提供科研训练的实践机会，使学生在已建立的专业理论知识的基础上，通过自己平时主动的观察和思考，自行设计并独立完成与本课程相关的基本实验；二是培养学生的创新意识、科学思维和实践操作能力；三是培养学生合作交流、团队协作精神，提高其综合素质。

（二）设计性实验教学的程序与要求

（1）指导老师为学生开设导论课，向学生介绍本学科前沿问题，以及文献检索、实验设计等方面的基本知识，激发学生参与科学研究的兴趣与热情，学生通过课堂教学和自学方式，学习和了解科学实验研究的基本程序与内容。

（2）课中，学生可在指导老师指导下，利用校园网对网上文献进行初步检索和阅读。课后，学生对文献资料进行进一步的检索、阅读和筛选，以小组（4～6人）为单位进行立题和实验设计。

（3）学生在查阅资料的基础上提出实验设计方案，随后，举行设计性实验开题报告会，由指导老师主持和点评，学生以小组为单位进行立题及撰写实验设计报告和答辩。会后，学生对实验设计方案进行修改和完善。

（4）学生利用课外时间进行实验，完成数据整理和统计，撰写论文。

（5）举行研究论文答辩会。在规定时间内，各小组应完成实验并撰写好论文，推选1名学生在研究论文答辩会上进行论文报告和答辩。答辩组由3～5名指导老师组成，各小组根据答辩组的意见和建议完成对论文的修改。

（6）学期期末提交研究论文。研究论文的基本内容包括题目、作者、摘要、关键词、前言、研究对象与方法、研究结果、讨论与分析、结论（可增加建议）和参考文献，字数为2000～3000字。

四、实验室守则

（1）实验前应充分预习本次实验的内容，不预习且不能掌握操作技能者，不能参与实验。

（2）自觉遵守纪律，不迟到，不早退；实验时因故外出或早退应向指导老师请假。

（3）实验开始前，应先检查实验仪器设备是否齐全，未经指导老师同意，不得随意挪动实验用品和仪器。

（4）实验过程中应严肃认真，严格遵守操作规程，不得进行任何与实验无关的活动。

（5）保持实验室安静和良好秩序，不得影响他人实验。实验室内严禁吸烟、饮水和进食。应注意环境卫生，实验废物、废液应倒入指定地点，不能乱丢或倒入水槽中。

（6）爱护公物，注意节约各种实验用品和水电。仪器如有损坏应如实报告，填写登记表。凡损坏、丢失的仪器设备，均应查清原因，按仪器设备损坏、丢失赔偿制度处理。

（7）实验结束，应由指导老师和实验室管理员检查清点仪器设备，学生应办好交接手续，做好清洁卫生，及时关好水、电阀门，保持实验室和仪器设备的整洁卫生。

五、实验室安全及防护知识

开展实验时，可能会接触到易爆、易燃、腐蚀性、毒性、放射性化学物品及可能携带细菌、病毒的实验样本。与此同时，实验过程中会经常使用灯火或其他热源加热，容易发生如失火、爆炸、触电、割伤、烧伤和中毒等事故。实验安全操作是至关重要的，学生要熟悉实验室安全知识，并掌握相关安全操作，学会自救自护方法。

（1）学会辨识常见的实验室安全标识（图0-1）。

（2）实验前，须做好预习，了解实验内容、操作步骤和仪器设备的性能。实验时，应严格按照实验内容、步骤和规程进行操作。

（3）实验试剂按规定取用。取用固体试剂须用药匙或镊子；使用有毒药品须穿戴护目镜、口罩、手套和防护服；在不了解化学药品性质时，不允许将药品任意混合；使用有毒、挥发性、刺激性试剂实验时，应在通风橱或通风处进行。

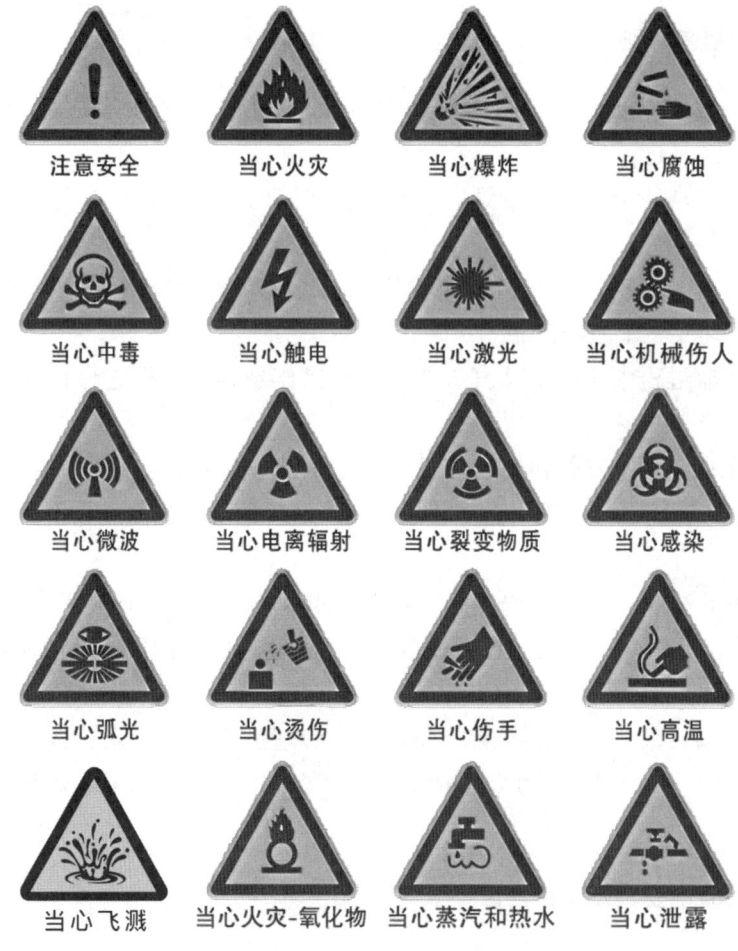

图 0-1 常见的实验室安全标识

（4）加热试剂时，试管口不可对人，更不能近距离俯视正在加热的容器；稀释浓酸时，必须缓慢将酸沿玻璃棒注入水中；使用易燃试剂时，一定要远离火源。

（5）实验中使用电器时，应注意防止触电，不要用湿手或湿的物品接触电器；电器使用后，要及时切断电源。

（6）实验后的废液应按要求统一倒入指定地点；实验室的试剂、药品等一律不得私自带出实验室。

（7）在采集人体血液样本时，采集者应戴乳胶手套，并按要求做好消毒；在采集或处理可能带有细菌或病毒的动物组织、细胞培养液、血液和分泌物等生物样本时，要严加防护；若在实验中被实验动物咬伤或抓伤，应尽快清洗伤口并做好消毒，务必在24小时内到医院注射疫苗。

（8）不能将水杯、餐具、食物等带入实验室，更不能在实验室内进食或吸烟；每次实验结束后，应洗净所用实验器械及双手后方能离开实验室。

（9）若发生酸碱灼伤事故，先用大量自来水清洗，酸灼伤后可用饱和 $NaHCO_3$（碳酸氢钠，俗称"小苏打"）溶液中和，碱灼伤后可用饱和 H_3BO_3（硼酸）溶液中和，氧化剂灼伤后可用 $Na_2S_2O_4$（连二亚硫酸钠，俗称"保险粉"）处理。在实验室做了必要的应急处理后，应及时到医院做进一步的处理。

（10）若发生起火事件，应立即设法灭火，同时防止火势蔓延（如切断电源、移走可燃物品等），根据起火性质选择沙、水、二氧化碳或四氧化碳灭火器灭火，如发现现场火势难以控制，则应及时拨打火警电话。

（11）发生触电事件时，应首先立即切断电源，并在必要时对触电者进行急救。

第一章 实验仪器器具使用及基本操作

第一节 常用实验仪器的使用

一、普通光学显微镜

(一) 显微镜的一般构造

显微镜是进行细胞、组织实验和研究的重要仪器之一。显微镜可分为普通光学显微镜和电子显微镜。普通光学显微镜又可分为单目镜显微镜、双目镜显微镜等多种类型。普通单目显微镜的一般构造如图1-1所示,其各组成部分介绍如下。

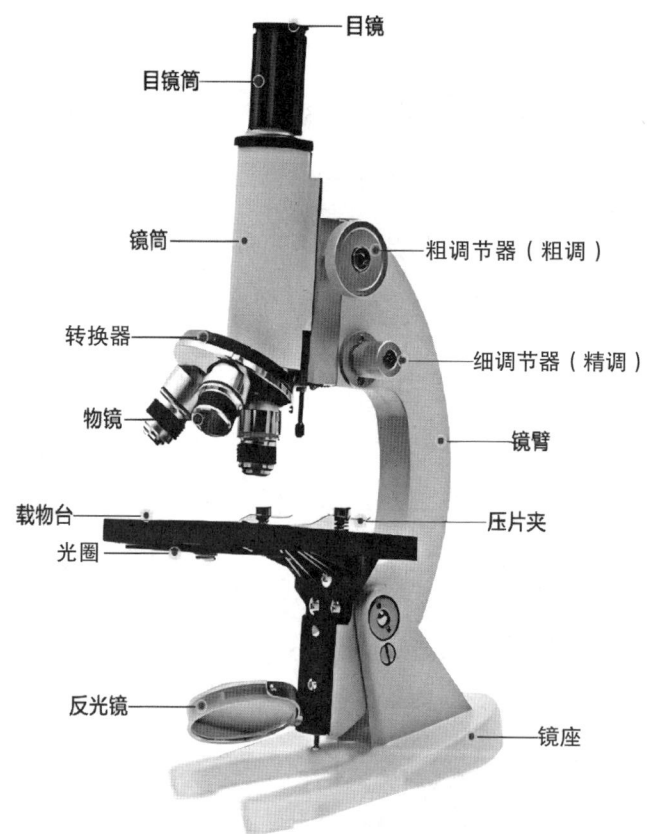

图1-1 普通单目光学显微镜

（1）目镜筒：装接目镜，与镜筒相通。

（2）镜筒：上方连接目镜筒，下方连接转换器、物镜，其能在一定程度上隔绝外界杂光的干扰。

（3）转换器：又称"旋转盘"，接于镜筒下方，嵌装物镜，可以旋转以更换物镜。

（4）载物台：又称"镜台"，放置玻片的平台，中央有一可通过光线的圆孔，两侧装有压片夹或推进器。

（5）光圈：又称"遮光板"可任意开启，以调节光线强弱。

（6）集光器：由几片透镜组成，用以聚集光线，可上下移动以调节光度。

（7）副镜台调节器：转动时可使副镜台上下移动，以调节亮度。

（8）反光镜：为集光器下方的圆镜，有凹、平两面。凹面镜有聚光作用，光线弱时使用；平面镜只有反射作用，光线强时使用。此镜片可向各方向转动，便于收集光源发出的光线。

（9）目镜：嵌于目镜筒之顶端，目镜上"5×"或"10×"或"15×"等字样表示目镜的放大倍数。

（10）物镜：嵌于旋转盘下，分低倍镜、高倍镜和油镜3种，上面均刻有放大倍数，如"10×"或"40×"或"100×"等。低倍镜放大约10倍，镜头较短；高倍镜放大约40倍，镜头较长；油镜放大90～100倍，镜头最长，有红线或黑线作标记，用时须在镜头与玻片之间加香柏油。

（11）镜臂：位于显微镜中部，呈弓形，作支持和握取用。

（12）粗调节器（粗调）：位于镜筒两侧，调节轮较大，旋一圈可升降镜筒10 mm。

（13）细调节器（精调）：位于粗调节器下方，调节轮较小，旋一圈可升降镜筒0.1 mm。

（14）镜座：在最下部，起支撑作用。

（二）注意事项

（1）携取：一手握住镜臂，另一手托住镜座。

（2）放置：载物台朝前，镜臂朝后，一般放于工作台偏左侧。

（3）保护：使用时，勿使灰尘、湿气、水滴、药品等污染显微镜的任何部位；禁用口吹或手抹目镜、物镜上的灰尘或污物，要用擦镜纸或绸布拭净，以免损坏透镜；严禁拆卸、调换和玩弄目镜、物镜；使用调节器时，动作要轻，以免损坏；离座位时，需将显微镜扶直，并推至桌子中央，以免撞翻。

（4）收纳：使用完毕，将镜臂转至垂直位，移去玻片，升高镜筒，将物镜转至两侧,不使任一物镜对准圆孔。然后转动粗调节器,使镜筒下降至最低处,将反光镜折回原来的位置,拭净镜座、载物台。最后装入柜内。

(三) 显微镜的使用方法

(1) 对光:转动旋转盘,使低倍镜置于镜筒直下方;放大光圈;适当下降集光器;双眼睁开,用优势眼在目镜上观察,另一只眼放松即可(注意双眼都要睁开);转动反光镜,使镜内视野完全明亮为止。如果是有底光源的显微镜,则无须对光,只需打开电源开关即可。

(2) 装片:用粗调节器升高镜筒,将切片平置于镜台上(盖玻片必须朝上);移动切片使需观察的部分移至圆孔中央,并用压片夹固定;对于有推进器的显微镜,移动推进器将标本移至圆孔中央。

(3) 使用低倍镜:向前转动粗调节器,应从镜侧密切注视,使镜筒慢慢下降至距离玻片约3 mm时为止。然后,左眼注视目镜,向后转动粗调节器,使镜筒缓慢上升至见到物象。再转动细调节器,将物象调节到最清晰时为止。低倍镜观察视野广,能看见较多结构,宜多下功夫观察和寻找组织结构,不要急于使用高倍镜观察。

(4) 使用高倍镜:在低倍镜下将需观察的结构移至视野中央,再把高倍镜转至镜筒正下方,这时,通常只需转动细调节器调节焦距即可得到清晰的物像,如光线太弱,可开大光圈,升高集光器。在使用非原配镜头的显微镜时,先按上述使用低倍镜的步骤进行。

(5) 使用油镜:在使用油镜之前,需将油镜镜头和玻片用二甲苯或1∶1乙醚-无水乙醇酒精拭净,将高倍镜下已找到的结构移至视野中央。接着,将镜筒升高约1 cm,将油镜转至镜筒直下方,滴香柏油1滴于切片欲观察处(注意滴油时切勿产生气泡)。从侧面注视镜头,使之慢降至浸入油滴约与玻片相隔0.5 mm,然后用左眼注视目镜,转动细调节器使物像至最清晰为止。使用油镜时需要更强的光线,用后须用擦镜纸擦净镜头和玻片上的油迹,再用1∶1乙醚-无水乙醇拭净镜头。

二、皮褶厚度计

皮褶厚度计主要用于测量人体的皮下脂肪厚度,间接推测人体体脂的百分含量。皮褶厚度计的使用方法如下:

(1) 校正皮褶厚度计指针刻度:合上钳口,看指针是否停在"0"位,如果不在"0"位,可用手轻轻转动刻度盘,使指针对准"0"位。

(2) 校正压强:指针校至"0"位后,再检查钳口压强是否合乎要求。检查方法如图 1-2 所示。左手持皮褶厚度计使之呈水平位置，在皮褶厚度计的下侧臂顶端小孔中挂上重 200 g 的砝码，使下侧臂基部与顶端的接点处于同一直线上，观察圆盘内指针的偏离情况。若指针处在 15～25 mm 范围内，表明两接点间的压力符合 $108/mm^2$ 的要求，若指针超过 25 mm，表明接点压力不足，须转动压力调节旋钮使指针处于 15～25 mm 范围内；反之，若指针不到 15 mm，表明压力过高，须转动压力调节旋钮校正指针至规定的范围内。指针允许有 ±5 mm 的误差。

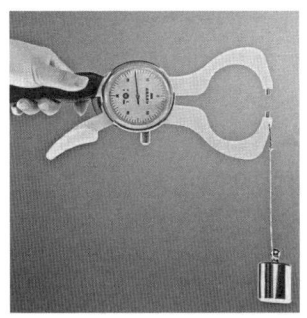

图 1-2　皮褶厚度计校正

三、天平

天平是用于称取固体物质质量的重要仪器，根据所称量物质的不同或称量精度要求的不同，可选用不同的天平。如固体试剂的粗略称重可用托盘药物天平（感量为 100 mg），实验动物体重的称量可使用台秤（感量为 1000 mg）。更精细的称量可用分析天平（精确至 0.01 mg）。

电子天平（图 1-3）具有称量准确、操作简单、便于使用等优点，近年来被大多实验室使用，电子天平的最大称量范围可从数百到数千克，较精细的电子天平的感量可从 100 mg 到 0.01 mg，使用者可根据实验目的和要求进行选择。

图 1-3　电子天平

（一）电子天平的使用方法

（1）用气泡水平仪观察并调整天平至水平状态。

（2）接通天平电源。

（3）用镊子取称量纸1张，对折后再打开，内面向上平放在天平的称量台上。

（4）按动"清零"键，使指示窗内的数字回到"0"。

（5）轻轻叩打试剂瓶，使试剂徐徐倒在称量纸上（或用药匙取出试剂），注意由少至多。

（6）称取试剂直到所需要的重量。注意已经取出却多余未用的试剂应丢弃，不要放回试剂瓶内。若取用有危险或具污染性的试剂，应按规定特殊处理。

（7）关闭电源，用手轻持称量纸的一侧，将试剂移到烧杯或其他容器内。

（8）清理称量台及天平周围桌面。

（二）使用电子天平的注意事项

（1）在称量之前，特别是称量用量大的试剂或连同容器一起称量时，一定要先用托盘药物天平粗称，判断所称总量是否在所使用天平的称量范围之内，如超出称重范围，往往会引起天平故障。

（2）环境空气流动会引起精确度高的天平的称量数值不稳定，因此，称量时应关闭天平的玻璃门。具有腐蚀性或吸湿性的物质要放入称量瓶内或在适当密闭的容器中称量，并尽量缩短称量时间。

（3）电子天平属于精密仪器，应避免震动，减少移动。

（4）称量结束后，在取走称量物前应先关闭电源。

（5）天平周围及称量盘面应保持清洁。

四、微量加样器

要求移取微量液体样品或试剂时，可用微量加样器进行操作（图1-4）。微量加样器不但简便、精确，而且种类繁多，从单一的吸头发展至多通道微量加样器，已被实验室广泛使用。目前，微量加样器的品牌、规格很多，但其基本结构和原理基本一致，即通过按压微量加样器的顶部按钮，使芯轴排出空气，将前端安装的吸头置入液体试剂中，松开微量加样器顶部按钮，芯轴复原并形成负压，从而吸入液体。

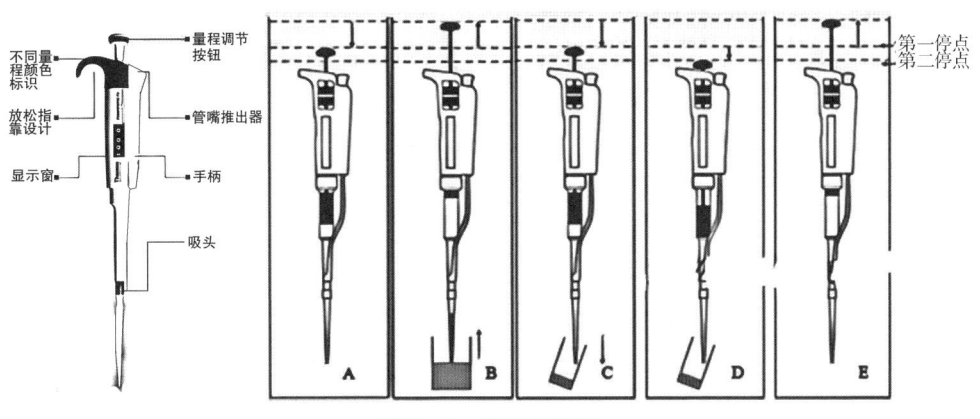

图 1-4 微量加样器

（一）微量加样器的使用方法

（1）使用前，先选择一支量程合适的加样器，加样器只能在特定的量程范围内准确移取液体。

（2）加样器量程调节系统由 3 个数字组成，通过按钮设置所需要的体积数值。

（3）选择合适的吸头装在吸液杆上，使吸头套紧，否则移取的液体将少于设定体积，并可能出现漏液。

（4）垂直持握加样器，大拇指按下加样按钮，直到第一停点，然后将加样器吸头垂直浸入液面 2～3 mm 处，再缓慢平稳地松开拇指，慢慢吸入液体。当吸头吸满液体后，将吸头撤出液面（注意目测吸头内的液体体积是否合适）。

（5）将加样器吸头贴靠在待移液容器的内壁上，成 15°～20° 倾角，缓慢按下加样按钮到第一停点，液体泄出，再继续按动加样按钮至第二停点，排除残留液体，松开加样按钮使之复原。如继续移取同一液体，则重复步骤（4）和步骤（5）的操作。

（6）移液完毕，按下管嘴推出器退下移液吸头，或用手摘除吸头。

（二）使用微量加样器的注意事项

（1）选择合适的微量加样器。不同的实验需要使用不同规格和型号的微量加样器，并根据实际需求选择量程最合适的微量加样器，避免测量误差。

（2）保持微量加样器清洁。使用微量加样器前要仔细检查和清洁，确保设备干净卫生，避免杂物附着和残留液体影响测量。

（3）不宜过度按压加样按钮。在加入样品时，要控制好按压加样按钮的力度，避免过度按压导致样品溢出或者释放过量。

（4）避免振荡。在使用微量加样器时要轻拿轻放，不要使设备产生过度的振动，否则会影响测量的精度。

（5）吸入容积不要超过微量加样器规定范围。在使用微量加样器时，需要根据设备规格选定合适的吸入容积，避免超出规定范围而影响测量的准确性。

五、离心机

离心分离是对溶液中的生物分子进行分离的最常用技术之一。其是利用离心力将悬浮液中的悬浮微粒快速沉降，借以分离比重不同的物质成分的方法。离心机就是根据这个原理制造的仪器。离心机种类较多，转速低于 6000 r/min 的为常速（低速）离心机，转速在 6000～25000 r/min 范围内的为高速离心机，转速超过 25000 r/min 的为超速离心机。根据离心机的用途不同，还可将离心机分为分析离心机和制备离心机。常用台式离心机如图 1-5 所示，在此重点介绍常速离心机的使用。

图 1-5 常用台式离心机

（一）常速离心机的使用方法

（1）使用前，必须先检查面板上的各个旋钮是否在规定的位置上（即电源在"关"的位置上，调速旋钮和定时器旋钮在"0"的位置上）。

（2）在每支试管中放置等量的样品，然后对称放入转头架，以免重量不均、放置不对称而使整机在运转过程中产生震动。

（3）盖好离心机上盖，接通电源，打开电源开关，指示灯亮。

（4）调节定时旋钮，设定所需时间。

（5）调节调速旋钮，逐渐增加转速至所需速度。

（6）离心时间结束后，必须将调速旋钮调回到"0"位，待机器完全停止后，方可取出试管进行分析。

（二）使用离心机的注意事项

（1）离心机要平稳地放在地上或台面上。

（2）离心机的启动、停止都要慢，否则离心管容易破碎，或液体容易从离心管中溅出。

（3）若在离心过程中听到特殊响声，应立即断电，待离心机停止转动后再检查离心管。若离心管已碎，应及时清理并更换新管；若离心管未碎，则应将其重新调至平衡状态后再离心。

（4）不可在机器运转过程中打开离心机盖门或移动机器。

（5）不使用离心机时，必须切断离心机的电源。

六、电热恒温水浴箱

电热恒温水浴箱（图1-6）又称为"电热三用水箱"，可用于恒温、加热、消毒及蒸发等，其工作温度从室温至100 ℃，恒温波动±1 ℃。电热三用水箱综合了电热煮沸消毒器、电热恒温水浴锅、电热恒温水浴箱三种设备的特点，在实验中通常用于样品反应的恒温、加热及一般器械的消毒使用。

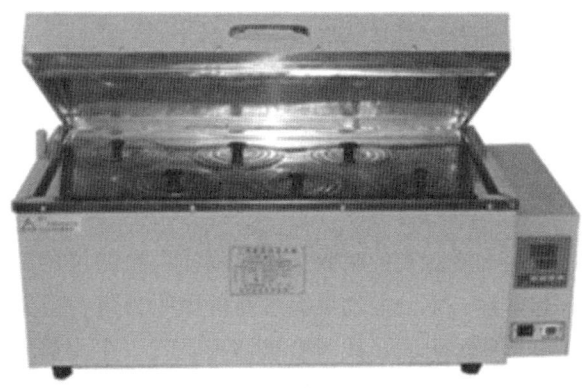

图1-6　电热恒温水浴箱

（一）电热三用水箱的使用方法

（1）使用前，应关闭水浴箱底部外侧的放水阀门，加水至适当的深度，最低水位不得低于电热管以上 10 mm（水位过低将导致电热管表面温度过高而烧毁）。

（2）接通电源。

（3）用于消毒时，将开关置于标有"消毒"字样的位置，黄色指示灯亮，表示正在加热。

（4）用于恒温和水浴加热时，首先要在水浴箱内加入足够的水，然后将开关置于标有"消毒"字样的位置，黄灯亮表示电源接通，再将开关置于标有"恒浴"字样的位置，调节温度控制器以选定所需的温度。当温度计达到所需要的温度时，黄灯和绿灯将交替亮熄，此时绿灯表示恒温，黄灯表示加热，稍待数分钟后即能自动控制。

（5）注意：调温旋钮盘的数字并不表示恒温水浴的温度。应随时记录调温旋钮在刻度盘上的位置与恒温水浴内温度计指示温度的关系，在多次使用的基础上，可较迅速地调节和控制所需要的温度。

（6）使用完毕应关闭电源开关，拔下电源插头。

（7）若较长时间不使用，则应将调温旋钮退回"0"位，并打开放水阀门，放尽水浴槽内的全部存水。

（二）使用电热三用水箱的注意事项

（1）未加水前切勿接通电源，水浴箱内的水位绝对不能低于电热管，否则电热管会被烧坏。

（2）箱外壳必须接地线。

（3）控制箱部分切勿受潮，以防漏电损坏。

（4）初次使用时，应加入足够水后再通电，切忌在水箱内无水时接通电源。

（5）使用过程中，应注意盖上水浴槽盖，防止水箱内的水被蒸干。

（6）使用完毕，应将水箱电源关掉；水箱内外应保持清洁，不用时应将水箱内的水全部放掉。

七、分光光度计

分光光度计是利用物质对光的吸收来确定物质含量的仪器。其工作原理是物质对光的吸收具有选择性，不同的物质有各自的吸收光带，当光色散后的光谱通过某一溶液时，其中某些波长的光线就会被溶液吸收。在一定的波长下，溶液中物质的浓度与光能量减弱的程度有一定的比例关系，即符合朗伯－比尔（Lambert－Beer）定律：

$$T = \frac{I}{I_0} \tag{1-1}$$

$$A = \log \frac{I_0}{I} = \varepsilon cb \tag{1-2}$$

式（1-1）及式（1-2）中，T 为透射比（又称"透光率"），I_0 为入射光强度，I 为透射光强度；A 为消光值（吸光度），ε 为吸收系数，c 为溶液的浓度，b 为溶液的光径长度（溶液厚度）。从式（1-1）与式（1-2）可以看出，当入射光、吸收系数和溶液厚度一定时，透光率是根据溶液的浓度而变化的。

实验室常用的分光光度计有多种型号，常见的有 721 型分光光度计（图 1-7）、722 型光栅分光光度计，S22PC 型分光光度计、730 型双光束紫外—可见分光光度计及 TU-1900 双光束紫外—可见分光光度计等。下面重点介绍 721 型分光光度计的使用。

721 型分光光度计（图 1-7）是一种采用光电管为受光器的可见光分光光度计，测试波长范围为 360～800 nm，在 410～710 nm 范围内最为灵敏。

图 1-7　721 型分光光度计

（一）721 型分光光度计使用方法

（1）预热仪器。为使测试稳定，接通电源后打开仪器开关，使仪器预热 20 min，为防止光电管老化，不要连续光照。仪器预热时和不测定时，都应将比色杯暗箱盖打开，使光路切断。

（2）选定波长。根据实验要求，转动波长调节旋钮，使指针指在目标单色光波长。

（3）固定灵敏度档位。根据有色溶液对光的吸收情况，为使吸光度读数为 0.2～0.7，应选择合适的灵敏度。为此，旋动灵敏度档位使其固定于某一档位，在实验过程中不再变动。一般情况下，灵敏度档位应固定在"1"档。

（4）调节"0"点。轻轻旋动调零电位器，使读数表头指针恰好位于透光度为"0"处（此时，比色箱盖是打开的，光路被切断，光电管不受光照）。

（5）调节"100%"点。将盛蒸馏水（或空白溶液、纯溶剂）的比色杯放入比色杯座架中的第一格内，样品溶液放在其他格内，把比色杯暗箱盖子轻轻盖上，转动光量调节器，使透光度为100%，即表头指针恰好指在"100%"处。

（6）测定。轻轻推拉比色杯座架拉杆，使样品溶液进入光路，此时表头指针所示即为该样品溶液的吸光度A。读数后，打开比色杯暗箱盖。

（7）关机。实验完毕，切断电源，将比色杯取出洗净并晾干，并将比色杯座架及暗箱用软纸擦净，盖好比色杯暗箱盖。

（二）分光光度计使用注意事项

（1）为防止光电管老化，比色时长应尽量缩短。不测定时，应将比色箱盖打开，切断光路，以延长光电管使用寿命。

（2）应注意仪器的防震、防潮、防腐蚀。

（3）应及时清理样品槽洒落的溶液。

（4）长时间不使用仪器时，应及时关闭电源。

（5）出现故障时，应及时报告实验室工作人员。

八、心电图机

心脏兴奋所产生的生物电变化使体表任意两点间存在着电位差。将测量电极放置在人体表面的一定部位所记录到的心脏电变化曲线，就是心电图。心电图机是记录心电的专用仪器。

（一）心电图机的使用方法

（1）接通电源。

（2）根据检查需要连接好测量电极。四肢电极：红色—右臂，黄色—左臂，绿色—左腿，黑色—右腿；胸部电极：V1～V6，依次为红、黄、绿、棕、黑、紫，安放部位为V1在胸骨右缘第4肋间隙，V2在胸骨左缘第4肋间隙，V3在V2与V4连线的中点，V4在左锁骨中线与第5肋间隙交点，V5在左腋前线与V4水平线交点，V6在左腋中线与V4水平线交点。具体胸部电极的连接如图1-8所示。

（3）按下记录开关的停止键（STOP键），操作导联选择由Ⅰ导联至V6导联，检查电极异常时，指示灯会发亮。

（4）按下记录开关开始键（START键），心电图描记开始。操作导联选择并同时定标，就可连续描记心电图。

（5）记录完毕，关闭电源，取下测量电极。

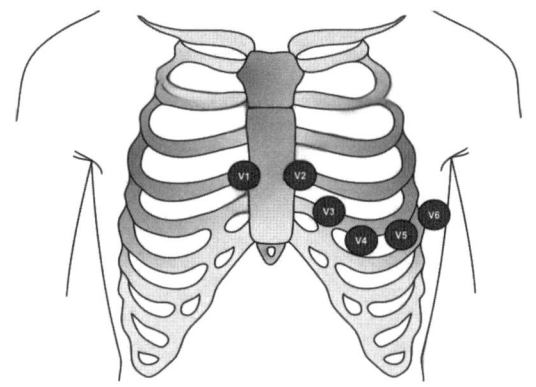

图1-8 心电图机的胸部电极连接

（二）心电图检查注意事项

（1）被检查者的电极安放部位应先用乙醇或导电膏清洁，以降低电阻排除干扰。

（2）一般情况下，尽量不使用交流干扰和肌电干扰滤波器，以免心电图波形失真。

（3）实验中需要记录时才开机，以避免心电图机长时间处于工作状态。

（4）避免导线纵横交错，以降低干扰。

第二节 常用实验器具的使用

实验时，应根据实验需要选用合适的器具，并在实验前、后做好器具的洗涤及整理工作。

一、常用的器具及使用方法

（一）移液管

移液管也称"刻度吸管"，是玻璃制品。它不能加热，不能量取热溶液，不能超越刻度量取液体。它是最常用的精确移取一定体积试剂或溶液的仪器之一，常用规格有0.1 mL、0.2 mL、0.5 mL、1 mL、2 mL、5 mL、10 mL、20 mL等。移液时，用洗耳球使管内产生负压，吸入液体后再注入其他容器。移液管有完全流出式和不完全流出式两种，完全流出式在管上端壁标有"吹"字，这种管将所量液体全部放出后，还要用洗耳球吹出残留于管尖端的溶液；不完全流出式管壁未标"吹"字，不必吹出管尖的残留液体。此外，还有一种快流速刻度吸管，其区别在于这种吸管的尖端口径大、流速快，通常在管的上端壁标注一个"快"或"快吹"字样。

移液管的使用步骤如下：

（1）选管：选择与移取溶液容量相等或大于并最接近量程规格的移液管。

（2）吸取溶液：一手的拇指和中指持移液管，并将移液管放到移取溶液液面以下适中的部位；另一手揿洗耳球多次，把溶液吸到管径标线以上后，用食指捂住管口。然后，轻轻转动移液管（或放松食指），垂直地将多余液体流出。同时，密切观察管内液体弯月面，让其最低点恰好与所需要体积标线相切，如图1-9所示。

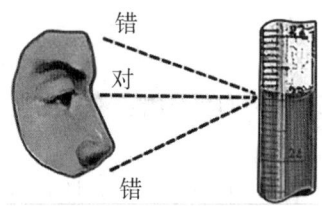

图1-9　移液管读数方法

（3）移入溶液：移入移液管内溶液时，应将移液管的下端紧贴容器的内壁，放开食指，让溶液沿容器壁自行流出，不能用吹气的方法加快流速；残留在移液管尖端的最后一点溶液，应依照该管是否标有"吹"字来判断是否吹出。移液管的使用步骤如图1-10所示。

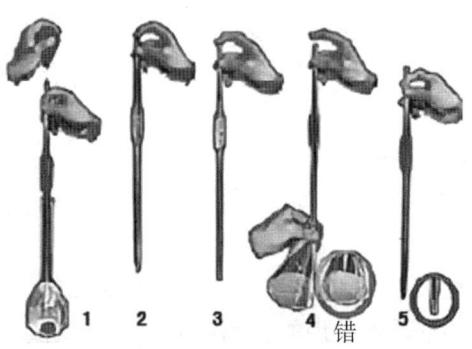

图1-10　移液管的使用步骤

（二）烧杯

烧杯主要用于溶解较多量物质或加热较多量液体时，常用的有 50～5000 mL

各种不同规格。有些烧杯印有容积标线，其标记是近似容积，不能用于准确量取液体。使用时，应注意以下规则：

（1）不能用火焰直接加热。由于烧杯底面较大，若用火焰直接加热，由于加热部位与非加热部位温差过大，会使玻璃膨胀不均而破裂。在加热前，把烧杯外壁擦干；加热时，应在烧杯底部垫上石棉网。

（2）用烧杯加热液体时，液体量以不超过烧杯容量的 1/3 为宜；如用烧杯蒸发溶液时，最好在烧杯上放一个用玻璃棒制成的三脚架，上面再正放一个表面皿，防止液体溅失或落入尘埃。不能用烧杯加热易燃液体，以防发生火灾；也不能用烧杯加热蒸发挥发性强酸，以免污染环境。

（3）不可在烧杯中长期存放化学药剂。

（4）用玻璃棒搅拌以帮助物质溶解时，玻璃棒不能触及烧杯杯壁和杯底。

（三）试剂瓶

试剂瓶用于储存各种试剂，多为圆形，有玻璃和塑料两类材质，应根据试剂的理化性质和其他要求来选择合适的试剂瓶。试剂瓶分为广口瓶、细口瓶和滴瓶等。

（1）广口瓶。广口瓶因其瓶口大，取、装试剂比较方便，主要用于盛装固体试剂。其可分为无色和棕色两种，见光易分解的固体物质，应使用棕色瓶。广口瓶又有磨口瓶塞和无塞两种，规格有 30 mL、60 mL、125 mL、250 mL、500 mL、1000 mL、2000 mL、3000 mL、5000 mL 和 10000 mL 等。使用时应注意 3 点：①不能加热；②瓶塞不能任意调换；③盛固体 NaOH（氢氧化钠）等强碱时，应用橡皮塞塞紧，不能使用玻璃塞以防粘连。

（2）细口瓶。细口瓶主要用于盛装液体试剂，有无色和棕色两种。见光易分解的试剂，应使用棕色瓶，如硝酸银溶液。细口瓶均具磨口玻璃瓶塞，其规格有 30 mL、60 mL、125 mL、250 mL、500 mL、1000 mL 和 2000 mL 等。由于 NaOH 等强碱溶液对玻璃有腐蚀性，因此不宜用玻璃瓶储存强碱溶液。

（3）滴瓶。滴瓶分无色和棕色两种，容量规格有 3 种：30 mL、60 mL、120 mL，用于盛放少量液体试剂。取液时，先取出滴管，捏紧胶头，排出空气和液体，再从瓶中吸取适量液体。滴管取出后，不可平放和倒放；滴试剂时，滴管下端切勿接触接收器具，用后应立即放回原瓶。

（四）试管

试管的材质有玻璃和塑料两大类，其容量从 2 mL 至 20 mL 不等。根据实验要求，其形状有多种，如平滑圆底、锥形尖底、带刻度、不带刻度、带盖、不带盖，以及带螺口、不带螺口，等等，实验时可根据具体需要选择使用。

（五）容量瓶

容量瓶又叫"量瓶"，属于精密量器，用于配制一定浓度的溶液。量瓶带有磨口塞或塑料塞，它的颈部刻有环形标线，以表示在20 ℃液面凹点与标线相切时，其容积等于容量瓶的标称容量。因此，容量瓶应在20 ℃左右环境下使用为宜。容量瓶有5 mL、10 mL、25 mL、50 mL、100 mL、200 mL、250 mL、500 mL、1000 mL、2000 mL等规格。

容量瓶不能直接加热，洗净后也不能置于烤箱中烘烤。另外，强碱溶液不能用容量瓶储存，因为强碱能腐蚀玻璃使其容积改变而造成误差。

使用容量瓶前应先进行密合性实验。按容量瓶容量加水，把口、塞擦干并塞紧瓶塞。用手轻压瓶塞，使容量瓶向下倒立，停留10 s。然后用滤纸擦瓶口，查看容量瓶是否渗水。当滤纸干燥显示容量瓶不渗水时，方可使用。

配制溶液时，应先将称好的固体溶质，用蒸馏水完全溶解在干净的烧杯中。在溶解过程中，溶液温度如有变化，则必须等温度恢复至室温后，再把溶液转移到容量瓶中。随后，用少量蒸馏水冲洗烧杯2～3次，冲洗液要全部转移到容量瓶中。接着，分多次加蒸馏水至水位接近容量瓶标线，每次加水后都应将瓶塞塞紧，再反复颠倒容量瓶，把量瓶内的溶液充分摇匀。最后，改用胶头滴管滴加蒸馏水至标线并反复颠倒摇匀。配制好的溶液应贮存在合适的试剂瓶中，并贴好标签，注明溶液名称和配制时间。

使用结束后，容量瓶应及时洗净，塞上塞子，并在磨口与瓶塞之间垫一张纸条，以防再用时不易打开。

二、常用器具的洗涤与干燥

实验中使用的各种器具的干净程度会直接影响实验结果的精确性。因此，器具的洗涤清洁不仅是实验前后的常规工作，而且是一项重要的基本技术操作。

（一）新购玻璃器具的清洗

新购玻璃器具表面可能有油污和灰尘附着，还可能有可游离的金属离子残留，所以，通常需要用药剂洗涤新购的玻璃器具。洗涤时，应首先用洗涤剂刷洗，流水冲净；随后浸于10% Na_2CO_3（碳酸钠）溶液中煮沸，再用清水冲净；然后浸泡于1%～2% HCl（氯化氢）溶液中过夜，再用清水洗净酸液；最后用少量蒸馏水多次冲洗后，干燥备用。

（二）使用过的玻璃器具的清洗

清洗玻璃器具的方法有多种，应根据不同玻璃器具的特点，采用不同的

方法。

(1) 一般非计量玻璃器具或粗容量器具,如试管、烧杯、量筒等的清洗,可先用洗涤剂刷洗,再用自来水冲洗干净,最后用蒸馏水冲洗2~3次后,倒置于清洁处晾干。

(2) 容量分析器具,如吸量管、滴定管、容量瓶等的清洗,可先用自来水冲洗,沥干后,置于铬酸洗液中浸泡数小时,最后用自来水或蒸馏水冲洗干净,干燥备用。

(3) 比色杯使用后应立即用自来水反复冲洗,如有污物黏附于杯壁,宜用盐酸或适当溶剂清洗,然后用自来水或蒸馏水冲洗干净。切忌用刷子、粗糙的布或滤纸等擦拭。洗净后,应倒置晾干备用。

(三) 塑料器具的洗涤

目前,新购置的塑料器具一般都是干净和经灭菌的,因此,使用前一般无须清洗。同时,实验常用的塑料器材,如微量离心管、吸头等,由于不易清洗,且成本低廉,因此多为一次性物品,使用后即可丢掉。但对于较大器具,特别是丙烯树脂制器具,可洗净后再次使用。洗净方法与玻璃器具基本相同,但不能用毛刷用力擦洗,以免产生划痕,影响再次使用。

(四) 常用器具的干燥

实验中经常要用到的器具,应在每次实验完毕后洗净干燥备用。通常塑料器具采用晾干法,而玻璃器具除可用晾干法外,还可用烘干箱进行烘干,如急需干燥使用时,也可用吹风机吹干。

三、常用手术器械及其使用

(一) 手术刀

手术刀主要用于切开皮肤或内脏器官。常用手术刀为刀柄和刀片分离式,使用时组合起来;也有刀柄和刀片相连的,可直接使用。在实验过程中,应根据动物手术的部位、性质,选用大小、形状不同的手术刀片(图1-11a)。

常用的执刀方法有4种(图1-11b)。①执弓式:常用的执刀方法,动作范围广而灵活,用于动物腹部、颈部等部位的皮肤切口。②执笔式:此法用力时轻柔而精巧,用于精细组织的切割或划开微小的切口,如解剖神经、血管,或做腹部小切口。③握持式:常用于切割范围较广、用力较大的切口,如切开一段较长的皮肤,或切除一部分组织结构。④反挑式:此法所使用的刀片,刀口窄而不弯曲,常用于向上挑开组织,以避免损伤深层结构。

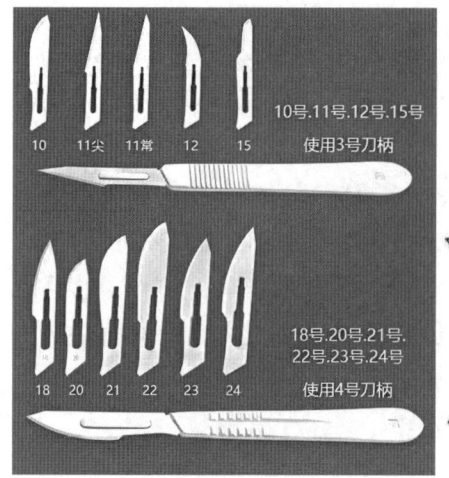
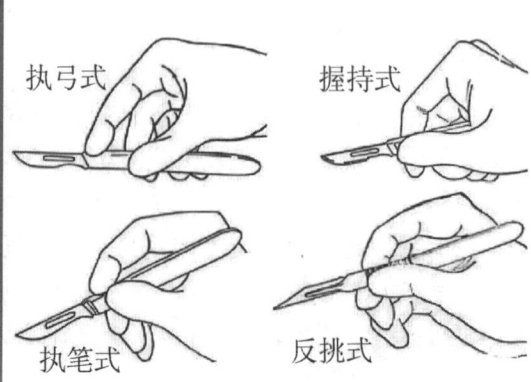

a. 刀柄、刀片　　　　　　　　　　　b. 执刀方法

图 1-11　手术刀的刀柄、刀片及 4 种执刀方法

（二）手术剪

手术剪主要用于动物实验中剪开皮肤、分离组织和剪断结扎线等，如利用剪刀尖端，插入组织间隙，分离无大血管的结缔组织。手术剪有弯、直 2 种类型，各类型又有长短、大小及尖钝头部之分（图 1-12a）。正确的执剪姿势是用拇指和无名指持剪，中指在无名指旁做辅助作用，食指置于手术剪的上方以控制剪刀方向，具体如图 1-12b 所示。

根据手术的部位和深浅，组织的韧性和厚度，以及解剖的细致程度，可选用不同类型的手术剪。一般浅部手术用直剪，深部手术用弯剪，以保证视线不受妨碍。实验中，常使用弯头剪剪去动物手术部位的毛发；用钝头剪分离及剪线，以免刺伤深部或邻近重要组织；使用眼科剪剪血管或神经等柔软精细组织；使用金刚剪剪断较小的骨骼，皮肤和较粗的肌肉、内脏等，其在蛙类手术中使用较广。

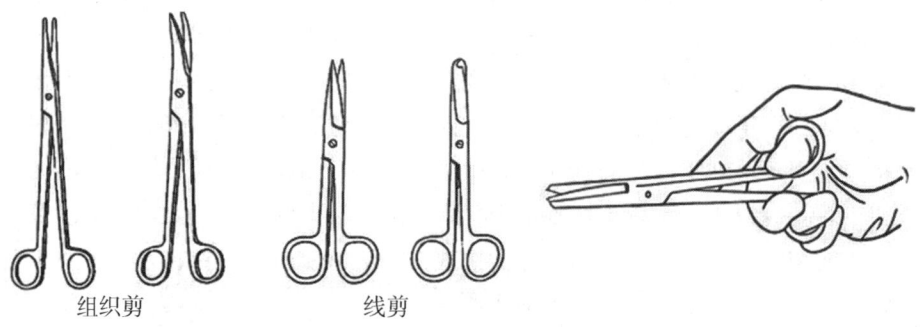

　　　　　　　组织剪　　　　　　　　线剪

a. 手术剪的常见类型　　　　　　　　　　b. 执剪姿势

图 1-12　手术剪的常见类型和执剪姿势

(三) 手术镊

手术镊主要用于夹持或牵拉切口处的皮肤或肌肉组织。手术镊有圆头和尖头2种，又有直头与弯头之分，还有无齿和有齿之别，而且长短不一、大小不等（图1-13a）。通常，有齿镊主要用于夹持较坚硬或较厚的组织，如皮肤、筋膜和肌腱等；无齿镊主要用于夹持较细软的组织，如血管和黏膜等。正确的执镊姿势如图1-13b所示，类似于执笔式，较为灵活方便。

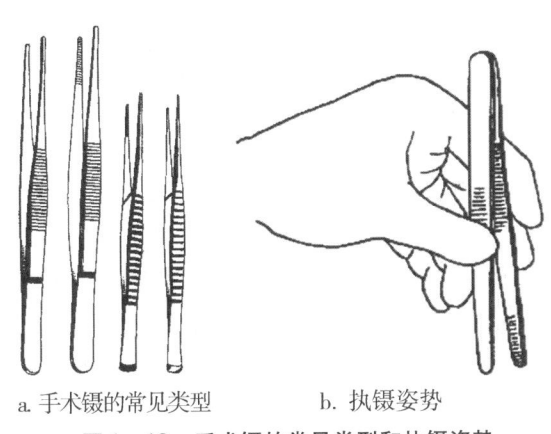

a. 手术镊的常见类型　　b. 执镊姿势

图1-13　手术镊的常见类型和执镊姿势

(四) 毁髓针

毁髓针专门用于毁坏蛙类脑髓和脊髓的针状器械，分为针柄和针体两部分，持针姿势一般采用执笔式。

(五) 玻璃分针

玻璃分针专门用于分离神经和血管的玻璃制针状器械，有直头和弯头之分，尖部圆滑，分离时不易损伤神经和血管。

(六) 止血钳

止血钳主要用于分离组织和止血，不同类型的止血钳有不同的用途。①弯止血钳，主要用于深部组织或内脏器官止血点的止血。②蚊式止血钳，主要用于细嫩组织的止血和分离，不宜钳夹大块或坚硬组织。③直止血钳。其中，无齿钳主要用于夹住浅层出血点，以便止血，也可以用于浅层组织分离；有齿钳主要用于韧性较强组织的止血，以及提起皮肤等，但不能用于皮下止血，以免引起皮下组织坏死。执止血钳的姿势与执手术剪的姿势相同。

（七）常用手术器械使用注意事项

（1）手术器械在使用后一定要擦洗干净，并用乙醇消毒，以免器械生锈和被污染，在保存期间保持器械的干燥。

（2）手术操作过程中，使用器械应注意安全，特别是刀片等锐器的使用，应避免造成对自身或实验同伴的伤害，特别要防止动物体内的体液或污染物感染手术者的伤口。

第三节　实验的基本操作规范

一、新仪器设备的操作规范

一个新仪器的掌握和使用，需要以下三个步骤：首先，了解仪器的基本构造；其次，掌握仪器的工作原理；最后，学习仪器的使用方法及注意事项。

下面以美国 YSI 1500 SPORT 乳酸分析仪和 894E 型 Monark 功率自行车为例。

（一）YSI 1500 SPORT 乳酸分析仪

1. 了解仪器的基本构造

美国产 YSI 1500 SPORT 乳酸分析仪（图 1-14）包括乳酸分析仪主机、加样器（25 μL 钝针加样器或 25 μL 毛细管加样器）、启用试剂套三部分。

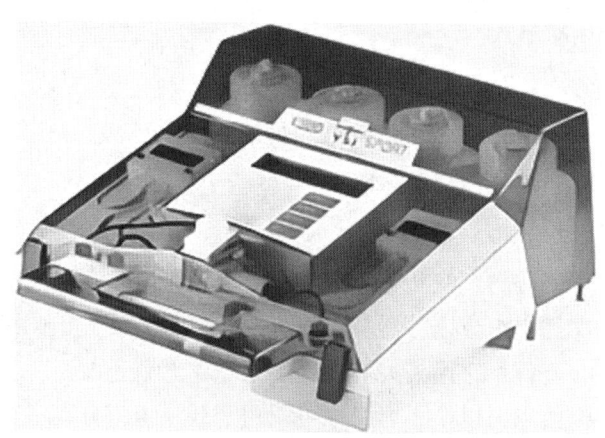

图 1-14　YSI 1500 SPORT 乳酸分析仪

乳酸分析仪主要部件的名称及用途如下：

（1）溶液瓶：包括参考瓶、废液瓶和缓冲液瓶，用以容纳样品分析所需溶液及分析后的废液。

（2）缓冲液泵：是一个双通道并由齿轮马达驱动的蠕动泵。其中一个通道（下泵体）从缓冲液瓶内吸取缓冲液送进样品室，另一个通道（上泵体）则从废液室内把液体排至废液瓶。

（3）参考液泵：操作与缓冲液相同，用于输送参考液。

（4）样品室：由透明有机玻璃制成。白色和黑色探头座装在其侧壁上，酶探头放置在白色的座上，酶膜装在一个圆环上，用以连接样品室和探头之间的液体。温度探头放置在黑色的座上，在温度探头顶部也有一个小的黑色环，用以密封液体。

（5）注入口：内有一个传感器，用于检测 YSI 加样器的插入。在注入口的顶部装有一个可更换的螺纹套管。在搬动或收纳仪器前，此套管必须换上专门的螺纹塞子。

（6）键盘：是一个有 15 个键的薄膜开关，有 0～9 的数字键及 5 个功能键。功能键分别为"ENTER"（输入）、"MENU"（菜单）、"CANCEL"（取消）、"DELETE"（删除）、"ON/OFF"（开/关）。

（7）显示器：是一个两行 16 字符的液晶显示器。

2. 掌握仪器的工作原理

美国产 YSI 1500 SPORT 乳酸分析仪是一种便携式、电池驱动、专门用于体育领域的乳酸分析仪。它可以对全血或血浆中的乳酸进行快速测量。测试结果可用来调整训练方案，以提高训练效果。仪器能自动完成对样品的分析并显示结果。

3. 学习仪器的使用方法

（1）仪器的准备。①试剂制备：制备缓冲液和参考液。如果采用手动模式，则仅需要准备缓冲液，参考液只用于自动模式。②安装酶膜及接通电源。③系统预置：可设定日期、时间、RS-232 通讯（用于将存储的数据传送到电脑）、液晶显示对比度、小数符号选择、搅拌速度、报告单位、操作模式。系统参数一旦设置好，就会保存在存储器里，直至下次重新设置。④准备液体系统：在两个溶液瓶加满液后，按"MENU"键直至返回到参考液泵，再清洗，仪器将会运行缓冲液，最后按"MENU"键返回到主选屏。

（2）样品的采集和准备。按常规方法取指血 20 μL，加到预先加有 40 μL 溶血剂的 0.2 mL 带盖塑料离心管中，均匀待测。使用加样器将采集的血样注入仪器。

（3）仪器操作过程。①仪器校准；②注入样品；③样品测定；④打印结果。

4. 使用乳酸分析仪的注意事项

（1）乳酸分析仪属于精密仪器，要注意日常维护，以保证其正常使用。

（2）在接上充电器前，必须确定仪器电源处于关的状态，否则存储器的数据可能会由于电池放电至很低的水平时消失。

（3）当系统被重置时，所有存储结果将被删除。日期、时间和搅拌速度需手动调整至正确数据，仪器亦需重新校准。

（4）溶血的样品一定要待液体完全清澈后才能开始测定，否则结果偏低。

（5）每测定5个样品应进行一次校准。

（二）894E 型 Monark 功率自行车

1. 了解仪器的基本构造

894E 型 Monark 功率自行车（图1-15）是一种无氧功率测试设备，具有一个测功系统，其工作量可以通过重量篮中的砝码来设置。其由机械部分、显示面板部分和计算机控制系统组成。

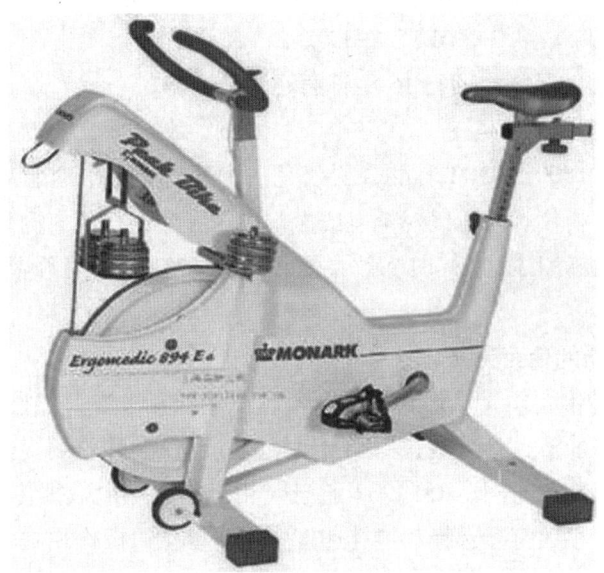

图1-15　894E 型 Monark 功率自行车

2. 掌握仪器的工作原理

功率自行车的机械部分由一个稳定而牢固的钢架、一只大而平衡良好的重飞轮、一个制动带装置，以及一个重量篮组成。其脚蹬和链条齿轮用于转动飞轮，而张力装置拉紧飞轮的制动带来调节施加在飞轮上的制动力。运动时可通过改变重量篮中砝码来改变工作量，砝码的规格有 1 kg、0.5 kg 和 0.1 kg，以每次 0.1

kg 的调节量将工作量从 1 kg 增加到最大的 12 kg。

其显示面板部分可显示踏板每分钟的转速、运动者的心率、练习时长（以分、秒计）、骑车速度（公里/小时或英里/小时）、距离（公里或英里）和工作量（重量篮自重＋砝码重量）。此外，除能量可以在计算机显示外，还可以设定并给出热量。

894E 型 Monark 功率自行车还有一个用于无氧试验的计算机测试系统，该系统包括连接电缆和一套视窗应用程序。功率自行车可以与计算机相连，通过软件能够很容易地完成各种不同类型的无氧试验，如 Wingate 试验等，从 5 秒到 300 秒的无氧试验都可以很容易设置。

3. 功率自行车的使用方法

（1）仪器的校正：在自行车上安装电池，确定其性能和校正电子系统。

（2）将 894E 型 Monark 功率自行车通过串行数据线与计算机的串口相接。

（3）打开计算机系统，启动 894E 型 Monark 功率自行车分析软件，选择无氧功率测试程序。

（4）根据受试者的身高，调整自行车座椅至合适高度。将受试者的姓名、年龄、身高和体重等值输入计算机。蹬车负荷由计算机自动给出，通常根据受试者的体重，按每公斤体重施加 0.075 kg 负荷，将确定的砝码重量加在重量篮内，并将重量篮提起，使自行车处于无负荷状态。

（5）用鼠标点击计算机显示器上的"开始"键。

（6）受试者听到信号后，全力蹬车。当空载蹬车达最高速度时，搬下重量篮，让受试者在预定负荷下继续全力蹬车，持续时长为 30 秒，测试结果将由电脑自动采集和存储。

（7）对测试结果进行分析。测试指标包括 PP（最大功率/体重）、AP（平均功率/体重）、MP（最小功率/体重）〔这些指标的单位为 W/kg（瓦/千克）〕，以及 PD（疲劳指数）。

4. 使用功率自行车的注意事项

（1）在最大吸氧量测试前几小时，受试者不应参加体力活动，应避免在餐后马上进行测试。在测试前后的 1 小时内，受试者应避免吸烟。

（2）受试者在正式骑车前，应根据自身条件调整座椅和扶把到合适的高度，并将脚的固定带扣紧，防止全速蹬车时脚脱蹬。

（3）1 kg 是所能设置的最低工作量，即重量篮的自重。在施加砝码时应将重量篮的重量计算在内。

（4）电磁波会干扰遥测系统，在进行功率自行车测试时，附近不允许使用

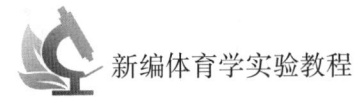

手机。

（5）在测试过程中，如果受试者出现胸痛、呼吸困难等情况，必须立即停止运动试验。

二、实验样品的采集与制备

在实验中，往往需要采集血液、尿液等样品进行研究，这些样品的采集与制备均有相应的操作规程与注意事项。

（一）血液样品的采集与制备

血液样品的采集，根据其采血部位不同，主要有毛细血管采血法、静脉采血法。

1. 毛细血管采血法

毛细血管采血法又称"皮肤采血法"，主要用于需血量微小的检查项目。所获得的末梢血，是微动脉、微静脉和毛细血管的混合血，并依采血时挤压的力度不同，含有少量细胞间质和细胞内液。由于毛细血管采血方便易行，易为受试者接受，因此在运动生物化学实验中广泛使用。

皮肤采血多选择手指指端或耳垂为采血部位，采血针刺入皮肤深度应为 2 mm（<2.5 mm），采血局部应无炎症、水肿等。耳垂采血虽痛感较轻，操作方便，但耳垂的血循环较差，受气温影响较大，检查结果不够恒定。而手指采血操作方便，可获相对较多血量，检查结果也比较恒定，一般推荐采集左手无名指或中指指端内侧血。

采血针要用特制三棱针或专用"采血针"，须严格实行一人一针一管（毛细吸管）。

（1）操作步骤。①消毒。用75%的酒精以画同心圆的方式消毒受试者的无名指或中指内侧指腹，然后用干棉球拭干手指上的酒精。②刺手指。手拿采血针，手的动作幅度不能过大，以免引起受试者的不安心理。用手腕摆动的力量迅速刺入手指，不能过深也不能过浅，以刺入皮肤深度 2 mm 为宜。③取血。将刺指尖后自然流出的血滴用干棉签拭去，再稍挤压手指以形成新的血滴，水平执毛细管，依靠虹吸作用吸入血液达所需 20 μL 的刻度。④用干棉签拭去毛细管表面的血液和吸出多于所需刻度的血液。⑤将毛细管吸血的一端置于试管的液面以下，用胶头套住毛细管的另一端。⑥轻轻挤压吸头，使血液进入液体，然后稍微吸入一点液体，冲洗干净毛细管里的血液，尽量减少测试误差。⑦摇匀试管里的血液。

（2）注意事项。①毛细血管采血时，务必清洁消毒，并使用一次性采血针，皮肤破损处禁止采血。②皮肤消毒后，一定要等酒精挥发干燥后才采血，否则流

出的血液会四处扩散而不形成血滴。③采血时不可用力挤压，以免组织液混入血液，使血液易于凝固或稀释，增大实验误差。

2. 静脉血管采血法

当检查项目需要血量较多时，通常使用静脉采血法。静脉血能准确反映全身血液的真实情况，且不易受气温和末梢循环的干扰，更具有代表性。静脉采血时，通常以肘部静脉作为采血部位，如果肘部静脉不明显，还可以用手背静脉、腕背静脉等。根据注射器与容器是否分开，静脉采血法可分为开放式静脉采血与封闭式静脉采血。开放式静脉采血由于采血过程的开放性，可能会对测试结果产生影响，目前通常采用封闭式静脉采血法。

封闭式采血法，又称"负压采血法"。其原理是，封闭的试管内有一定量的负压，使血液定量进入试管内。如果使用血量或检查项目较多，就只要更换封闭的负压试管即可继续采血。封闭式采血有较多优点，如所采集的血液无容器之间的转移，减少了溶血现象而有效保护血液有形成分，也减少了二次污染机会，保证待检血液样品原始性状的完整性，使检查结果更为真实等；另外，采血样品运送方便，特别适用于运动场地流动采血，能避免受试者血样间的交叉污染。下面介绍封闭式静脉采血的操作步骤。

（1）实验用品的准备。实验用品包括真空管、一次性采血针、止血带、小垫枕、2%碘酊、75%酒精、棉签。

（2）采血部位选择。抽取静脉血时，应选择粗直、弹性好、不易滑动的静脉。若要多次采集静脉血，为保护血管，应有计划地选择血管进行采血，先远心端后近心端。常用作静脉血采集的静脉有贵要静脉、正中静脉、头静脉或手背静脉。

（3）操作方法。①备齐用品，核对试管编号。②选择合适的静脉部位，以手指探明静脉方向及深浅，在穿刺部位的上方（近心端）约6 cm处扎紧止血带。用2%碘酊消毒皮肤，待干后以75%酒精脱碘，嘱受试者握拳，使静脉充盈。③穿刺时，以左手拇指绷紧静脉下端皮肤，使其固定，右手持静脉采血针，针头斜面向上，使针头和皮肤成20°斜角，由静脉上方或侧方刺入皮下，再沿静脉方向潜行刺入。④见回血，则证实针头已入静脉，可再顺静脉进针少许，松开止血带，嘱受试者松拳，固定针头，将针头的另一端刺入真空管以抽取一定量的血液。在抽血过程中，若血液流出缓慢或停滞，有可能是针头斜面贴紧血管壁或滑出静脉或穿透血管壁，应更改针头方向或拔出针头更换部位。⑤抽血完毕，以消毒棉签按压刺入点，迅速拔出针头，嘱受试者屈肘按压片刻，以阻止局部渗血。

（4）注意事项。①采血前应向受试者解释，以消除其疑虑或恐惧。如遇受试者采血后发生晕厥，可让其迅速平卧休息，一般可很快恢复。必要时，可嗅芳香氨酊，针刺或指掐人中、合谷等穴位。②应防止血液样品溶血。造成溶血的原因有止血带捆扎时间太长，淤血过久，或穿刺不顺损伤组织过多等。一般用止血带压迫的时间最好不超过半分钟，否则将使样品的生化结果升高或下降。③很多生化成分会受膳食影响，因此，采血前要确认受试者是否空腹。

（二）尿液样品采集与制备

由于尿液采样的无损性，因此，使用尿液样本来分析运动者机能，是目前运动训练中使用较多的评价方法之一。

1. 尿液样品的采集容器

尿液样品的采集容器应由不与尿液成分发生反应的惰性材料制成，要求洁净、无菌、加盖、封闭、防渗漏、广口、具有较宽的底部，容积大于 50 mL，盒盖易于开启，不含防腐剂和抑菌剂。

2. 尿液样品的采集方法

（1）清洁中段尿采集。清洁中段尿采集最好留取早晨中段尿样品。自然排尿，将前段尿排去，截留中段尿约 10～20 mL，将其直接排入专用的无菌尿样采集杯中，立即送检。

（2）留 12 h 或 24 h 尿液样品的采集。留 24 h 尿液样品采集，需准备清洁带盖、容量为 3000～5000 mL 的广口容器，贴上标签，注明采集的起止时间和受试者的资料，并向受试者说明留尿的目的、方法，以取得合作。嘱咐受试者于清晨 7 点排空膀胱，弃去尿液，记录开始留尿时间。受试者排第一次尿时，即应加甲苯或浓盐酸等防腐剂，使之与尿液混合以防止尿变质。收集随后的所有尿液，直至次日晨 7 点排尽最后一次尿，即 24 h 尿液全部送检。留 12 h 尿样品时，应从 19 点开始至次日晨 7 点止。

3. 尿液样品的处理

尿液样品采集后应及时送检，室温下的保存时间不得超过 2 h，夏季的保存时间应适当缩短或冷藏保存，4 ℃冷藏的保存时间不得超过 8 h，否则会影响测试结果。

三、实验试剂配制

（一）安全防护措施

配制试剂过程应根据相应要求，使用安全防护措施。

（1）手套：为确保安全，配制试剂的全过程应戴乳胶或塑胶手套。如果配制腐蚀性化学试剂，如酚溶液时，则必须佩戴抗腐蚀的橡胶手套。

（2）口罩：有些粉末会对呼吸道造成伤害，配制此类试剂时，切记戴上口罩。

（3）护目镜：可避免试剂突然溅出、腐蚀性气体、玻璃容器破碎等意外伤害到眼睛。

（4）通风橱：配制挥发性试剂时，应在通风橱中进行。

（二）试剂配制步骤

在运动生理学和运动生物化学的某些实验中，常常需要使用实验试剂。正确配制实验所需的各种试剂是顺利完成实验的重要保障。准确配制一定浓度的溶液，一般包括选择试剂、计算试剂用量、称量或量取、溶解、移液、定容和装瓶等步骤。

（1）选择合适的化学试剂类型。化学试剂按其用途，可分为一般试剂、标准试剂、高纯试剂、专用试剂等。实验中，应根据实验需要选择合适的化学试剂类型。一般试剂是实验室最常使用的试剂。按化学试剂中所含杂质量的多少，一般试剂可分为优级纯、分析纯、化学纯和实验试剂 4 个等级。

（2）计算。计算是配制试剂最重要的步骤，即根据所要配制试剂的浓度及所需数量，计算确定药品的分量。

（3）检查药品安全性。计算后、称量前，要先检查药品的安全性，即要了解所要配制的试剂中，各种成分是否具有危险性。通常，药品的外包装上会有物质安全标签。若遇到标示不清的药品，则应先查阅《化学试剂目录手册》。

（4）称量或量取。准确计算出溶质的质量后，可用天平称量；若溶质为液体，则计算出体积后，用量筒或移液管量取。

（5）溶解。溶质需先在烧杯中用适量的试剂级水溶解（按要求选用合适试剂级水，一般为蒸馏水或双蒸水），冷却至室温。

（6）移液。溶解并冷却至室温后，选择所需容积的容量瓶，将烧杯中的溶液用玻璃棒小心地转入容量瓶中。这时应特别注意，不能让溶液洒在容量瓶外，也不要让溶液在刻度线上面沿瓶壁流下。随后，用试剂级水洗涤烧杯 2～3 次，并将每次洗涤后的溶液都注入容量瓶中，轻轻振荡容量瓶，使溶液充分混合。

（7）定容。缓缓将试剂级水注入容量瓶，直到容量瓶中的液面接近容量瓶刻度 1～2 cm 处，改用胶头滴管，滴加试剂级水至溶液的凹面正好与刻度线相切。这时，将容量瓶用瓶塞盖好，反复上下颠倒，摇匀。

（8）装瓶。实验试剂配制完毕后，不能长时间存放在容量瓶中，应盛放在细口瓶或滴瓶等试剂瓶中。若为见光易分解的试剂，则应盛放在棕色试剂瓶内。试剂装瓶后，应在每一个试剂瓶上贴上标签，标明试剂的名称、规格（浓度）及配制时间。

第二章　人体形态结构观察与测评

第一节　验证性实验

实验一　人体细胞和基本组织的显微镜观察

【实验类别】
验证性实验。

【每组人数】
4～5人。

【实验目的】
(1) 掌握细胞膜、细胞质和细胞核的结构和功能。
(2) 识别四大基本组织的基本结构特点。

【实验内容】
观察细胞的类型、形态结构，以及人体四大组织的结构。

【实验器材】
细胞结构模型、细胞膜结构模型、各种组织切片，以及显微镜、图谱。

【观察内容与方法】

一、观察细胞的结构

(1) 肉眼观察：取单层扁平上皮（镀银染色）标本，标本呈黄色，不能看清细胞结构。

(2) 低倍镜观察：可见若干个多边形的细胞结构，且细胞之间密集排列，数量多。

(3) 高倍镜观察：可见细胞膜、细胞质和细胞核。细胞膜为多变形边界，细胞核呈浅蓝色，细胞质呈黄色（图2-1）。

图2-1 单层扁平上皮（镀银染色）

二、观察四大基本组织

（一）观察单层柱状上皮

（1）肉眼观察：取小肠切片［单层柱状上皮（HE染色）］标本，标本一侧起伏不平，被染成蓝紫色，为小肠环状皱襞，其上有丰富的小肠绒毛。

（2）低倍镜观察：找到小肠绒毛，其表面覆盖有一层单层柱状上皮，多数为柱状细胞，其中夹有杯状细胞。

（3）高倍镜观察：柱状细胞密集排列，核为椭圆形，近基底部被染成蓝紫色，细胞的游离面有一层粉红色膜状结构，即微绒毛（图2-2）。

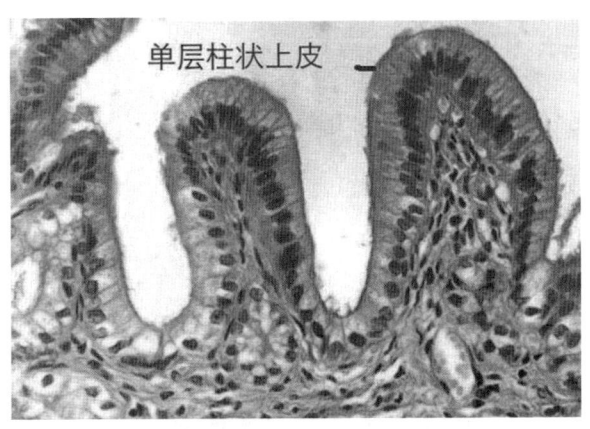

图2-2 单层柱状上皮（HE染色）

(二) 观察结缔组织

1. 观察致密结缔组织

(1) 肉眼观察：取跟腱纵切［致密结缔组织（HE 染色）］标本，粉红色长条形组织为纵切面。

(2) 低倍镜观察：大量粉红色的胶原纤维束呈平行而紧密排列，其间有腱细胞。

(3) 高倍镜观察：胶原纤维束较粗大，纤维束内由许多平行排列的胶原纤维组成，在纤维束之间分布有排列成单行的腱细胞，其细胞核呈长椭圆形或杆状，被染成紫蓝色（图2-3）。

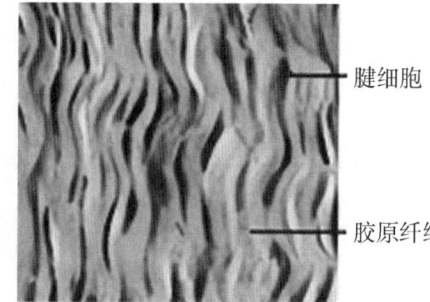

图2-3 致密结缔组织（HE 染色）

2. 观察骨组织

(1) 肉眼观察：取长骨横断面磨片标本，紫色的同心圆状结构隐约可见。

(2) 低倍镜观察：许多同心圆排列的骨板，称为"骨单位骨板"。中央有一个黑紫色较大的圆形管称为"中央管"。中央管和骨单位骨板组成了骨单位。在骨单位之间，有一些排列不规则的骨板，称为"间骨板"。

(3) 高倍镜观察：骨板间有许多扁的卵圆形呈黑色的小腔隙及骨陷窝。如图2-4所示，其中 H 代表骨单位，C 代表骨陷窝。骨陷窝向四周发出许多细而呈放射状、有分支的骨小管。相邻骨陷窝之间的骨小管彼此相通，靠近中央管的骨小管则与中央管相通。

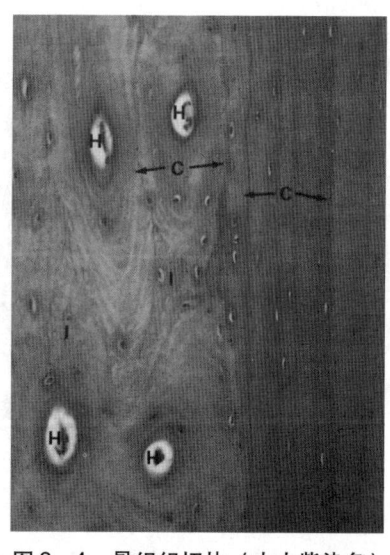

图2-4 骨组织切片（大力紫染色）

3. 观察透明软骨组织

(1) 肉眼观察:取气管横断面［透明软骨（HE 染色）］标本,在气管横断面被染成紫色 C 形的部分为透明软骨。

(2) 低倍镜观察:从透明软骨表面向中心观察,软骨周边呈粉红色的为透明软骨膜,蓝紫色软骨基质中有成群的同源软骨细胞群。

(3) 高倍镜观察:靠近软骨膜的软骨细胞较小,从透明软骨面向中心方向软骨细胞逐渐增大,常以 3～5 个同源软骨细胞群出现（图 2-5）。

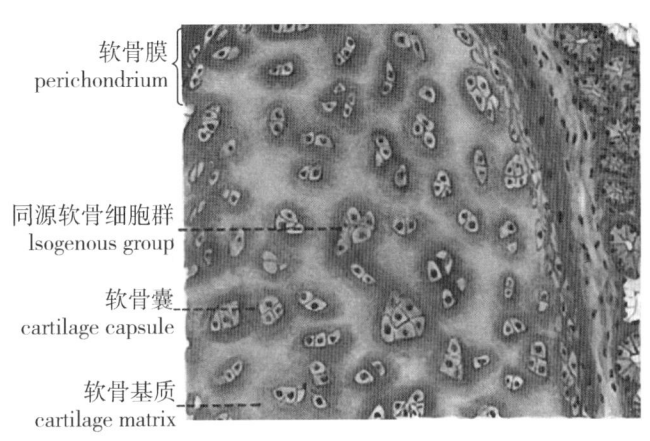

图 2-5　气管横断面（HE 染色）

(三) 观察肌组织

1. 观察骨骼肌组织

(1) 肉眼观察:分别取骨骼肌的纵、横切片标本,长条形的为纵切面,椭圆形的为横切面。

(2) 低倍镜观察:从纵切面标本看,肌外膜的结缔组织深入肌组织内,形成肌束（图 2-6）;从横切面看,则呈红色大小不等的多边形肌纤维（图 2-7）。

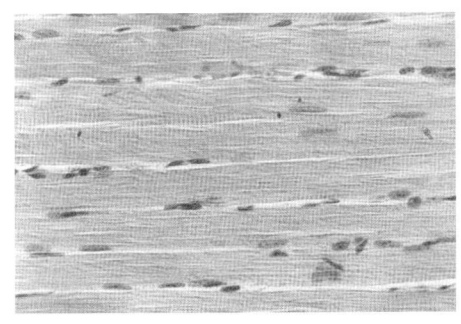

图 2-6　骨骼肌组织纵切面

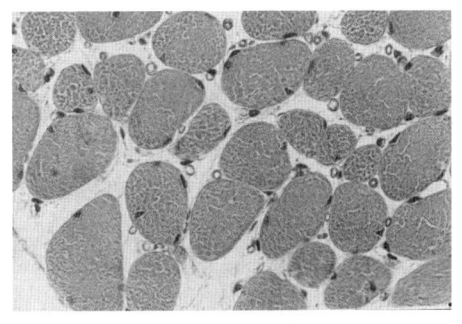

图 2-7　骨骼肌组织横切面

(3) 高倍镜观察：纵切面肌纤维呈长条形，有明暗相间的横纹，肌原纤维沿着肌纤维长轴排列。染色深的为暗带，染色浅的为明带。在横切面上，肌原纤维呈小红点状。肌原纤维在肌浆内排列均匀，细胞核为卵圆形，呈蓝紫色紧贴肌膜内侧，数量较多。有时也可以在横切面上显现多角形的小区。

2. 观察心肌组织

（1）肉眼观察：分别取心肌组织的纵、横切片标本，长条形的为纵切面，椭圆形的为横切面。

（2）低倍镜观察：在纵切面上，红色的心肌纤维呈不规则的短带状，有分支，互相连接（图2-8）；在横切面上，心肌纤维呈红色大小不等的圆形或不规则形状，之间有少量结缔组织及毛细血管（图2-9）。

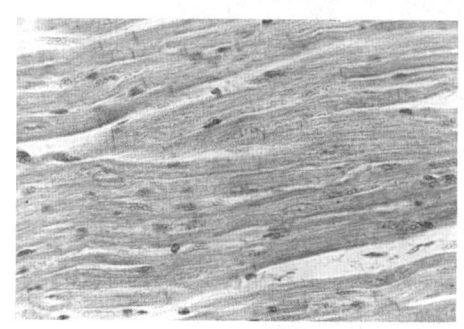 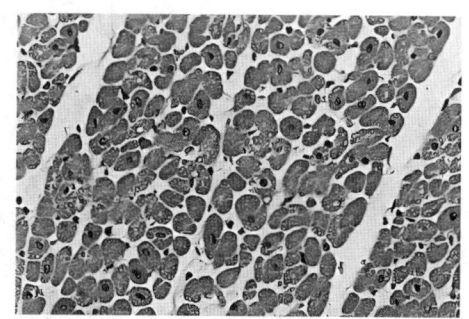

图2-8　心肌组织纵切面　　　　图2-9　心肌组织横切面

（3）高倍镜观察：在纵切面上，心肌纤维呈短带状，有明显的横纹，心肌纤维互相连接，有闰盘。在横切面上，肌原纤维呈大小不等的圆形或不规则形，有的可见卵圆形呈蓝紫色位于细胞中央的细胞核，只看见淡染区或均匀的点状红色肌原纤维。

3. 观察平滑肌组织（小肠）

（1）肉眼观察：取小肠横切面标本，肠壁靠光滑面染为深红色的一层为平滑肌层。

（2）低倍镜观察：可见平滑肌分为两层，即内侧纵形肌层（纵切面）和外侧环形肌层（横切面）。

（3）高倍镜观察：纵切面平滑肌纤维呈长梭形，互相交错，密集排列，蓝紫色的细胞核为卵圆形或长杆状位于细胞中央（图2-10）；在横切面上，平滑肌纤维为大小不等的圆形或不规则形，切片较大的细胞中央可见卵圆形呈蓝紫色的细胞核（图2-11）。

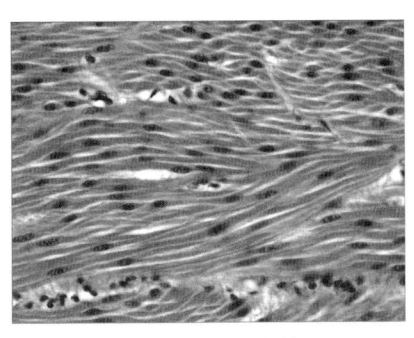

图2-10 平滑肌纵切面

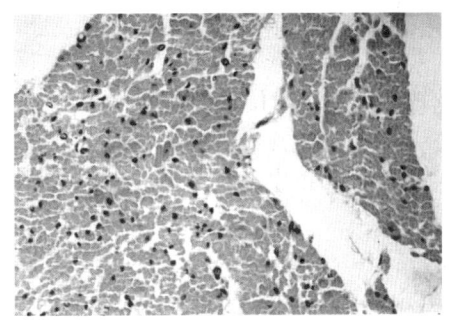

图2-11 平滑肌横切面

（四）观察神经组织

（1）肉眼观察：取神经组织横切片（HE染色）标本，呈一个深红色小点。

（2）低倍镜观察：可见运动神经元的胞体为较大的紫红色块状，胞突较多，常被切断。在神经元的周围有较多分散的蓝紫色的较小细胞核，是神经胶质细胞的细胞核。灰质中央的小管为中央管。找一个有细胞核、多突起的神经元置于视野中央，换高倍镜观察。

（3）高倍镜观察：神经元胞体大，中央有一个大而圆或卵圆形的胞核，核膜清楚，核内染色质少，呈空泡状，有明显的核仁。核周部的胞质较丰富，可见许多大小不等、形态不一的蓝紫色小块状结构，称为"尼氏体"，形似虎斑。轴突和轴突触则无尼氏体，可据此点鉴别树突和轴突。神经元之间可见许多蓝紫色的胞核，为神经胶质细胞的胞核（图2-12）。

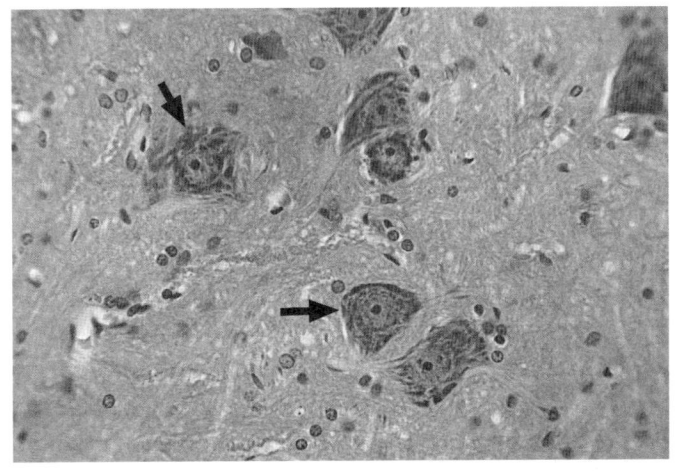

图2-12 神经组织横切片（HE染色）

【思考与讨论】

(1) 绘出观察到的单层扁平上皮组织细胞的形态特征图,注明细胞膜、细胞核和细胞质的位置。

(2) 绘出观察到的骨骼肌、心肌和平滑肌的形态特征图。比较说明 3 种肌组织的结构特点。

实验二 全身骨骼及其连结与运动的观察

【实验类别】

验证性实验。

【每组人数】

4~5 人。

【实验目的】

(1) 熟悉骨连结(关节)的分类,掌握关节的基本构造和辅助结构。

(2) 掌握全身骨骼的组成、形态分类和形态结构,以及人体骨的主要体表标志。

(3) 熟悉上肢骨连结、下肢骨连结的方式及构成,了解颅骨和躯干骨的连结方式。

(4) 熟悉人体六大主要关节的结构及运动形式,掌握胸廓和骨盆的构成,了解足弓的组成及生理意义。

【实验内容】

观察全身骨骼的组成及形态特征,以及人体六大主要关节(肩关节、肘关节、腕关节、髋关节、膝关节和踝关节)的结构。

【实验器材】

标本(模型)、3D body 解剖软件、挂图、图谱,特别留意标本的下述组成。

(1) 躯干骨及其连结。全身骨架、第 1 颈椎、第 2 颈椎、第 7 颈椎及典型颈椎、胸椎、腰椎、骶骨、典型肋骨、第 1 肋、第 12 肋。椎骨的连结、项韧带标本、脊柱整体观和胸肋关节标本。

(2) 上肢骨及其连结。分离上肢骨标本与胸锁关节、肩关节、肘关节、前臂骨连结、手关节的标本。

(3) 下肢骨及其连结。分离下肢骨标本,骶髂关节标本,男性和女性骨盆标本，髋关节、膝关节、足关节的标本。

（4）颅骨及其连结。分离颅骨、整颅、颅底、颅盖、颅的正中矢状切面标本，新生儿颅骨标本，颞下颌关节标本。

【观察内容与方法】

一、骨连结

（一）直接连结

（1）纤维连结。在椎骨连结及有韧带的关节标本上观察韧带连结，在成人颅盖骨上观察颅缝。

（2）软骨连结。在胎儿或幼儿颅底、幼儿髋骨的标本上观察透明软骨结合，在椎骨连结（椎间盘）的标本上观察纤维软骨结合。

（3）骨性结合。在成人髋骨及骶骨标本上观察骨性结合。

（二）间接连结——滑膜关节

（1）关节基本结构。在肩关节、肘关节、髋关节及膝关节的标本上观察：关节面及关节软骨、关节囊（注意纤维膜和滑膜的分布、膝关节囊的滑膜囊和滑膜脂垫）和关节腔。

（2）关节的韧带。在肘关节、髋关节及膝关节的标本上观察：囊外韧带和囊内韧带。

（3）关节唇。在肩关节、髋关节的标本上观察。

（4）关节盘。在胸锁关节、颞下颌关节的标本上观察。

二、躯干骨及其连结

（一）躯干骨

1. 分离的躯干骨及全身骨骼架标本的躯干骨观察要点

（1）椎骨。在颈椎、胸椎或腰椎上观察：典型椎骨有1体、1弓和7突起的特征；颈椎（有横突孔）、胸椎（有肋凹和横突肋凹）和腰椎（椎体大）的不同特征；第1颈椎（又称"寰椎"，没有椎体）、第2颈椎（又称"枢椎"，有齿突）、第7颈椎（又称"隆椎"，棘突长）的特征。

（2）骶骨。前面上缘正中向前突起的岬、四对骶前孔、四对骶后孔；外侧缘上部有耳状面；贯穿上下的骶管及其下端的开口骶管裂孔，在骶管裂孔下的骶角。

（3）胸骨。由上而下分为胸骨柄、胸骨体和剑突三部分；胸骨柄上缘的颈静脉切迹；胸骨柄和胸骨体之间的胸骨角。

（4）肋骨。后端较膨大，有肋头、肋颈、肋结节；体内面近下缘处有肋沟；体后面在肋结节外侧的明显转折处为肋角。

2. 躯干骨主要体表标志

（1）第 2 颈椎棘突：粗大，是枕骨下最先能触及的棘突，仰头时易触摸到。

（2）第 7 颈椎棘突：明显隆起，最长，低头时最明显，在皮下易摸到。

（3）第 11 胸椎棘突定位：手指沿第 12 肋骨向中线触摸，终点即是。

（4）第 2 肋：即在锁骨下可以摸到最上位的肋。

（5）第 7 肋（或肋间隙）：与肩胛下角平齐。

（二）躯干骨的连结

（1）椎骨的连结。在椎骨连结标本上观察：位于锥体和椎间盘前方的前纵韧带、后方的后纵韧带、联系棘突尖端的棘上韧带及第 7 颈椎以上的项韧带、棘突之间的棘间韧带和椎弓板之间的黄韧带；观察位于相邻锥体之间的椎间盘的形态、构成（外周纤维环、中央髓核）、各部的厚薄及椎间盘的薄弱区（在椎间盘的后外）。

（2）脊柱。在脊柱的整体观标本上观察：脊柱前面——由上向下锥体逐渐变大，到骶骨后突然变小；侧面——颈、胸、腰、骶四个弯曲，相邻椎弓根之间的一系列椎间孔；后面——颈椎棘突短小分叉，胸椎棘突常朝向后下呈叠瓦状，腰椎棘突呈板状水平向后。

（3）胸廓骨连结。在肋椎关节的标本上观察：肋头与胸椎的肋凹构成肋头关节，肋结节与横突肋凹构成肋横突关节。在胸肋关节标本上观察：胸肋关节的构成（注意第 1 肋与胸骨柄之间为软骨结合），第 8、9、10 肋的前端的肋软骨依次连于上位肋软骨连结构成肋弓。

（4）胸廓。在骨性胸廓标本或全身骨骼架上观察：骨性胸廓由 12 块胸椎、12 对肋骨和 1 块胸骨组成。胸廓上口由第 1 胸椎、第 1 肋和胸骨柄上缘围成，胸廓下口由第 12 胸椎、第 12 肋、第 11 肋、肋弓和剑突围成。

三、上肢骨及其连结

（一）上肢骨

1. 上肢带骨

（1）在分离的上肢带骨及全身骨骼架标本的上肢带骨观察要点。①锁骨。粗大的胸骨端、扁平的肩峰端，内侧 2/3 突向前、外侧 1/3 凹向后。②肩胛骨。呈三角形，前面光滑凹陷为肩胛下窝；背面有一横行的肩胛冈，其上、下方为冈上窝和冈下窝，肩胛冈外侧端为肩峰；上缘近外侧的指状突起为喙突；外侧角肥厚,其上的凹陷为关节盂;下角对第7肋或第7肋间隙,为计数肋的标志;两侧下角的连线经过第7胸椎棘突。

(2)上肢带骨主要体表标志。①锁骨:全长可在皮下摸到。②肩胛冈:肩胛骨背面的长形隆起。③肩峰:肩胛冈的外侧端突出部分。④内侧缘:上臂后伸并内旋时明显突出。⑤上角:沿内侧缘向上,正对第2肋。⑥下角:沿内侧缘向下,平第7肋。⑦喙突:将食指放在锁骨窝处,向外侧紧压即可摸到。

2. 自由上肢骨

(1)观察要点。①肱骨。肱骨头朝向内上方,下端的后方有鹰嘴窝。肱骨头外侧的隆起为大结节,在大结节前内的突出为小结节,两者间为结节间沟,上端与体的交界处较细为外科颈;体的中间外侧面有三角肌粗隆,其后方有桡神经沟;下端外侧部为肱骨小头,内侧部为肱骨滑车,其向外侧及内侧的突出分别为外上髁和内上髁;在内上髁后下方的前沟为尺神经沟。②桡骨。桡骨上端小、下端大,下端的前面光滑凹陷,其下端向外下方的突起为桡骨茎突。桡骨上端稍膨大为桡骨头,周围为环状关节面,其下方为桡骨颈,颈的内下方是桡骨粗隆;下端的内侧面有尺切迹。③尺骨。尺骨上端大、下端小,上端朝向前上方有一大的凹陷为滑车切迹,上端朝外下侧有桡切迹。滑车切迹上为鹰嘴、下为冠突,在冠突的外侧面有桡切迹,下端稍膨大为尺骨头,其周围光滑为环状关节面,头后内侧向下的突起为尺骨茎突。④手骨。观察腕骨的排列(由桡侧向尺侧,近侧列为"舟月三豆",远侧列为"大小头钩"),以及掌骨、指骨(近节、中节、远节指骨)的位置。

(2)自由上肢骨主要体表标志。①肱骨大结节:肱骨上端外侧突起,为肩部最外的骨点。②肱骨内上髁和外上髁:分别为肱骨下端内侧和外侧突起。③尺骨鹰嘴:位于肘关节背侧皮下,屈肘时成一明显的隆凸,易摸到。④尺骨头和尺骨茎突:前臂在肘关节做半旋内时,在尺骨下端可摸到。⑤桡骨头:参与前臂旋转,在肘的后外方。肱骨外上髁下2横指处,可摸到桡骨头及其旋转。⑥桡骨茎突:在桡骨下端外侧下方可摸到。

(二)上肢骨的连结

1. 上肢带骨连结和肩关节

(1)在胸锁关节的标本上观察胸锁关节由锁骨的胸骨端、胸骨的锁切迹和第1肋软骨组成,在关节内有关节盘。

(2)在肩关节的标本上观察肩锁关节、喙肩韧带及喙肩弓。肩关节由肱骨头和关节盂组成,注意两者关节面的大小。在关节盂周围有关节唇。关节囊松弛。在关节囊内有肱二头肌长头腱,从结节间沟穿出。

2. 肘关节

在肘关节（打开关节囊）的标本上观察：关节由肱骨下端与桡、尺骨上端组成，分为肱桡关节、肱尺关节、桡尺近侧关节；关节囊的两侧分别有桡侧副韧带和尺侧副韧带，桡骨头周围（在关节囊深面）有桡骨环状韧带包绕。

3. 桡尺连结

在前臂骨间连结的标本上观察：桡尺近侧关节、桡尺远侧关节和前臂骨间膜。

4. 手的关节

在手关节的标本上观察：腕关节的关节窝由桡骨下端和尺骨下方的关节盘构成，而关节头由近侧列的手舟骨、月骨、三角骨3块骨头构成。观察腕骨间关节、腕掌关节（注意拇指腕掌关节的特殊性）、掌指关节和指骨间关节的位置与组成。

四、下肢骨及其连结

（一）下肢骨

1. 下肢带骨（髋骨）

（1）在分离的下肢骨及全身骨骼架的标本上观察。①髋骨。髂骨在上、耻骨在前下、坐骨在后下，髋臼为三骨连结融合处，朝向外侧。②髂骨体构成髋臼上2/5。体的上方为髂骨翼，内面为髂窝，窝的下界为弓状线，外侧面为臀面；髂骨翼的上界为髂嵴，髂嵴前、后端的突起为髂前上棘和髂后上棘，两者的下方分别有髂前下棘和髂后下棘。在髂前上棘后上方，髂嵴向外突出为髂结节。③耻骨体构成髋臼的前下1/5，在前内有髂骨与耻骨融合的隆起为髂耻隆起；沿弓状线经髂耻隆起延伸到耻骨上支的耻骨梳，耻骨梳前端为耻骨结节，耻骨结节向内侧为耻骨嵴，耻骨嵴终止于耻骨联合面，耻骨联合面向后上形成耻骨下支。④坐骨体构成髋臼的后下2/5，其后下方为坐骨结节，体后缘中部突起为坐骨棘，它与髂后上棘之间为坐骨大切迹，与坐骨结节之间为坐骨小切迹，耻骨和坐骨围成闭孔。

（2）下肢带骨主要体表标志包括三部分：①髂嵴全长。在髂骨上缘可触扪到髂嵴全长，其最高点约平第4腰椎。②髂前上棘。沿着髂嵴往前摸到突出部分，即为髂前上棘。③坐骨结节。屈大腿时，在臀部容易摸到坐骨结节。

2. 自由下肢骨

（1）观察要点：①股骨和髌骨。股骨上端的股骨头朝向内上方，下端的后面有一深窝为髁间窝。在股骨头的凹陷为股骨头凹，在头的外下为股骨颈，上端外侧大的突起为大转子,大转子的前内下有小转子,大、小转子之间前有转子间线,后有转子间嵴;体的后面的骨嵴为粗线,粗线向外上延伸的粗糙面为臀肌粗隆。下端内、外侧的膨大分别为内侧髁和外侧髁,两髁之间后面的深窝为髁间窝,内侧髁和外侧髁向内、外侧最突出处分别为内上髁和外上髁,内上髁上方的小突起为收肌结节。髌骨是全身最大的籽骨。②胫骨和腓骨。胫骨上端较大,上端朝向前方有一突起为胫骨粗隆,下端朝向内下方的突起为内踝。胫骨上端内、外侧的膨大部分分别为内侧髁和外侧髁,两髁之间向上的隆起为髁间隆起;体的外侧缘稍薄锐为骨间缘;下端朝向内下方的突起为内踝。腓骨上端钝圆膨大为腓骨头,头下方较细处为腓骨颈,下端扁平膨大为外踝。③足骨。观察跗骨的排列(距上跟下、舟连三楔、骰骨在外)、距骨滑车(前宽后窄)及跟骨结节、跖骨和趾骨(近节、中节、远节趾骨)的位置。

(2) 自由下肢骨主要体表标志:①股骨大转子。其为髋部最外的骨点。用拇指摸到髂嵴最高处后,食指垂直往下摸到的骨突即为大转子,当大腿旋转时,可摸出大转子在皮下的转动。②股骨内侧髁和外侧髁。其在股骨下端,可摸到内外侧各有一向后突出的椭圆形骨突,分别为内侧髁和外侧髁。③髌骨前面。其在膝关节前方,可摸到髌骨的前面,松弛股四头肌,可使髌骨移动。④胫骨内侧髁和外侧髁。胫骨上端内外侧的突起,在皮下可触摸到。⑤胫骨粗隆。胫骨上端前面的隆起,皮下可触摸到。⑥内踝。其为胫骨下端内侧隆凸,易在皮下触摸到。⑦腓骨头。在小腿外侧上端皮下摸到的膨大部分为腓骨头。⑧外踝。腓骨下端外侧隆凸易在皮下摸到。

(二) 下肢骨的连结

1. 下肢带骨连结

在骨盆标本上观察:骨盆由左右髋骨、骶骨、尾骨及其骨连结构成。髂骨和骶骨的耳状面组成骶髂关节。连于骶尾骨侧缘与坐骨结节棘、坐骨棘之间的骶结节韧带和骶棘韧带;骶结节韧带、骶棘韧带与坐骨大小切迹围成的坐骨大孔和坐骨小孔;闭孔膜封闭闭孔,上部有闭膜管。

骨盆由界线区分为大、小骨盆。其中,小骨盆上口即为界线,由骶骨岬、骶骨盆面上缘、弓状线、耻骨梳、耻骨结节、耻骨嵴和耻骨联合上缘围成;大骨盆下口由尾骨尖、骶结节韧带、坐骨结节、坐骨支、耻骨下肢和耻骨联合下缘围成。

2. 髋关节

(1) 在髋关节的标本上观察:关节囊周围有强厚的韧带(髂股韧带、耻股韧带和坐股韧带),关节囊在前面包裹股骨颈的全部,后面只包裹股骨颈的内

2/3。

(2) 打开关节囊的标本观察：髋关节由股骨头和髋臼组成，髋臼周围有关节唇，在股骨头凹与髋臼横韧带之间有股骨头韧带（囊内韧带）。

3. 膝关节

(1) 完整的膝关节标本观察：关节囊松弛、周围有韧带加强。

(2) 打开关节囊的标本观察：关节的组成（股骨下端、胫骨上端和髌骨）、关节面、关节囊附着的部位、翼状襞、髌上囊等。

(3) 在去除关节囊的标本上观察：囊外韧带有髌韧带、胫侧副韧带、腓侧副韧带；囊内韧带有前交叉韧带和后交叉韧带，注意这些韧带的连接部位。在股骨与胫骨之间有半月板。

(4) 在去除股骨的标本上观察半月板：内侧半月板较大，呈"C"形；外侧半月板较小，呈"O"形。

4. 胫腓连结

上端为微动的胫腓关节，下端为韧带连结，骨干间有坚韧的小腿骨间膜。

5. 足的关节

在足关节的标本上观察：踝关节由胫、腓骨下端和距骨滑车组成，距骨滑车前宽后窄、内侧韧带强、外侧韧带弱。观察跗骨间关节、跗跖关节、跖趾关节、趾骨间关节的组成及足弓（内侧纵弓、外侧纵弓及横弓）的位置和组成。

五、颅骨及其连结

（一）颅骨

在整颅、颅底（标本及模型）、颅盖、颅的正中矢状切面标本上观察各颅骨所在部位。

(1) 脑颅骨。额部1块额骨，向后在头顶有1对顶骨，向后至枕部有1块枕骨，在颅侧面有1对颞骨，在颅底内面前部中央有1块筛骨、中部中央有1块蝶骨。

(2) 面颅骨。上颌骨（1对）为中心，上颌骨外上方有1对颧骨；上颌骨内上方有1对鼻骨和1对泪骨；上颌骨内侧有1对下鼻甲和1对腭骨；左右上颌骨之间中线上、筛骨垂直板的后下方有1块犁骨；上颌骨下方为1块下颌骨。

（二）颅的整体观

在整颅、颅盖、颅底的标本或模型上观察。

(1) 顶面观。额骨和顶骨之间的冠状缝、左右顶骨之间的矢状缝、顶骨和枕骨之间的人字缝，顶骨向两侧最突出点为顶结节。

（2）后面观。枕部的突起为枕外隆凸，外耳门后下方的乳突。

（3）内面观。其中，颅盖内面包括：矢状缝内面对应的上矢状窦沟，两侧的浅沟为脑膜中动脉沟。颅底内面包括：以蝶骨小翼后缘和颞骨岩部上缘为界，将颅底内面分为颅前窝、颅中窝、颅后窝。

（4）颅底外面观。颅底外面观可分为前区、中区和后区。

（5）颅侧面观。颅侧面观包括颧弓上方的颞窝和颧弓下方的颞下窝。

（6）前面观。前面观可分为眶和骨性鼻腔。

（三）颅骨连结

（1）在儿童颅标本和颞下颌关节的标本上观察：颅盖骨之间以缝相连结，颅骶骨之间多以软骨或骨性结合（如蝶枕软骨结合）。

（2）下颌关节：关节头为下颌头，关节窝由下颌窝和关节结节构成，关节腔内2个关节面之间有关节盘。

（四）颅骨体表骨性标志

在活体上，颅骨体表可摸到顶结节、枕外隆凸、乳突、眉弓、眉间、眶口、颧骨、颧弓、下颌骨体、下颌角。

【思考与讨论】

（1）骨连结有哪些形式？关节的基本结构和辅助结构是什么？

（2）试述肩关节、肘关节、腕关节、髋关节、膝关节、踝关节的组成。任意选择2个关节，试述其特点和运动。

（3）剪下本实验附图（附录一），用活页的形式贴在实验结果栏，了解图中各结构名称。实验后，在附录一各图中注明线条所指部位的名称。

实验三 全身不同肌群的定位及其机能分析

【实验类别】

验证性实验。

【每组人数】

4～5人。

【实验目的】

（1）了解头颈肌的组成，掌握上肢肌、下肢肌、躯干肌的组成。

（2）熟悉主要上肢肌、下肢肌、躯干肌的位置和起止点，根据肌纤维的走行方向理解各主要肌肉的功能。

(3) 掌握上肢、下肢、躯干表浅肌肉的体表标志。

【实验内容】

(1) 观察人体全身肌肉的组成。

(2) 观察人体表浅肌肉的体表标志。

【实验器材】

全身肌肉整尸标本、身体各部的肌肉标本，以及 3D body 解剖软件、挂图、图谱。

【观察内容与方法】

一、肌的形态

在肌的形态及构造的标本上观察肌的形态（长肌、短肌、扁肌、轮匝肌）及肌的构造（肌腹、肌腱），在肌的辅助结构的标本上观察浅筋膜、深筋膜（肌间隔、支持带等）、腱鞘。

二、头颈肌

在头颈部浅层标本上观察：位于颅顶的额枕肌、眼周围的眼轮匝肌、口周围的口轮匝肌、面颊深面的颊肌，位于颞窝内的颞肌与位于下颌支表面的咬肌，位于颈部的颈阔肌与胸锁乳突肌（注意观察该肌的起止点）。

三、躯干肌

（一）躯干肌的主要组成部分

1. 背肌

斜方肌，位于项部和背上部浅层；背阔肌，位于背的下半部及胸的后外侧；竖脊肌，位于脊柱两侧的沟内。在腰部注意辨认包裹覆盖竖脊肌的胸腰筋膜。

2. 胸肌

胸大肌，位于胸前臂浅层；胸小肌，位于胸大肌深面；前锯肌，位于胸外侧壁；肋间外肌和肋间内肌，分别位于肋间隙内浅层与深层。

3. 腹肌

腹直肌，位于腹前正中线两侧，可见有 3～4 条腱划与腹直肌鞘浅层紧密结合。腹直肌鞘后层在脐下 4～5 cm 以下缺如，形成的游离下缘为半环线。腹外侧壁由浅入深分别为腹外斜肌、腹内斜肌和腹横肌。腹外斜肌腱膜在髂前上棘与耻

骨结节之间蜷曲增厚构成腹股沟韧带、在耻骨结节外上方的缺口为腹股沟管的皮下环（外口），可见有精索（男性）或子宫圆韧带（女性）穿出。

在腹前壁后面观的标本上观察：位于腹股沟韧带中点上方一指的腹股沟管的腹环（内口），腹环的内侧可见腹壁下动脉。腹股沟韧带、腹直肌外侧缘和腹壁下动脉所围的区域，即为腹股沟三角。

4. 膈

在膈标本上观察：膈呈穹隆状结构，周围为肌质，中央为中心腱，由后向前有主动脉裂孔、食管裂孔和腔静脉孔 3 个裂孔。

（二）躯干表浅肌的体表标志观察并思考其功能

斜方肌：在项部和背上部，可见斜方肌的外上缘轮廓。

背阔肌：在背下部可见背阔肌的轮廓。

竖脊肌：在脊柱两旁各椎骨脊突两侧的纵形肌性隆起，为此肌的轮廓。

胸大肌：胸前壁较膨隆的肌性隆起，为此肌轮廓。

前锯肌：在胸部外侧壁上，可看到前锯肌和腹外斜肌的肌齿相互交错。

腹直肌：在腹前正中线两侧可见纵向隆起，为次肌的轮廓。肌肉发达者可见脐以上有 3 条横沟，即为腹直肌的腱划。

胸锁乳突肌：当头向对侧旋转时，颈部可见到从前下方斜向上方呈长条状的隆起。

四、上肢肌

（一）上肢肌的主要组成部分

1. 肩带肌

在肩部的前、外、后包裹肩部的肌肉为三角肌，在肩胛骨前面的为肩胛下肌，在肩胛骨后面冈上窝内的肌肉为冈上肌。在冈下窝内由上而下的肌肉，分别为冈下肌、小圆肌和大圆肌。

2. 上臂肌

臂的前面有肱二头肌，其长头起于肩胛骨关节盂上方，短头起于喙突。肱二头肌深面为肱肌，在肱二头肌短头内侧的为喙肱肌。臂的后面为肱三头肌，其长头起于肩胛骨关节盂下方，内、外侧头起于肱骨。

3. 前臂肌

观察前臂前群各层次肌的位置排列：第一层由桡侧向尺侧，分别为肱桡肌、旋前圆肌、桡侧腕屈肌、掌长肌、尺侧腕屈肌；第二层为指浅屈肌；第三层为拇长屈肌和指伸屈肌（在腕部和掌部，指浅、深屈肌的肌腱重叠）；第四层为旋前方肌（在桡、尺骨下端前面）。

观察前臂后群各层次肌的位置排列：浅层由桡侧向尺侧，分别为桡侧腕长伸肌、桡侧腕短伸肌、指伸肌、小指伸肌、尺侧腕伸肌；深层由桡侧向尺侧，分别为旋后肌、拇长展肌、拇短伸肌、拇长伸肌、示指伸肌。

4. 手肌

外侧群浅层为拇短展肌（外）、拇短屈肌（内），深层为拇对掌肌和拇收肌；内侧群浅层为小指展肌（外）、小指短屈肌（内），深层为小指对掌肌；中间群有蚓状肌4条、骨间掌侧肌3块、骨间背侧肌4块。

（二）局部记载

注意观察肌间结构：三边孔和四边孔（肩胛下肌、大圆肌与肱骨上端之间），肘窝（由肱骨内外上髁连线、肱桡肌和旋前方肌围成），腕管（由屈肌支持带和腕骨沟围成）。

（三）上肢表浅肌的体表标志观察、活体触扪及功能思考

斜方肌：双臂悬垂并持续用力做扩胸动作，可在颈背部观察到一侧斜方肌的三角形形状，两侧为斜方形。

三角肌：臂做外展，触扪外展手臂肩部外侧紧张的肌肉，这就是肩关节上部的三角肌。

胸大肌：上臂紧贴躯干侧面，用力内收，此时可在胸廓前外上方触扪到胸大肌紧张。当手臂伸直放在桌面，用力做下压动作，此时可触扪到胸大肌的腹部肌纤维紧张；反之，由桌下向上用力做上举动作时，可触扪到胸大肌的锁骨部肌纤维紧张。

肱二头肌和肱三头肌：用力屈肘时，可在上臂前面观察并触扪到鼓起紧张的肱二头肌；用力伸肘时，则可在上臂后面观察并触扪到肱三头肌隆起且紧张的长头、外侧头和内侧头的肌腹。

肱桡肌：抗阻力屈肘时，可在肘关节外侧下方观察并触扪到肱桡肌肌腹。

前臂前群屈腕屈指肌：用力屈腕、握拳时，可在腕关节掌侧正中观察并触扪到各肌肌腱，由桡侧至尺侧，分别为桡侧腕屈肌肌腱、掌长肌肌腱、指浅屈肌肌腱、尺侧腕屈肌肌腱。

伸拇指的肌肉：用力翘起拇指时，可在腕关节外侧背面至拇腕掌关节后面观察并触扪到外侧的拇短伸肌肌腱及内侧的拇长伸肌肌腱。

伸指的肌肉：用力伸腕伸指，可观察并触扪到指伸肌肌腱，该肌肌腱自腕部向手指端分成4个肌腱分别至食指、中指、无名指和小指。

鱼际：从掌面观察，可看到手肌外侧群形成的拇指侧隆起，即鱼际。

小鱼际：从掌面观察，可看到手肌内侧群形成的小指侧隆起，即小鱼际。

五、下肢肌

（一）下肢肌的主要组成部分

1. 髋肌

前群：髂腰肌（由腰大肌和髂肌合成）与阔筋膜张肌（肌质在大腿的外侧上 1/3，下 2/3 加入髂胫束）。

后群：表层肥厚的为臀大肌，在臀大肌深面由上而下为臀中肌（穿坐骨大孔）、闭孔内肌腱（穿坐骨小孔）、股方肌，臀中肌深面有臀小肌，闭孔外面有闭孔外肌。

2. 大腿肌

前群：从大腿的外上斜向内下的缝匠肌及大腿前面的股四头肌（注意辨认股直肌、股内侧肌、股外侧肌和股中间肌 4 个头）。

内侧群：浅层由外向内为耻骨肌、长收肌和股薄肌；深层有短收肌和大收肌，在大收肌下部，附着于收肌结节的腱与股骨下端间的裂孔为收肌腱裂孔。

后群：位于大腿后外侧的为股二头肌，后内侧的为半腱肌（位浅表，下半部为很长的肌腱）和半膜肌（位半腱肌深面，上半部为很长的腱膜）。

3. 小腿肌

前群：由内侧向外侧排列为胫骨前肌、姆长伸肌和趾长伸肌。外侧群浅层的为腓骨长肌，深层的为腓骨短肌。

后群：浅层有小腿三头肌（浅表的为上方有 2 个头的腓肠肌，腓肠肌深面为比目鱼肌，两者向下形成跟腱）；深层上方有腘肌，下方由内侧向外侧为趾长屈肌、胫骨后肌、姆长屈肌。

4. 足肌

了解足肌并与手肌进行比较。

（二）局部记载

注意观察下列肌间结构：梨状肌上、下孔；股三角（由腹股沟韧带、缝匠肌内侧缘和长收肌内侧缘围成）；腘窝（外上界为股二头肌腱，内上界为半腱肌和半膜肌，外下界、内下界分别为腓肠肌外侧头和内侧头）。

（三）下肢表浅肌的体表标志观察、活体触扪及功能思考

阔筋膜张肌：保持高抬腿姿势，此时髋关节屈，可在髋关节前外侧上方触扪到鼓起的阔筋膜张肌的肌腹。站立位，膝关节用力伸直，可在大腿外侧触扪到由

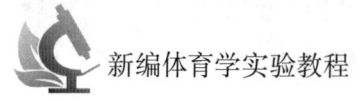

阔筋膜张肌收缩被拉紧的髂胫束。

股四头肌：保持伸膝屈髋姿势，此时在大腿前面触扪到内侧的股内肌、外侧的股外肌以及前面正中膨隆的股直肌。

臀大肌：采取向后摆动，然后制动，保持髋关节伸位，此时可在臀部触扪到紧张的臀大肌。

股后肌群：取单腿站立，非支撑腿屈小腿，此时可在大腿后面触扪到外侧的股二头肌和内侧的半腱肌肌腹。在腘窝的内上界，可摸到半腱肌、半膜肌的肌腱止于胫骨，其中半腱肌肌腱较窄，位置浅表略靠外，而半膜肌肌腱粗而圆钝，它位于半腱肌肌腱的深面和靠内。在腘窝的外上界，可摸到股二头肌的肌腱止于腓骨头。

小腿三头肌：在提踵时，可在小腿后面观察并触扪到腓肠肌的内、外侧头肌腹。另外，在踝关节后方可观察并触扪到强大的跟腱。

胫骨前肌：在用力勾脚尖时，可在小腿前面、胫骨外侧观察并触扪到胫骨前肌肌腹。

缝匠肌：在大腿前方，当大腿屈、外展和旋外时，可见此肌的轮廓。

股三角：在小腿伸直的情况下，当大腿屈、旋外和外展时，可看到股三角。股三角的底（上界）为腹股沟韧带、内侧界为长收肌内侧缘、外侧界为缝匠肌的内侧缘。

长收肌：在大腿内收时，可见此肌自耻骨结节斜向外下方，构成股三角的内侧界。

跨长伸肌：当用力伸跨指时，在踝关节前方及足背可摸到跨长伸肌肌腱。

趾长伸肌：当足背屈时，在踝关节前方，跨长伸肌肌腱的外侧可摸到此肌腱。在伸趾时，在足背可清晰见到至各趾的肌腱。

【思考与讨论】

（1）试述运动肩关节和膝关节的肌的名称及其作用。

（2）剪下本实验附图（附录二），用活页的形式贴在实验结果栏，了解图中各结构名称。实验后，在附录二各图中注明线条所指部位的名称。

实验四　人体运动保障系统的观察

【实验类别】

验证性实验。

【每组人数】

4～5人。

【实验目的】

掌握消化系统，呼吸系统，泌尿系统，心血管系统，淋巴系统，生殖系统各器官的位置、毗邻关系及表面形态特点，了解其功能。

【实验内容】

观察人体六大系统的组成。

【实验器材】

人体整体打开的胸腹壁标本或模型，以及3D body解剖软件、挂图、图谱。

（1）消化系统。头颈部正中矢状切面标本（内侧面显示鼻腔、口腔和咽，外面显示大唾液腺），牙标本，胃外形及剖面标本，肝外胆道、胰、十二指肠标本，肠的剖面标本、肝离体标本。

（2）呼吸系统。头颈部正中矢状切面标本，打开胸腔躯干标本，鼻腔外侧壁模型，喉软骨、喉连结及后腔打开模型，气管和支气管、支气管树模型。

（3）泌尿系统。肾、膀胱、男性和女性盆腔正中矢状剖面标本或模型。

（4）心血管系统。在人体和离体心（显示外形和内腔）标本或模型，全身动脉标本或模型、活体触摸相关动脉搏动，全身静脉标本或模型、活体观察颈部与四肢浅静脉、肝门静脉模型。

（5）淋巴系统。全身淋巴系统标本或模型。

（6）生殖系统。男、女性盆腔正中矢状面剖面标本，男、女性泌尿生殖器串联标本或模型。

【观察内容与方法】

一、消化系统

（一）口腔

活体结合标本观察上唇、下唇、鼻唇沟、牙裂、上牙弓、下牙弓等结构，在牙裂前方的口腔前庭、牙裂后内的固有口腔。观察切牙、尖牙、前磨牙和磨牙的形态和排列。口腔顶中部向下的腭垂，腭垂向外下方的两条黏膜皱襞，前为腭舌弓，后为腭咽弓，腭舌弓和腭咽弓之间为腭扁桃体窝，内有扁桃体。腭垂、腭舌弓和舌根围成咽峡。舌由前向后分为舌尖、舌体和舌根，舌上面黏膜上有丝状乳头和菌状乳头；舌下面纵行黏膜皱襞为舌系带，在舌系带下端两侧有舌下阜和舌下襞。

(二) 牙

在牙的标本或模型上观察牙冠、牙根、牙腔、牙根管、牙质、牙骨质。

(三) 唾液腺和咽

在头颈部正中矢状面标本上观察唾液腺和咽。

1. 唾液腺

腮腺位于耳郭的前下方；下颌下腺位于下颌体的内面，下颌下三角内；舌下腺位于口腔底，舌下襞的深面。

2. 咽

（1）鼻咽：上鼻甲后上方的凹陷为咽鼓管咽口，在咽鼓管咽口的后上方的隆起为咽鼓管圆枕，咽鼓管圆枕后上方与颅底之间的间隙为咽隐窝。

（2）口咽：腭舌弓和腭咽弓之间为腭扁桃体窝，内有腭扁桃体。会厌与舌根之间为会厌谷。

（3）喉咽：后口两侧的深凹为梨状隐窝。

(四) 消化管和消化腺的位置

在打开胸腹壁的躯干标本上观察。

（1）部分消化管。食管的位置、分部及3个狭窄；胃、十二指肠、空肠、回肠、盲肠、阑尾、结肠和直肠的位置、形态及其与周围脏器的关系；十二指肠的分部（上部、降部、水平部、升部）、十二指肠空肠曲和十二指肠悬韧带；结肠的三大特征（结肠带、结肠袋、脂肪垂）、注意3条结肠带与阑尾根部的关系；结肠的分部（升结肠、横结肠、降结肠、乙状结肠）、结肠左曲和结肠右曲。

（2）消化腺和肝外胆道。注意肝脏、胆囊、输胆管道和胰的位置。

（3）重要脏器的体表投影。观察肝的上界、下界，胆囊底和阑尾根部的体表投影。

(五) 消化系统部分脏器的形态结构

在游离脏器的标本和模型上观察。

（1）胃。在胃外形和胃剖面的标本上观察：胃的入口为贲门，出口为幽门，上缘为胃小弯（其最低点为角切迹），下缘为胃大弯；贲门附近为贲门部，贲门平面以上为胃底，中间部分为胃体，角切迹与幽门之间为幽门部；幽门处增厚的肌为幽门括约肌；胃黏膜（胃道和幽门瓣）。

（2）十二指肠和肝外胆道。在十二指肠、肝外胆道系统和胰的标本上观察：十二指肠呈"C"形包绕胰头，十二指肠降部的后内侧壁上有十二指肠纵襞和其下端的十二指肠大乳头；胆囊分底、体、颈、管四部分；左、右肝管汇成肝总管，肝总管与胆囊管汇成胆总管，胆总管与胰管汇成肝胰壶腹，开口于十二指肠大乳头；胰腺分头、颈、体和尾四部分，注意胰管的位置和走行。

（3）空肠、回肠。在空肠、回肠剖开的标本上观察：空肠壁较厚，黏膜皱襞高而密；回肠壁较薄，黏膜皱襞低而疏。

（4）盲肠。在回盲肠的标本上观察：回肠与盲肠的关系，回盲口和回盲瓣；阑尾根部的位置及开口部位。

（5）直肠和肛管。在直肠、肛管标本上观察：直肠内的横行黏膜皱襞为直肠横襞；在肛管黏膜面可见纵行的黏膜皱襞为肛柱，联系相邻肛柱的黏膜皱襞为肛瓣，相邻肛柱和肛瓣所围成的凹陷为肛窦，肛柱的下端和肛瓣所围成的环形线为齿状线，齿状线下方宽约 1 cm 的环形区为肛疏，肛疏下方的环形浅沟为白线。

（6）肝。在肝脏标本上观察：肝上面借矢状位的肝镰状韧带分为肥厚的肝右叶和薄锐的肝左叶；肝下面有"H"形的沟，右侧纵沟前半部为胆囊窝、后半部为腔静脉沟，左侧纵沟前半部为肝圆韧带裂、后半部为静脉韧带裂，横沟（肝门）有肝固有动脉左右支、左右肝管和肝门静脉左右支等通过，出入肝门的结构包以结缔组织称为"肝蒂"。肝的下面借"H"形的沟分为右侧纵沟右侧的右叶、左侧纵沟左侧的左叶、横沟前方的方叶和横沟后方的尾状叶。

二、呼吸系统

（一）活体观察

外鼻的鼻根、鼻背、鼻尖、鼻翼、鼻唇沟，喉的位置，喉结，环状软骨弓的位置。

（二）鼻腔和鼻旁窦

在鼻腔外侧壁的标本和模型上观察上、中、下鼻甲及相应的上、中、下鼻道，以及在上鼻甲后上方的蝶筛隐窝。观察鼻旁窦的位置及其开口部位，额窦、上颌窦、筛窦前中群开口于中鼻道，筛窦后群开口于上鼻道，蝶窦开口于蝶筛隐窝。

（三）喉

在头颈部正中矢状切面标本、喉软骨、喉连结标本和图谱上观察喉的位置、喉软骨。

1. 喉的位置

喉位于喉咽的前方，第 3 与第 6 颈椎之间。

2. 喉软骨

左右两片方形板在前正中线会合形成的甲状软骨、附于甲状软骨前角后方的呈树叶状的会厌软骨、在甲状软骨下方的环状软骨及位于环状软骨后部上方的一对杓状软骨。

（1）甲状软骨：由两块甲状软骨板在中线结合而成，结合处向前的夹角为前角，板的后缘分别向上、下方的延伸为上角和下角。

（2）环状软骨：由前部低窄的环状软骨弓和后部高宽的环状软骨板构成。

（3）杓状软骨：呈三棱锥状，底部向前及外侧的突起分别为声带突和肌突。

3. 喉软骨的连结

观察喉软骨的关节及膜性连结。

（1）环甲关节：由甲状软骨下角和环状软骨的侧面构成。

（2）环杓关节：由杓状软骨的下面和环状软骨板的上面构成。

（3）弹性圆锥（环甲膜）：下缘附于环状软骨弓上缘，纤维行向内上后；前端止于甲状软骨前角内面，后端止于杓状软骨声带突，两者之间的游离上缘为声韧带，弹性圆锥在前面正中部分为环甲正中韧带。在喉的前面，甲状软骨下缘和环状软骨弓之间的肌为环甲肌。

4. 喉腔

在喉腔的中部侧壁上，有两道黏膜皱襞分别为上方的前庭襞和下方的声襞，借此两条皱襞将喉由上向下分为喉前庭、喉中间腔和声门下腔，在前庭襞和声襞之间两侧的部分为喉室。左右前庭襞之间的裂隙为前庭裂，左右声襞之间（膜间部）和左右杓状软骨声带突之间（软骨间部）的裂隙为声门裂。

（四）气管和支气管

在气管和支气管、支气管树的标本和图上观察。气管由"C"形软骨环构成，分叉处为气管杈，内面形成向上的突起为气管隆凸（嵴），左主支气管细长水平，右主支气管粗短垂直。

（五）肺

在离体的左右肺标本和打开的胸腔标本上观察：肺位于胸腔内、纵膈的两侧。出入肺门的有肺动脉、肺静脉和支气管，这些结构被结缔组织包裹后称为"肺根"，肺根下方有肺韧带。观察肺根主要结构及排列关系。左肺借斜裂分为上、下两叶，右肺借斜裂和水平裂分为上、中、下三叶。

三、泌尿系统

在泌尿系统概况的标本上观察泌尿系统的组成、脏器的形态。

（一）肾

1. 肾和输尿管的位置

在腹膜后间隙器官的整体标本上观察。肾紧贴腹后壁，左肾高于右肾。注意肾的上端、下端和肾门的位置。输尿管位于腹后壁，在腰大肌表面下行，于小骨盆入口处进入盆腔到达膀胱底。

2. 肾的结构

在肾外形及肾的冠状剖面标本上观察。出入肾门的肾动脉、肾静脉和肾盂，这些结构包以结缔组织称为"肾蒂"；肾门向肾内形成的空腔为肾窦；肾的剖面标本上，外层的为肾皮质，深部的为肾髓质。肾髓质由15～20个肾锥体构成，锥体之间为肾柱，锥体尖端为肾乳头，乳头表面有肾小盏，2～3个肾小盏合成肾大盏，所有的肾大盏合成肾盂，肾盂出肾门。

（二）膀胱

分别在男性和女性盆腔正中矢状剖面及膀胱（前壁剖开）标本上观察。膀胱位于小骨盆腔内，前邻耻骨联合；后方则男性邻直肠、精囊和输精管壶腹，女性邻子宫和阴道上部；下方则男性邻前列腺，女性邻尿生殖膈。膀胱分为尖、体、底、颈四部；在膀胱的黏膜面，左右输尿管口和尿道内口之间的三角区为膀胱三角，两输尿管口之间有输尿管间襞。

四、心脏

（一）心的位置、外形

在人体心血管标本上观察心的位置、了解周围的邻接；在活体上扪摸心尖搏动。

离体心置于正常解剖方位，观察心的外形：心底、心尖、胸肋面和膈面、冠状沟、前室间沟、后室间沟，辨认右心房、右心室、左心房、左心室的位置，找出连于心底的8条大血管（主动脉、肺动脉、上腔静脉、下腔静脉和4条肺静脉）。

（二）心腔

将剖开心腔的离体心置于正常解剖方位，依次观察各心腔的结构。

（1）右心房。壁薄，打开其壁，在界沟对应处，有纵行的界嵴，由界嵴向前发出许多平行的梳状肌。右心房腔的后上方有上腔静脉口，后下方有下腔静脉口，前下方是右房室口。在右房室口与下腔静脉之间有冠状窦口。右心房后内侧壁的下方有一浅凹——卵圆窝。

（2）右心室。将右心室前壁揭开，寻找右心室的入口（右房室口）与出口（肺动脉口）。在两口之间，可见一弓形肌隆起，即为室上嵴（流入道和流出道的分界）。右房室口周缘可见三片近似三角形的瓣膜（三尖瓣）附着，其末端经腱索连于心室壁上的乳头肌。前乳头肌的基部有一连至室间隔的弓形肌束，即节制索。右心室流入道的内表面有许多交错的肉柱。右心室流出道的内表面光滑，在肺动脉口处可见肺动脉瓣。

（3）左心房。将心翻转，在心底处找到左心房，揭开其壁，其内腔前下方有左房室口，与左心室相通。左心房的两侧各有2个肺静脉口。

（4）左心室。翻开左心室壁，寻找左心室的入口（左房室口）、出口（主动脉口）。在左房室口周缘有2片瓣膜（二尖瓣）附着，观察将二尖瓣连于左心室乳头肌的腱索。理解二尖瓣前瓣与流入、流出道的关系。在主动脉口周围也有3片半月形的瓣膜（主动脉瓣）。从升主动脉腔内观察，可见每个半月瓣与其相对的动脉壁之间有一小空隙，为主动脉窦。查看左、右冠状动脉的开口。

（三）心的构造

在剖开心腔的标本上观察心的构造。

（1）房间隔。自右心房观察房间隔，可见在下腔静脉入口的左上方，有一椭圆形的浅凹，即卵圆窝。

（2）室间隔。大部分由厚的心肌构成（肌部），在隔的上方、主动脉口的前方则较薄（膜部）。观察膜部与三尖瓣隔侧瓣的位置关系。

（四）心的传导系

在心的模型上观察。窦房结位于上腔静脉根部与右心房之间的心外膜深面。房室结位于房间隔冠状窦口的前上方，埋藏在右心房心内膜的深面。房室束由房室结发出，走向室间隔，在室间隔肌部上方分为左、右束支；左束支穿过室间隔，循室间隔左侧面的心内膜深面下行至心尖；右束支循室间隔右侧面的心内膜深面下行，经节制索至前乳头肌根部。

（五）心的血管

在心模型上观察动脉、静脉。

1. 动脉

（1）右冠状动脉：起始于主动脉右窦，沿冠状沟向右至心的右缘，绕右缘转向膈面，行于后室间沟。右冠状动脉沿途发出动脉圆锥支、右缘支，于房室交点处分为后室间支，左室后支。

（2）左冠状动脉：发自主动脉左窦，在肺动脉干与左心耳之间行向左前，于左心耳下方分为前室间支和旋支。前室间支循前室间沟前下行，绕心尖切迹至后室间沟与右冠状动脉后室间支吻合；旋支循冠状沟绕心的左缘向后行至心的膈面。

2. 静脉

（1）冠状窦：在心膈面观察，可见冠状沟内有一条粗短的静脉，即冠状窦。

（2）心前静脉：为右心室前面的 1～4 条小静脉，跨过冠状沟，直接开口于右心房。

（六）心的体表投影

在人体心血管标本模型上观察心体表投影的 4 个点。

（1）左上点：左第 2 肋下缘，距胸骨侧缘约 1.2 cm 处。

（2）右上点：右第 3 肋上缘，距胸骨侧缘约 1 cm 处。

（3）左下点：左第 5 肋间，左锁骨中线内侧 1～2 cm 处。

（4）右下点：右第 6 胸肋关节处。

五、动脉

（一）肺循环动脉

在血液循环模型上观察。肺动脉以一短干起于右心室，分为左、右肺动脉，进入左、右肺。

（二）体循环动脉

1. 动脉主干概况

在显示动脉主干的标本上观察。

（1）升主动脉：起自左心室主动脉口，上行至右侧第 2 胸肋关节后方时延续为主动脉弓，其起始部发出 2 个分支，分别为左、右冠状动脉。

（2）主动脉弓：主动脉升部的延续，弓形弯向右后方，在第 4 胸椎体下缘处延续为胸主动脉。右主动脉弓的突侧自右向左发出 3 条动脉，分别为头臂干、左颈总动脉和左锁骨下动脉。头臂干又分为右颈总动脉和右锁骨下动脉。

（3）胸主动脉和腹主动脉：主动脉弓的延续，以膈的主动脉裂孔为界，分为胸主动脉和腹主动脉。腹主动脉行至第 4 腰椎下缘处分为左、右髂总动脉。

2. 头颈部动脉

在头颈部血管上观察。左、右颈总动脉在食管、气管和喉的外侧上行达甲状软骨上缘水平处，分为颈内动脉和颈外动脉。在颈总动脉分叉处，寻找颈动脉窦与颈动脉小球。

(1) 颈外动脉：由颈总动脉发出后，先位于颈内动脉的前内侧，逐渐斜行到外侧经下颌骨支深面至下颌颈的后方，分为两终支（颞浅动脉、上颌动脉）。

(2) 颈内动脉：自颈总动脉发出后，先在颈外动脉外侧，然后上行逐渐居颈外动脉的内侧，上行至颅底经颈动脉管入颅。其在颈部无分支。

3. 锁骨下动脉与上肢的动脉

在上肢和全身血管标本上观察。

(1) 锁骨下动脉：右锁骨下动脉起自头臂干，左锁骨下动脉直接起自主动脉弓。其主要分支有椎动脉、胸廓内动脉和甲状颈干。

(2) 腋动脉：在第1肋外侧缘续于锁骨下动脉，至大圆肌和背阔肌下缘移行为肱动脉。其主要分支有胸肩峰动脉、胸外侧动脉、肩胛下动脉和旋肱后动脉。

(3) 肱动脉：沿肱二头肌内侧下降至肘窝，在平桡骨颈处分为尺动脉和桡动脉。其主要分支有肱深动脉，伴桡神经行于桡神经沟内。在活体肘窝肱二头肌肌腱内侧可触及肱动脉的搏动。

(4) 桡动脉：经桡侧腕屈肌的桡侧至桡骨下端，绕桡骨茎突达手背，再穿第1掌骨间隙至掌深部，末端与尺动脉的掌深支组成掌深弓。在活体桡骨下端的前面，桡侧腕屈肌的桡侧可触及桡动脉的搏动。

(5) 尺动脉：行于尺侧腕屈肌和指浅屈肌之间，在经豌豆骨的桡侧至手掌，末端与桡动脉的掌浅支吻合成掌浅弓。

4. 胸部的动脉

在全身血管标本上观察。

(1) 壁支：主要有肋间后动脉（9对）、肋下动脉（1对），分别行于第3~12肋间隙与第12肋下方。

(2) 脏支：主要有支气管支、食管支和心包支。脏支细小。

5. 腹部的动脉

在全身血管标本上观察。

(1) 壁支：有膈下动脉、腰动脉（4对）和骶正中动脉。

(2) 脏支：分为成对脏支和不成对脏支。成对脏支包括肾上腺中动脉、肾动脉和睾丸（卵巢）动脉，不成对脏支包括腹腔干、肠系膜上动脉和肠系膜下动脉。

6. 髂总动脉

在盆部动脉标本上观察。髂总动脉左、右各一，在第4腰椎左前方由腹主动脉分支而来，向下外侧行至骶髂关节处分为髂外动脉和髂内动脉。

(1) 髂内动脉：为一短干，下行进入盆腔。其分支壁支主要有闭孔动脉、臀上动脉和臀下动脉等；脏支有脐动脉（近侧端发出膀胱上动脉）、阴部内动脉等。

（2）髂外动脉：在骶髂关节的前方自髂总动脉分出后行向外下，经腹股沟韧带中点附近的深面进入股部改名为股动脉。

7. 下肢的动脉

在下肢动脉标本上观察。

（1）股动脉：在腹股沟韧带中点深面（可触及其搏动）续于髂外动脉。股动脉通过股三角，穿收肌腱裂孔至腘窝，移行为腘动脉。其主要分支为股深动脉。股深动脉又发出旋股内侧动脉、旋股外侧动脉及3条穿动脉。

（2）腘动脉：在收肌腱裂孔出，续自股动脉，下行至腘肌下缘分为胫前、胫后动脉。

（3）胫后动脉：从腘动脉分出后，沿小腿后侧的浅、深屈肌之间下行，经内踝后方入足底，分为足底内、外侧动脉。胫后动脉另一分支为腓动脉，该动脉沿腓骨内侧下行。

（4）胫前动脉：从腘动脉分出后，向前穿小腿骨间膜，在小腿前群肌之间下行至踝关节前方，移行为足背动脉。

（5）足背动脉：为胫前动脉之延续，经踇长深肌腱和趾长深肌腱之间前行（活体可触及其搏动），在第1跖骨间隙近侧端附近分为足底深支和第1跖背动脉。

六、静脉

（一）上腔静脉系

在全身血管标本与头颈部、上肢浅静脉标本上观察。

1. 上腔静脉

上腔静脉又粗又短，由左、右头臂静脉在右侧第1肋软骨与胸骨结合处的后方汇合而成，垂直下降，在第3胸肋关节的下缘注入右心房。

2. 头臂静脉

头臂静脉由同侧的颈内静脉和锁骨下静脉在胸锁关节后方汇合而成，所成的夹角称为"静脉角"。

3. 颈内静脉

颈内静脉在颈静脉孔出，续于乙状窦（颅内的硬膜静脉窦），初沿颈内动脉、继沿颈总动脉外侧下行。

4. 锁骨下静脉

锁骨下静脉为腋静脉的延续，至胸锁关节后方与颈内静脉合成头臂静脉。颈外静脉为颈部粗大的浅静脉，沿胸锁乳突肌外面斜行向下（活体皮下可见），穿过深筋膜，注入锁骨下静脉或静脉角。

5. 上肢的静脉

上肢的深静脉与同名动脉伴行。主要辨认上肢的浅静脉，可结合活体观察。

（1）头静脉：起于手背静脉网的桡侧，向上逐渐转至前臂的掌侧，沿前臂桡侧皮下上行，主干继续沿肱二头肌外侧上行，经三角肌胸大肌间沟，穿深筋膜注入腋静脉或锁骨下静脉。

（2）贵要静脉：起于手背静脉网的尺侧，向上渐转至前臂前面尺侧，主干经肘前沿肱二头肌内侧上行至臂中点附近，穿深筋膜，注入肱静脉或与肱静脉伴行注入腋静脉。

（3）肘正中静脉：一般为粗短的静脉干，于肘窝处连结头静脉与贵要静脉。

（4）前臂正中静脉：起自手掌静脉丛，沿前臂前面上行，注入肘正中静脉。

6. 奇静脉

奇静脉起自右腰升静脉，沿脊柱的右侧、食管的后方及胸主动脉的右侧上升，约平第4～5胸椎高度，向前绕右肺根上方注入上腔静脉，奇静脉还接受半奇静脉、副半奇静脉的注入。

（二）下腔静脉系

在人体心血管标本上观察。

1. 下腔静脉

下腔静脉于第4、第5腰椎间的右前方由左、右髂总静脉合成，沿腹主动脉的右侧上行，经肝的腔静脉沟，穿膈的腔静脉孔进入心包，注入右心房。其属支有壁支和脏支。

2. 髂总静脉

髂总静脉由髂内和髂外静脉合成。

3. 髂内静脉和髂外静脉

它们均与同名动脉伴行，其属支也与同名动脉伴行。

4. 髂外静脉

髂外静脉为股静脉的直接延续。

5. 下肢的静脉

下肢深静脉都与同名动脉伴行。主要辨认下肢的浅静脉，可结合活体观察。

（1）大隐静脉：由足的内侧缘起于足背静脉网，经内踝前方、小腿内侧、膝关节内后方、再沿股部内侧上行。在大隐静脉入股静脉之前收集以下 5 条属支：股内侧浅静脉、股外侧浅静脉、腹壁浅静脉、旋髂浅静脉和阴部外静脉。

（2）小隐静脉：自足的外侧缘处起自足背静脉网。经外踝后方、小腿后面上行到腘窝，穿深筋膜汇入腘静脉。

6. **肝门静脉系**

它由肝门静脉及其属支和分支组成。肝门静脉由肠系膜上静脉和脾静脉在胰颈的后方汇合而成，向上进入肝十二指肠韧带，居肝固有动脉与胆总管的后方，经肝门入肝。肝门静脉的属支有肠系膜上静脉、脾静脉、肠系膜下静脉、胃左静脉、附脐静脉、胆囊静脉和胃右静脉。

七、淋巴系统

在全身淋巴系统标本模型上观察。

（一）胸导管

在腹后壁、膈的主动脉裂孔下方（第 1 腰椎前面）找到胸导管的起始部，扩大成为乳糜池，有左、右腰干和肠干注入。胸导管向上经主动脉裂孔入胸腔，在脊柱的右前方、奇静脉和主动脉胸部之间上行，至第 5 胸椎附近转向左侧，出胸廓上口，注入左静脉角，于注入处，接纳左支气管纵隔干、左锁骨下干和左颈干。

（二）淋巴结

1. **头颈部淋巴结**

（1）头部淋巴结：分布于头颈交界处，有枕淋巴结、乳突淋巴结、腮腺淋巴结、下颌下淋巴结和颏下淋巴结。

（2）颈部淋巴结：沿颈外静脉排列的颈外侧浅淋巴结；沿颈内静脉排列的颈外侧深淋巴结，注意在颈内静脉与二腹肌及肩胛舌骨肌交叉处的淋巴结以及在锁骨下动脉和臂丛附近的锁骨上淋巴结。

2. **上肢的淋巴结**

腋淋巴结分 5 个群，包括胸肌淋巴结、外侧淋巴结、肩胛下淋巴结、中央淋巴结和尖淋巴结。

3. **胸部的淋巴结**

（1）胸壁淋巴结，包括胸骨旁淋巴结（沿胸廓内血管排列）、肋间淋巴结（肋头附近）和膈上淋巴结（位于膈的上面）。

（2）胸腔脏器淋巴结，包括：纵隔前、后淋巴结位于上纵隔前、后部和前、后纵隔，支气管肺淋巴结（肺门淋巴结）位于肺门处，气管支气管淋巴结分上、下两个群分别位于气管杈的上、下方，气管旁淋巴结沿气管排列。

4. 腹部的淋巴结

（1）腹壁淋巴结：腰淋巴结沿腹主动脉和下腔静脉的侧壁排列。

（2）腹腔脏器的淋巴结：沿腹主动脉不成对脏支及分支排列，淋巴结的名称多与动脉同名，注意肠系膜中有大量的淋巴结。

5. 盆部的淋巴结

它沿盆腔血管排列，多与血管同名。

（三）脾和胸腺

在打开胸前壁的标本上观察脾和胸腺的位置与形态。

八、生殖系统

（一）男性生殖系统

1. 男性内生殖器

（1）在男性生殖器离体标本上观察：睾丸呈扁椭圆形，表面有很厚的白膜，内部的睾丸小叶中有细长的精曲小管；在睾丸的后上方为新月形的附睾；输精管细长呈坚实圆索状。睾丸和附睾上方的索状结构为精索，观察其内容。

（2）在男性泌尿生殖器串联标本上观察：膀胱底后方输精管的末端稍膨大成为输精管壶腹，其外下为精囊，精囊的排泄管与输精管变细的末端一起形成射精管，穿入前列腺；在膀胱颈的下方有呈栗子状的前列腺。分离开前列腺前面矢状位的切口，尿道后壁上一梭形隆起即为精阜，其上有射精管开口。

2. 男性外生殖器

在男性外生殖器的标本上观察：阴茎由背侧的1对阴茎海绵体和腹侧的1个尿道海绵体构成，尿道海绵体后端膨大为尿道球、前端膨大为阴茎头。尿道球后上方有1对尿道球腺。

（二）女性生殖系统

1. 女性内生殖器

（1）在女性内生殖器标本和模型上观察：子宫呈倒置梨形，在输卵管入口以上部分为子宫底，其两侧与输卵管相接处为子宫角，中间部分为子宫体，下端较狭部分为子宫颈，被阴道上端附着部分为子宫颈阴道上部和子宫颈阴道部，在子宫底和体内的腔为子宫腔，在子宫颈内的腔为子宫颈管。

子宫两侧有子宫阔韧带，其上缘（连于子宫角）为输卵管，输卵管分为穿子宫壁的输卵管子宫部，紧邻子宫底的输卵管峡部，长而粗的输卵管壶腹部，末端呈漏斗状的输卵管漏斗，输卵管末端边缘的指状突起为输卵管伞。

（2）在女性盆腔正中央矢状剖面标本上观察：卵巢位于小盆腔入口，髂内外动脉夹角（卵巢窝）内。子宫位于小骨盆腔正中，膀胱和直肠之间。阴道位于女性尿道后方、直肠前方。

2. 女性外生殖器

在女性外生殖器标本上观察：大阴唇内侧为小阴唇，两侧小阴唇之间的裂隙为阴道前庭，注意尿道外口（前）和阴道口（后）的位置。

【思考与讨论】

（1）试述内脏四大系统的组成器官。

（2）试述血液在心脏各腔流动的方向，并说明防止血液在心脏倒流的结构装置。

（3）剪下本实验附图（附录三），用活页的形式贴在实验结果栏，了解图中各结构名称。实验后，在附录三各图中注明线条所指部位的名称。

实验五　人体运动调节系统的观察

【实验类别】

验证性实验。

【每组人数】

4～5人。

【实验目的】

（1）掌握神经系统的位置、形态结构及功能。

（2）掌握眼和耳的位置、结构和功能。

【实验内容】

观察神经系统的形态结构，以及眼、耳的位置及结构。

【实验器材】

标本（模型），以及3D body解剖软件、挂图、图谱。实验需要用到的标本（模型）如下。

（1）脊髓。脊髓横断面模型、脊髓传导束模型。

（2）脑干。脑干外形模型、脑干矢状切面模型、全脑标本（模型）、脑神经核模型、非脑神经核模型、传导束模型。

（3）小脑、间脑、端脑。小脑外形模型、小脑脚模型、整脑模型、脑干放大模型、透明脑干电动模型、传导通路模型，侧脑室、背侧丘脑、尾状核、豆状核及内囊相互关系模型。

（4）脑和脊髓的传导路。躯干四肢浅感觉传导通路模型、本体感觉传导通路模型，头面部浅感觉传导通路模型，视觉传导通路及瞳孔对光反射路径模型，听觉传导通路模型，锥体系、锥体外系模型。

（5）脑脊液及其循环。脑室模型。

（6）脊神经。脊髓脊神经模型和标本。

（7）脑神经。12对脑神经模型。

（8）眼。眼球正中矢状切面和水平切面、眼球外肌、眼泪器的标本或模型。

（9）耳。耳郭、外耳道、鼓膜、听小骨、鼓室各壁、骨迷路和膜迷路模型。

【观察内容与方法】

一、脊髓

（一）脊髓的位置和外形

（1）脊髓的位置。脊髓位于椎管内，其上端在枕骨大孔处与延髓相连。成人脊髓下端平第1腰椎体下缘，儿童的平第3腰椎体下缘。

（2）脊髓的外形。脊髓呈扁椭圆形，脊髓近上端的膨大为颈膨大，近下端的膨大为腰骶膨大，腰骶膨大向下缩细为脊髓圆锥，脊髓圆锥以下由腰、骶和尾脊神经根围绕终丝聚集成束构成了马尾。在脊髓的前面正中有前正中裂，后面正中有后正中沟，两侧有前外侧沟和后外侧沟，前、后外侧沟分别有脊神经前、后根附着。

（二）脊髓的内部结构

（1）在脊髓横切面标本和模型上观察：脊髓中间呈"H"形的为灰质，其前面粗大的为前角，后面细长的为后角，前、后角之间为中间带；灰质周围为白质，在前正中裂和前外侧沟之间的为前索，在后正中沟和后外侧沟之间的为后索，前、后索之间的为外侧索。

（2）在脊髓传导束模型上观察：后索内有偏内侧的薄束，偏外侧的楔束；外侧索和前索中有脊髓丘脑束，外侧索深层有皮质脊髓侧束；前索中有皮质脊髓前束。注意以上传导束的位置和上下的联系。

二、脑干

（一）脑干外形

1. 脑干腹侧面观

（1）分界：在腹侧面，由下向上包括呈倒置圆锥形的延脑、宽阔膨隆的脑桥、与脑桥上缘相连的具有1对粗大柱状隆起的中脑。

（2）延脑腹侧面：正中的深沟为前正中裂，其两侧的隆起为锥体，锥体外侧的沟为前外侧沟，其外侧的隆起为橄榄，橄榄的后外方有橄榄后沟；在前外侧沟的上份有舌下神经根附着，在橄榄后沟由上向下有舌咽神经、迷走神经和副神经的神经根附着。延脑下端大部分纤维交叉，称为"锥体交叉"。

（3）脑桥腹侧面：在延脑与脑桥之间横行的延脑脑桥沟内，自内向外有展神经、面神经和前庭蜗神经的神经根附着。脑桥中部宽阔膨隆，为脑桥基底部，其中线有纵行的基底沟，基底部向后外逐渐变窄移行为小脑中部，两者移行处有粗大的三叉神经根附着。

（4）中脑腹侧面：两侧的柱状隆起为大脑脚底，两者之间的凹陷为脚间窝。在脚间窝内，紧贴大脑脚底内侧有动眼神经根出脑。

2. 脑干背侧面观

因延脑的上半部与脑桥内的中央管向后开放形成第四脑室，故在背侧面形成第四脑室底（菱形窝）。

（1）延脑下半部：后面正中的浅沟为后正中沟，沟上端两侧由内下向外上方的隆起分别为薄束结节、楔束结节和小脑下脚。

（2）菱形窝（即第四脑室底）：菱形窝位于延脑上半部和脑桥的背侧面，其上外侧界为左、右小脑上脚，下外侧界由内下向外上依次为薄束结节、楔束结节和小脑下脚。横行于菱形窝外侧角与中线之间有数条纤维束，称为"髓纹"。菱形窝的中线有纵行的正中沟，其两侧的纵行隆起称为"内侧隆起"。内侧隆起在髓纹的稍上方形成圆丘，为面神经丘；髓纹下方内上份的三角隆起为舌下神经三角，外下份的三角隆起为迷走神经三角。内侧隆起的外侧有界沟，结构外侧部的隆起为前庭区。前庭区的外侧角有1个小的隆起，即为听结节。

（3）中脑：上、下各有两个圆形隆起，分别为上丘和下丘。自上、下丘的外侧向前外方发出的隆起，称上丘臂和下丘臂。在下丘的下方有滑车神经根附着。

（4）第四脑室：位于延脑、脑桥的背面与小脑之间，上通中脑水管，下续中央管。室腔呈锥体形，顶朝向小脑，室底即菱形窝。顶的前部由小脑上脚及前髓帆形成，后部由后髓帆和第四脑室脉络组织形成。脉络组织中的部分血管反复分支缠绕成丛，夹带着软膜和室管膜上皮突入室腔，形成第四脑室脉络丛。室顶下部的脉络组织上有1个正中孔，外侧隐窝尖端各有1个外侧孔。

（二）脑干的内部结构

1. 脑神经核

根据每1对与脑神经相关的脑神经核，循脑神经追踪脑神经核。

（1）中脑：与动眼神经相连的有动眼神经核和动眼神经副核，与滑车神经相连的有滑车神经核。

（2）脑桥：与三叉神经相连的有三叉神经中脑核、三叉神经脑桥核、三叉神经脊束核、三叉神经运动核，与展神经相连的有展神经核，与面神经相连的有面神经核、上泌涎核和孤束核，与前庭窝神经相连的有前庭神经核和蜗神经核。

（3）延脑：与舌咽神经相连的有疑核、下泌涎核、孤束核、三叉神经脊束核，与迷走神经相连的有疑核、孤束核、迷走神经背核、三叉神经脊束核，与副神经相连的有疑核、副神经核，迷走神经三角深面为迷走神经背核。

2. 非脑神经核

在脑神经核模型上观察。

（1）中脑：上丘深面有上丘，下丘深面有下丘，在大脑脚深面有呈板状的黑质和位于黑质背侧的球形红核。

（2）脑桥：脑桥基底部的深面有许多散在的脑桥核。

（3）延脑：薄束结节深面有薄束核、楔束结节深面有楔束核、橄榄核深面有下橄榄核。

3. 上、下行纤维束

在脑干传导束模型上观察。

（1）内侧丘系：由脊髓来的薄束和楔束在延脑的薄束核与楔束核交换神经元，由薄束核、楔束核发出的纤维在中央管的腹侧交叉至对侧，形成内侧丘系交叉，交叉以后的纤维在对侧上行为内侧丘系。

（2）脊髓丘系（脊髓丘脑束）：由脊髓延续上行，在延脑位于下橄榄核的背外侧、在脑桥和中脑位于内侧丘系背外侧。

（3）三叉丘系：三叉神经根在脑桥基底部和小脑中脚之间入脑桥后，纤维终止于三叉神经脊束核和脑桥核，由此两核团发出的纤维交叉到对侧上行，构成三叉丘系，行于内侧丘系的背外侧。

（4）外侧丘系：蜗神经由脑桥延脑沟外侧进入脑干后终止于蜗神经核，由此和发出的纤维小部分在同侧上行，大部分经斜方体到对侧上行，同侧及对侧来的纤维在内侧丘系的背外侧上行为外侧丘系。

(5) 锥体束：分别位于中脑脚底的中 3/5 处、脑桥的基底部、延脑锥体的深面，其中皮质脊髓束的纤维一直下行至锥体下部，且大部分纤维交叉到对侧下行构成皮质脊髓侧束，少部分纤维不交叉且下行构成皮质脊髓前束；皮质核束的纤维在中脑、脑桥和延脑至双侧脑神经运动核（面神经核下半部、舌下神经核只接受对侧的纤维）。

三、小脑、间脑、端脑

（一）小脑

(1) 位置和毗邻。在整脑及颅的正中矢状面标本上观察：小脑位于颅后窝，前方与脑干相连。上方以小脑幕与大脑枕叶底面相隔。

(2) 外形。在小脑标本和模型上观察：小脑表面有许多排列有序的沟回，分为中部比较狭窄的小脑蚓与两侧较膨大的小脑半球。小脑上面以原裂为界，分为前、后叶；在小脑下面，后叶及后外侧裂与绒球小结叶相分隔。小脑下面的前内侧部可见 1 对粗大的小脑中脚，其内侧与前内侧分别有较细小的小脑上、下脚。小脑中脚内后方的小脑半球向下膨隆，称为"小脑扁桃体"。

(3) 内部结构。在小脑水平切面标本上观察：小脑表层颜色较深，即小脑皮质；深部颜色淡的为小脑髓质，髓质中有 4 对颜色较深的小脑核团，其中形如皱缩口袋状的齿状核尤为显著。

（二）间脑

(1) 位置和毗邻。在脑正中矢状面、冠状切面标本和脑干模型上观察：间脑位于中脑和端脑之间，中间有 1 个窄腔即第三脑室。

(2) 分部。在脑干模型与去除端脑的脑标本上观察：在脑干上后隆凸部，辨认上丘脑和背侧丘脑，在背侧丘脑后下方辨认后丘脑的内侧膝状体和外侧膝状体。在中脑的大脑脚上方辨认下丘脑的乳头体、灰结节、漏斗。底丘脑为间脑与中脑被盖之间的过渡区。

(3) 背侧丘脑和后丘脑。在背侧丘脑模型上观察：背侧丘脑以"Y"形内髓板为界分为内侧核群、前核群、外侧核群。外侧核群又可分为背侧组（外侧背核和外侧后核）与腹侧组。腹侧组又可再分为腹前核、腹外侧核、腹后内侧核、腹后外侧核与丘脑枕核。在丘脑枕后方有后丘脑的内、外侧膝状体。

（三）端脑

在端脑标本模型上观察端脑（大脑）由大脑纵裂分为左、右两半球。半球分为背外侧面、内侧面与底面。主要观察以下 3 项内容。

(1) 较恒定的沟包括外侧沟、中央沟、顶枕沟。

(2) 分叶。每侧大脑半球借上述3条沟分为5个叶，即额叶、顶叶、颞叶、枕叶和岛叶。

(3) 主要的沟回。①外侧面：中央沟前方可见平行的中央前沟，两沟之间为中央前回。额叶上可见额上沟和额下沟，将其前部分为额上回、额中回和额下回。中央沟的后方有平行的中央后沟，两沟之间为中央后回。顶间沟自中央后沟向后与半球上缘近乎平行走行，将顶叶分为顶上小叶和顶下小叶；顶下小叶的前部是缘上回（围绕外侧沟末端），后部是角回（围绕颞上沟末端）。外侧沟下方有平行的颞上、下沟。此两沟将颞叶分为颞上回、颞中回和颞下回。在外侧沟内有几条横行的小回，即是颞横回。将外侧沟上、下分开可见位于其深面的岛叶。枕叶位于半球后部，为形似三角形的区域。②内侧面：中部可见胼胝体（前后方向的弓形纤维板），其背面有胼胝体沟，胼胝体沟上方有与之平行的扣带沟，两沟之间为扣带回，扣带沟中后部上方为中央旁小叶，是中央前回、后回从背侧面延续到内侧面的部分。胼胝体后方有顶枕沟与距状沟，两沟之间是楔叶，距状沟下方的部分即为舌回。③底面：在额叶，有纵行的嗅束，其前端膨大为嗅球，向后扩大为嗅三角。在颞叶由外侧向内侧依次有枕颞外侧回、枕颞内侧回、海马旁回（前端弯成钩形称钩）与齿状回，分别由枕颞沟、侧副沟与海马沟分隔。

四、脑和脊髓的传导路

（一）感觉（上行）传导路

(1) 躯干和四肢意识性本体感觉和精细触觉传导路。在躯干、四肢本体感觉传导通路模型上观察。

(2) 浅感觉通路。在浅感觉传导通路模型上观察：躯干和四肢浅感觉传导通路，头、面部浅感觉传导通路。

(3) 视觉传导通路与瞳孔对光反射通路。在视觉传导通路模型上观察。

(4) 听觉传导通路。在听觉传导通路模型上观察。

（二）运动（下行）传导路

(1) 锥体系。在锥体系模型上观察皮质脊髓束和皮质核束。

(2) 锥体外系。在锥体外系模型上观察：①皮质—纹状体—背侧丘脑—皮质环路；②皮质—脑桥—小脑—皮质环路；③新纹状体—黑质环路。

五、脑脊液及其循环

在脑室的标本模型上观察侧脑室、第三脑室、中脑水管及第四脑室的外形，

第二章 人体形态结构观察与测评

了解各脑室的连通情况。

在显示侧脑室的脑标本，大脑水平、正中矢状切面标本上观察侧脑室的中央部和下角、第三脑室及第四脑室顶处突入至脑室的脉络丛，以及突入至上矢状窦内的蛛网膜粒，辨认室间孔、第四脑室外侧孔和正中孔。

六、脊神经

在脊髓模型标本上观察脊神经与脊髓的连属关系，脊神经的组成，脊神经前、后根及脊神经节。注意观察脊神经与椎间孔的位置关系及与椎骨的对应关系，颈丛、臂丛、胸神经、腰丛、骶丛的神经组成及在人体上的位置关系。

七、脑神经

12对脑神经连接脑的部位分别为嗅神经（端脑嗅球）、视神经（视交叉—视束—间脑）、动眼神经（中脑脚间窝）、滑车神经（中脑下丘下方）、三叉神经（脑桥基底部与小脑中脚交界处）、展神经、面神经、前庭蜗神经（延脑与脑桥沟内，分别由内侧至外侧）、舌咽神经、迷走神经、副神经（延脑橄榄背侧，由上而下）、舌下神经（延脑前外侧沟）。

八、眼

（一）眼球壁和内容物

结合眼球标本模型观察两类，包括眼球壁各层及其分布、眼球的内容物。应理解角膜、房水、晶状体、玻璃体在活体状态下均无色透明，它们共同组成眼球的折光系统。

1. 眼球壁各层及其分布

（1）外膜（纤维膜）：前1/6为无色透明的角膜，后5/6为乳白色的巩膜，两者移行处深面有环行的巩膜静脉窦。

（2）中膜（血管膜）：呈棕黑色。最前部分圆盘形的薄膜为虹膜，中央有圆形的瞳孔，最肥厚部分为睫状体，后2/3为脉络膜。

（3）内膜（视网膜）：由前向后分为三部分，分别为虹膜部、睫状体部和视部。在眼球后极偏内侧有一呈白色圆盘状隆起，即视神经盘；颞侧稍偏下方为黄斑，中央的凹陷称为"中央凹"。

2. 眼球的内容物

（1）眼房和房水。眼房是位于角膜和晶状体之间的间隙，被虹膜分割为眼前房与眼后房。在眼前房周边，虹膜与角膜交角处的环形区域为虹膜角膜角，又称"前房角"。此外,需理解眼房内充满房水。

(2) 晶状体:位于虹膜与玻璃体之间,呈双凸透镜状,无色透明,外包有晶状体囊,周缘借睫状小带连于睫状体。

(3) 玻璃体:晶状体与视网膜之间的无色透明胶状物。

(二) 眼副器

结合活体,在眼泪器和眼球外肌的正中矢状面标本或模型上观察以下4项。

(1) 眼睑与结膜。活体观察可见眼睑分为上睑和下睑,其间的裂隙称为"睑裂"。睑裂的两端分别称为"内眦""外眦"。眼睑外面为皮肤,内面为睑结膜(可翻开眼结膜观察),两者之间有皮下组织、肌层和睑板(可在标本上观察)。眼睑内、外两面移行部叫"睑缘",睑缘有睫毛。

(2) 结膜。活体观察可见睑结膜紧贴于上、下睑板内面,球结膜覆盖于眼球的前部(巩膜表面),两者移行部分为结膜穹隆。

(3) 泪器。由泪腺和泪道组成。泪腺位于泪腺窝内(眶上壁前外侧部)。辨认位于内眦处泪点和泪小管,以及泪囊窝(眶内壁前下方)中的泪囊。在骨性标本上用探针验证泪囊窝向下可经鼻泪管开口于下鼻道。

(4) 眼球外肌。4条直肌即外直肌、内直肌、上直肌和下直肌,分别位于视神经的外侧、内侧、上方和下方。上睑提肌位于眶上壁的下缘,上斜肌位于外直肌与上睑提肌之间,下斜肌经下直肌下方斜向后外。注意各眼球外肌的位置并理解其作用。

九、耳

(一) 外耳

活体观察耳郭和外耳道形态。模型上观察外耳道的分部(软骨部与骨部)及弯曲,鼓膜的形态和分部(松弛部与紧张部)。

(二) 中耳

(1) 在锯开的颞骨标本上观察鼓室各壁的位置、毗邻与交通。其上壁为鼓室,与颅中窝相邻;下壁为颈静脉壁,与颈静脉窝相邻;前壁为颈动脉壁(颈动脉的后外壁),其下部有咽鼓管鼓室口;后壁为乳突壁,上部有乳突窦入口,由此向后可经乳突窦入乳突小房;外侧壁,借鼓膜与外耳道相邻;内侧壁,即迷路壁,与内耳前庭相邻。壁中部的圆形隆起称岬,其后上方、后下方的小孔分别为前庭窗与蜗窗。前庭窗后上方的弓形隆起称面神经管突。

(2) 在听小骨的模型上辨认锤骨、砧骨、镫骨。可见锤骨借其柄连于鼓膜,

镫骨底紧贴前庭窗。

（3）在模型上观察咽鼓管位置，辨认其在鼓室前壁与鼻咽部的开口。

（三）内耳

在骨迷路、膜迷路的模型上观察它们的组成及对应关系。骨迷路由后外向前内分别为骨半规管、前庭和耳蜗。骨半规管内可见膜半规管，其膨大处（膜壶腹）壁内有隆起的壶腹嵴（位觉感受器）。在前庭内，可见椭圆囊和球囊，囊的内壁上分别有球囊斑和椭圆囊斑。在耳蜗剖面上，可见环绕蜗轴的蜗螺旋管，由上而下分为前庭阶、鼓阶与蜗管三部分。蜗管的下壁（基底膜）上有螺旋器（听觉感受器）。

【思考与讨论】

（1）大脑皮质主要机能定位区有哪些？分别在何处？

（2）试述光波到达视网膜视觉细胞所需经过的眼球结构。

（3）剪下本实验附图（附录四），用活页的形式贴在实验结果栏，了解图中各结构名称。实验后，在附录四各图中注明线条所指部位的名称。

第二节　综合性实验

实验一　常用体表标志的识别与体型测定分析

【实验类别】

综合性实验。

【每组人数】

4～5人。

【实验目的】

（1）了解常用的全身各个部位的骨性、肌性标志点，并在标本和活体上进行观察和触扪。

（2）掌握希思－卡特（Heath－Carter）体型测定法中相应指标的测量方法，掌握应用希思－卡特模型进行人体体型评价的方法。

【实验内容】

观察人体常用的体表标志，掌握希思－卡特体型测定方法。

【材料、器具】

身高计、体重秤、皮褶厚度测量计、游标卡尺、带尺。

【实验对象】

将全班学生分为2～3组,每组选取数名具有不同体型特征的学生,令其身着运动背心和短裤作为受试者,应用希思－卡特体型测定法对其测量并评价体型。

【观察内容】

一、常用主要体表标志的活体识别

(一) 头颈部常用体表标志观察

1. **头部常用体表标志**

(1) 枕外隆凸:为头后正中线处的骨性隆起。

(2) 乳突:为耳郭后方的骨性突起,属于颞骨。

(3) 颧弓:位于耳前方的骨性突起。

(4) 眶上缘、眶下缘:分别为眼眶上、下的骨性边界。

(5) 眉弓:为眶上缘上方的横行隆起。

2. **颈部常用体表标志**

(1) 下颌角:为下颌体下缘的后端。

(2) 颈点:是第7颈椎棘突尖端的点,即低头时颈部正中矢状面上最突出的那一点。

(3) 喉结节点:在正中矢状面上,喉结节最突出的一点。

(4) 咬肌:咬紧牙关时,在下颌角前上方的肌性隆起。

(5) 颞肌:在颧弓上方的颞窝内。

(6) 胸锁乳突肌:头转向对侧时,在颈部可明显看到自后上斜向前下的长条肌性隆起。

(二) 躯干部常用体表标志观察

1. **项部、背部和腰部的常用体表标志**

(1) 背纵沟:为背部正中纵行的浅沟,在沟底可触及各椎骨的棘突。头俯下时,平肩处可摸到显著突起的第7颈椎棘突。脊椎下端可摸到尾骨尖和骶骨。

(2) 第7颈椎棘突:位于项部,头前屈时明显隆起于皮下,转头时可移动。

(3) 竖脊肌:在背纵沟两侧,呈纵行隆起。

(4) 肩胛骨:呈三角形,位于皮下,在背上部两侧可摸到其后面的肩胛冈及其下角，在肩部可摸到明显隆起的肩峰。

（5）髂嵴：为髂骨的上缘，其最高点约平第4腰椎棘突。

2. 胸部和腹部的常用体表标志

（1）锁骨：全长均可摸到，内侧2/3凸向前，外侧1/3凸向后，且内侧端膨大。

（2）喙突：在锁骨中、外1/3交界处的下方一横指处，向后深按即能触及。

（3）颈静脉切迹：胸骨柄上缘正中，平齐第2胸椎体下缘，向下深按即能触及。

（4）胸骨角：胸骨柄与胸骨体相接处形成突向前方的横行隆起，两侧接第2肋软骨，可依次计数肋和肋间隙。胸骨角相当于第4胸椎体下缘水平。

（5）肋弓：由剑突向外下方可触扪到。

（6）脐点：脐部中心点。

（7）胸大肌：为胸前壁上部的肌性隆起。

（8）前锯肌：在胸部外侧壁，发达者可见其肌齿。

（9）腹直肌：位于腹前壁正中线两侧，被3～4条横沟分成多个肌腹。这些横沟即为腱划，肌收缩时在脐以上可见到。该肌外缘呈半月形的弧线，自第9肋软骨开始下延至耻骨，称为"半月线"。半月线与右侧肋弓相交处，相当于胆囊底的体表投影点。

（10）髂前上棘：位于髂嵴两端。令受试者弯曲大腿，在腹股沟线上方用拇指从下向上按，即可找到此测量点。

（三）四肢常用体表标志观察

1. 上肢常用体表标志

（1）肱骨大结节：在肩峰的下方，为三角肌所覆盖，向下深按即能触及。

（2）肱骨内、外上髁：在肘关节两侧的稍上方，内上髁突出较为明显。

（3）尺骨鹰嘴：在肘后方极易摸到。

（4）桡骨头：在肱骨外上髁下方，伸肘时在肘后方容易摸到。在上肢下垂、手掌向内侧的姿势中，肘关节背面外侧有1个小凹，在此凹中找到肱桡关节，随后确定桡骨头上沿的最高点，即为桡骨头。

（5）桡骨茎突：位于腕桡侧，为桡骨下端外侧部分的骨性隆起，一般比尺骨茎突低。拇指用力外展时，在拇指展肌腱、拇指伸肌腱和拇长伸肌腱之间形成1个三角形的深窝，在此窝的底部，用拇指向近侧压摸，容易找到此点。

（6）尺骨茎突：位于腕尺侧，在尺骨头后内侧；前臂旋前时，可在尺骨头下方摸到。

(7) 指尖点：中指尖端最向下的一点。

(8) 三角肌：从前侧、外侧和后侧三方面包绕肱骨的上端，形成肩部圆隆状的外形。

(9) 肱二头肌肌腱：在上臂前面，其内、外侧各有 1 纵行的浅沟，内侧沟较明显。当屈肘握拳时，此肌收缩，可在上臂前面见到明显膨隆的肌腹，可在肘窝中央处触扪到该肌肌腱。

(10) 肱三头肌：位于上臂后面，在三角肌后缘的下方可见到肱三头肌长头。

(11) 肱桡肌：当握拳并用力屈肘时，在肘部可见到肱桡肌膨隆的肌腹。

(12) 腕掌侧的肌腱：握拳屈腕时，在腕掌侧可见到 3 条肌腱。其中，位于中间者即为掌长肌肌腱，位于桡侧者为桡侧腕屈肌肌腱，位于尺侧者为尺侧腕屈肌肌腱。

(13) 腕背侧的肌腱：拇指伸直、外展时，在腕背桡侧可看到 3 条肌腱，自桡侧向尺侧依次为拇长展肌肌腱、拇短伸肌肌腱和拇长伸肌肌腱；在拇长伸肌肌腱的尺侧可看到 4 条指伸肌肌腱。

2. 下肢常用体表标志

(1) 坐骨结节：为坐骨最低点，取坐位时与凳子相接触。

(2) 股骨大转子：为股骨颈与体交界处向上外侧的方形隆起，构成髋部最外侧的骨性边界。令受试者进行屈、伸髋关节运动时，可触扪到股骨大转子伴随髋关节转动；或令受试者大腿外展，此时在大转子部位形成 1 个凹窝，由此容易找到测量点。

(3) 髌韧带：为髌骨下方的纵行粗索，为临床上膝跳反射的叩击部位。

(4) 胫骨粗隆：为胫骨内、外侧髁间前下方的骨性隆起，向下续于胫骨前缘。

(5) 腓骨头：位于胫骨外侧髁的后外方，位置稍高于胫骨粗隆。

(6) 外踝：为腓骨下端 1 个窄长的隆起，比内踝低。腓骨外踝最下端的测量点为外踝点。

(7) 内踝：为胫骨下端内侧面的隆凸。胫骨内踝尖端最下方的测量点为内踝点。

(8) 跟点：直立时足跟最向后突出的一点。

(9) 臀大肌：形成臀部圆隆的外形。

(10) 股四头肌：形成大腿前面的肌性隆起，肌腱经膝关节前面向下延伸为髌韧带，止于胫骨粗隆。

(11) 腓肠肌：肌腹形成小腿后面的肌性隆起，俗称"小腿肚"。其内、外 2

个头构成腘窝的下外界。

(12) 跟腱：在踝关节后方，呈粗索状，向下止于跟骨结节。

(13) 胫骨前肌：在踝关节的前方，在踇长伸肌肌腱的内侧可摸到此肌肌腱。

二、希思－卡特体型测定分析

(一) 测量体型的意义

通过对体型的研究，了解不同年龄段个体发育的特征，不仅有助于评估身体的结构和组成，而且有助于评估健康状况及免疫功能，对运动员的选材有更直接的帮助。研究证明，许多专项运动成绩与运动员的体型相关，如体操运动员的体型与马拉松运动员的体型相反，足球运动员的体型又明显不同于篮球运动员。体型在提高或限制人的运动能力中是起作用的。坦尼尔（Tanner）发现奥林匹克运动员的体型与一般人不同，如短跑运动员多为内－中胚层型或外－中胚层型，跑800米距离以上的竞赛运动员多为外－中胚层型，举重和投掷运动员多为中胚层型或趋向于内－中胚层型，横渡海峡的人多为内－中胚层型，所以体型的测量可为运动员的选材提供一定的参考依据。

(二) 体型的概念及分类

从体质人类学角度而言，人体在某个阶段，由于受遗传性体质、营养、环境或疾病等因素的影响而形成的身体外形特征，称为"体型"。

美国学者谢尔顿（W. H. Sheldon）于1940年提出的"三胚层"体型分类法，被人们沿用至今。其根据人体来自胚胎的内胚层、外胚层和中胚层的组织成分所占的比例不同，将体型分为内胚层型（肥胖型）、外胚层型（细长型）和中胚层型（匀称型或运动员型）3种。

(1) 内胚层型——肥胖型。中等身高，身体呈圆柱形，营养良好。头大面红、颈短肩宽、胸宽腹大、四肢短粗、臀厚腿短、肌肉不力，基本以脂肪成分占优势。

(2) 外胚层型——细长型。身材细长、头小面白、胸部扁平、四肢细长、肌肉纤细、皮下脂肪沉积不多，皮肤和神经组织占相对优势。

(3) 中胚层型——匀称型（运动员型）。身高超过平均身高以上，全身发育匀称、颈长而粗、肩部丰满、胸廓发育良好、四肢粗壮、骨骼粗大、肌肉发达、运动成绩良好。骨骼与肌肉占相对优势。

【实验方法与步骤】

一、测量项目及测量方法

测量项目及其单位包括：身高（cm）、体重（kg）、肱三头肌皮褶厚度

(mm)、肩胛下角皮褶厚度（mm）、髂嵴上皮褶厚度（mm）、小腿后皮褶厚度（mm），上臂紧张围（cm）、小腿围（cm）、肱骨远端宽度（cm）、股骨远端宽度（cm）。

测量方法包括以下 3 种。

(1) 肱骨远端宽度。受试者取坐位，前臂与上臂呈 90°，测试者面对受试者，用游标卡尺轻轻卡住受试者肱骨内、外上髁（即肱骨远端最宽处）进行测量。每处测 2 次取平均值。

(2) 股骨远端宽度。受试者取坐位，小腿与大腿呈 90°，测试者面对受试者，用游标卡尺轻轻卡住受试者股骨内、外上髁（即股骨远端最宽处）进行测量。每处测 2 次取平均值。

(3) 其余指标的测量方法。参见本教程第二章第二节实验三的相关测量。

二、体型分值的计算

测出上述 10 个指标后，按照下述计算方法，就可确定内因子（第Ⅰ因子）、中因子（第Ⅱ因子）和外因子（第Ⅲ因子）的分值。

（一）内因子的计算

先计算皮下脂肪量 T：

$$皮下脂肪量\ T(mm) = 肱三头肌皮褶厚度(mm) + 肩胛下皮褶厚度(mm) + 髂嵴上皮褶厚度(mm) \quad (2-1)$$

如果身高超过 170.18 cm，则需将皮下脂肪量 T 值修正为：

$$修正后的\ T\ 值 = 式(2-1)得到的\ T\ 值 \times \frac{179.18}{身高(cm)} \quad (2-2)$$

确定 T 值后，第Ⅰ因子分值的计算式为：

$$第Ⅰ因子(分) = -0.7182 + 0.1451T - 0.00068T^2 + 0.0000014T^3 \quad (2-3)$$

（二）中因子的计算

先计算修正上臂围（cm）和修正小腿围（cm）：

$$修正上臂围(cm) = 上臂紧张围(cm) - \frac{肱三头肌皮褶厚度(mm)}{10} \quad (2-4)$$

$$修正小腿围(cm) = 小腿围(cm) - \frac{小腿后皮褶厚度(mm)}{10} \quad (2-5)$$

则第Ⅱ因子分值的计算式为：

$$第Ⅱ因子(分) = (0.858 \times 肱骨远端宽度 + 0.601 \times 股骨远端宽度 + 0.188 \times 修正上臂围 + 0.161 \times 修正小腿围) - (0.131 \times 身高) + 4.50 \quad (2-6)$$

(三)外因子的计算

先计算身高体重指数(height and weight ratio, HWR):

$$身高体重指数 = 身高/(体重)^{\frac{1}{3}} \quad (2-7)$$

当 $HWR \geq 40.75$ 时,则第Ⅲ因子分值的计算式为:

$$第Ⅲ因子(分) = HWR \times 0.732 - 28.58 \quad (2-8)$$

当 $38.25 < HWR < 40.75$ 时,则第Ⅲ因子分值的计算式为:

$$第Ⅲ因子(分) = HWR \times 0.463 - 17.63 \quad (2-9)$$

当 $HWR \leq 38.25$ 时,则第Ⅲ因子分值的计算式为:

$$第Ⅲ因子(分) = (HWR \times 0.732 - 28.58) + 0.1 \quad (2-10)$$

三、标出个体在体型图上的位置

图2-13是一个以二维构造表现的三角形体型判别坐标图。可用上述计算出来的分值,对照图2-13进行体型判别。

首先,个体体型在体型图上的确切位置计算为:

$$x = 第Ⅲ因子(分) - 第Ⅰ因子(分) \quad (2-11)$$

$$y = 2 \times 第Ⅱ因子(分) - [第Ⅰ因子(分) + 第Ⅲ因子(分)] \quad (2-12)$$

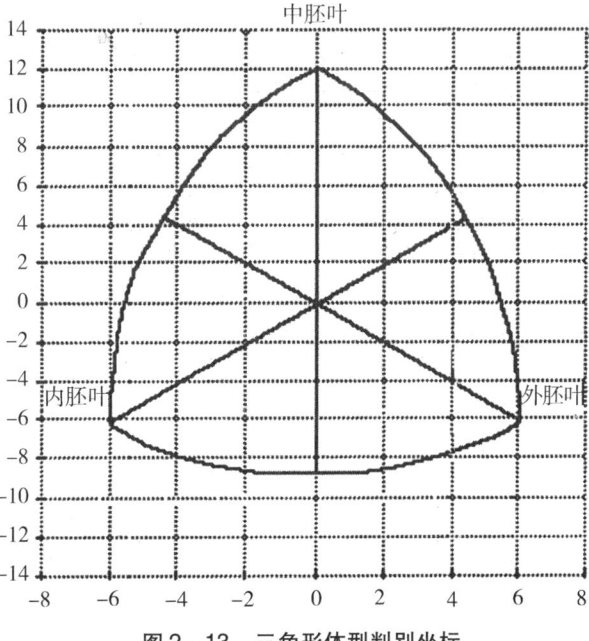

图2-13 三角形体型判别坐标

按照上述算法，(3，3，3)、(4，4，4)都位于 $x-y$ 坐标的原点，即 (0，0)。3个顶点 (7，-1，-1)、(1，-7，-1)、(1，-1，-7) 的坐标值分别是 (-6，-6)、(0，12)、(6，-6)。每个个体的体型，用上述方法均可算出其坐标值，从而确定在体型图上的位置。个体在体型图上的位置越靠近这3个顶点中的那一个，他/她就越偏向于这种体型。例如，体型分别为 (2，6，1)、(5，3，3) 和 (2，3，4)，则其体型分别为中胚型、内胚型和外胚型。

【思考与讨论】

应用希思-卡特体型评价法，评价不同专项学生的体型特征，并比较其差异。

实验二　专项运动员身体形态测定分析

【实验类别】

综合性实验。

【每组人数】

4～5人。

【实验目的】

(1) 了解常用的全身各个部位的骨性、肌性标志点，并在活体上进行观察和触扪。

(2) 掌握人体解剖中相应指标的测量方法，掌握专项运动员体格特征评价的方法。

【实验内容】

观察人体常用的体表标志，掌握人体形态测定方法。

【观察内容与方法】

(1) 常用主要体表标志的活体识别（见本节实验一"常用体表标志的识别与体型测定分析"）。

(2) 体型的概念及分类。从体质人类学角度而言，人体在某个阶段，由于受遗传性体质、营养、环境或疾病等因素的影响而形成的身体外形特征，称为"体型"。

(3) 后天运动训练，导致机体骨骼和额肌肉的发育出现适应性的变化，这是和运动项目密切相关的。

【材料、器具】

身高计、体重秤、游标卡尺、带尺、体姿体态评估系统。

【实验对象】

将全班学生分为2～3组,每组选取数名具有不同体型特征的学生,令其身着运动背心和短裤作为受试者,应用实验器材对其测量并评价体型。

【实验方法与步骤】

一、测量项目及测量方法

测量项目及其单位包括:身高(cm)、体重(kg),肱三头肌皮褶厚度(mm)、肩胛下角皮褶厚度(mm)、髂嵴上皮褶厚度(mm)、小腿后皮褶厚度(mm)、上臂紧张围(cm)、小腿围(cm)、肱骨远端宽度(cm)、股骨远端宽度(cm),脊柱形态、足弓的形态、肩宽、臂长、下肢长度、小腿长度、腰围和胸围。

测量方法包括以下3种。

(1) 肱骨远端宽度。受试者取坐位,前臂与上臂呈90°,测试者面对受试者,用游标卡尺轻轻卡住受试者的肱骨内、外上髁(即肱骨远端最宽处)进行测量。每处测2次取平均值。

(2) 股骨远端宽度。受试者取坐位,小腿与大腿呈90°,测试者面对受试者,用游标卡尺轻轻卡住受试者的股骨内、外上髁(即股骨远端最宽处)进行测量。每处测2次取平均值。

(3) 其余指标测量方法。参见本教程第二章第二节实验三的相关测量。

二、体型分值的计算

参照本节实验一"常用体表标志的识别与体型测定分析"。

【思考与讨论】

(1) 应用体型评价法,评价不同专项学生的体型特征,并比较其差异。
(2) 用测量的指标预测该专项的学生或运动员最科学合理的体姿体态。

实验三 身体成分评价的皮褶厚度法应用

【实验类别】

综合性实验。

【每组人数】

4～5人。

【实验目的】

掌握测定皮褶厚度测定法,并用以推测人体脂肪量。

【实验内容】

掌握皮褶厚度测定法的操作过程。

【实验原理】

身体成分可分为去脂体重和身体脂肪两种。去脂体重包括体内所有的非脂肪组织的重量,如骨骼、水、肌肉、结缔组织和牙齿等。目前测量体脂的方法有直接测定法和间接测定法。间接测定法很多,其中以皮褶厚度法和水下称重法较为实用,前者有快速、简便和易行的特点。以皮褶厚度求得体密度后,按照布罗兹克(Brozek)公式计算体脂率,求得体脂总量和去脂体重。

【实验器材】

皮褶厚度计。

【实验对象】

学生或运动员。

【实验方法与实验步骤、对照标准】

一、实验方法与实验步骤

(一)测量方法及测量部位

1. 测量方法

受试者应着背心、短裤,自然站立。测试者右手紧握皮褶厚度计的卡钳手柄,并使两半弓形臂张开,左手的拇指和食指间距 3 cm 左右,将受试者测量部位的皮肤及皮下组织捏紧提起,但不应连带该部位的肌肉。为避免皮褶中连带肌肉,可令受试者主动收缩该部位肌肉,此时,如有被提起的肌肉即可滑脱;也可捏起皮褶后向上提 2 下,让肌肉滑脱。然后,将张开的皮褶厚度计从距离手指捏起部位 1 cm 处钳入,皮褶厚度计既不要接近皮褶底部,也不要接近其顶部。松开把柄,待指针停住后即记录读数。每名受试者的同一测试部位应重复测量 2 次,2 次测量结果的误差不应超过 5%,以 2 次测量结果的平均数为实验结果并做好记录。测量数据应以毫米为单位,精确到小数点后 1 位。

2. 测量部位

(1)上臂部(肱三头肌)皮褶厚度:在右上臂肩峰与鹰嘴突连线的中点,夹取与上肢长轴平行的皮褶,纵向测量。

(2) 肩胛下角皮褶厚度：在右肩胛骨下角的下方约 1 cm 处，皮褶方向向外下方，与脊柱成 45°角测量。

(3) 腹部皮褶厚度：在脐旁右侧 2 cm 处，测横向皮褶厚度。

(4) 大腿部皮褶厚度：在大腿后部正中臀横纹下 1 cm 处测量。

3. 注意事项

(1) 受试者应自然站立，让体重均匀落在双腿上。

(2) 测试者使用皮褶厚度计的方法一定要准确。

(3) 为避免提起皮褶时连带夹起肌肉，可令受试者主动收缩该部位的肌肉，或将捏起的皮褶向上轻轻提 2 下，使被夹的肌肉滑脱。

(4) 当将皮褶厚度计从测量部位钳入时，卡钳既不能接近皮褶底部，也不能接近其顶部。要待皮褶厚度计的读数指针停住后，才可读数。

(5) 测试结果按四舍五入的原则取小数点后 1 位。

（二）计算身体成分的参数

1. **身体密度的计算**

张薇和徐冬青（1999）等对中国人的数据研究后，初步建立了我国男女身体密度计算式。将测得皮褶厚度数值代入相应体密度推算回归方程式，即可计算体密度（Db）如下：

男子身体密度 = 1.0991 − 0.0005 × 腹部皮褶厚度 − 0.0004 × 肩胛下角皮褶厚度 − 0.0005 × 大腿皮褶厚度 − 0.0003 × 年龄　　　(2 − 13)

女子身体密度 = 1.0837 − 0.0004 × 上臂皮褶厚度 − 0.0004 × 腹部皮褶厚度 − 0.0004 × 大腿皮褶厚度 − 0.0003 × 年龄　　　(2 − 14)

2. **体脂百分比、体脂重、瘦体重**

体脂百分比（body fat percentage，$F\%$）、体脂重（body fat weight，F）、瘦体重（lean body weight，LBW）的计算式为：

$$体脂百分比(F\%) = \left(\frac{4.57}{身体密度} - 4.142\right) \times 100\% \qquad (2-15)$$

$$体脂重(F) = 体重(W) \times 体脂百分比(F\%) \qquad (2-16)$$

$$瘦体重(LBW) = 体重(W) - 体脂重(F) \qquad (2-17)$$

二、理想体重的计算

据有关研究报道，一般我国青年男子标准体脂百分比为 10%～15%，青年女子为 20%～25%。计算体脂百分比后，可根据标准体脂百分比计算理想体重，即符合体脂百分比标准的体重。

理想体重 = 实际体重 − (测算体脂百分比 − 标准体脂百分比) × 实际体重

$$(2-18)$$

测量计算后,将所得体脂百分比数值与表2−1、表2−2比对,可以分析、评估个人和全体学生的体成分状况和健康风险。

表2−1 根据体脂百分比(F%)划分的身体成分等级

性别	年龄/岁	体脂过少	非常好	很好	正常	体脂多	体脂过多
男	≤19	<8	12.0	12.1~17.0	17.1~22.0	22.1~27.0	≥27.1
	20~29	<8	13.0	13.1~18.0	18.1~23.0	23.1~28.0	≥28.1
	30~39	<8	14.0	14.1~19.0	19.1~24.0	24.1~29.0	≥29.1
	40~49	<8	15.0	15.1~20.0	20.1~25.0	25.1~30.0	≥30.1
	≥50	<8	16.0	16.1~21.0	21.1~26.0	26.1~31.0	≥31.1
女	≤19	<12	17.0	17.1~22.0	22.1~27.0	27.1~32.0	≥32.1
	20~29	<12	18.0	18.1~23.0	23.1~28.0	28.1~33.0	≥33.1
	30~39	<12	19.0	19.1~24.0	24.1~29.0	29.1~34.0	≥34.1
	40~49	<12	20.0	20.1~25.0	25.1~30.0	30.1~35.0	≥35.1
	≥50	<12	21.0	21.1~26.0	26.1~31.0	31.1~36.0	≥36.1

引自 Werner W. K (2003)。

表2−2 超重、肥胖诊断的体脂百分比标准及与疾病危险的关系

体重分级	肥胖分级	体脂百分比(F%)	疾病危险(腰围/cm)	
			男≤102,女≤88	男>102,女>88
低体重	—	<20	—	—
正常体重	—	20~25	—	—
超重	—	26~31	有增加的趋势	高
肥胖	Ⅰ级(轻度肥胖)	32~37	高	很高
	Ⅱ级(中度肥胖)	38~45	很高	很高
	Ⅲ级(重度肥胖)	>45	非常高	非常高

引自 USDHHS (2000)。

注:疾病危害包括2型糖尿病、高血压、心血管疾病。

【思考与讨论】

将所测的全班学生实验数据,按不同的性别、专项特长和训练程度进行统计、分析、评估其身体成分状况和健康风险。

第二章 人体形态结构观察与测评

实验四　人体体格测量与营养状况的评价

【实验类别】

综合性实验。

【每组人数】

4～5人。

【实验目的】

掌握人体体格测量方法，进而评价个体营养状况。

【实验内容】

掌握人体体格测量方法，学会评价个体营养状况。

【实验原理】

体格测量是指对人体整体各部位的长度、宽度、围度、量度进行测量，是研究人体外部形态结构、生长发育水平、营养状况等必不可少的方法和手段。

体格评价可直接用测量获得的数据进行绝对值评价，也可把测量的数据转换为指数来进行评价。形态指数是考虑了人体各部分的比例和相互内在关系，把两项或两项以上指标的测量值按照一定的数学方法计算得出的相对值。使用形态指数进行体格评价时，首先应计算出形态指数，然后采用离差法、百分位法对形态指数划分等级，制定出体格评价标准。在制定评价标准时，必须考虑年龄、性别等特点。不同的形态指数应有不同的判断标准，不是所有的指数对任何性别或年龄的被评价者而言都是越高越优秀的。只有在评价时做好具体分析，才能得出正确的判断。

【实验器材】

身高计、体重秤、软皮尺、皮褶厚度计。

【实验对象】

学生或运动员。

【实验方法与步骤】

一、测量项目与方法

（一）身高、体重

用专用身高计和杠杆体重秤，按《中国学生体质与健康研究检测细则》分别对受试者的身高、体重进行测量。

（二）上臂围、胸围

用软皮尺测量受试者的上臂围，测量时左臂自然下垂，测试者先用软皮尺测出受试者上臂中点位置，然后再测量受试者上臂中点的周长。

测量胸围时，受试者两足分立，与肩同宽，双臂自然下垂。测试者面对受试者站立，将软皮尺上缘经受试者背部肩胛骨下角下缘绕至其胸前。受试者若为男性，则由软皮尺的下缘经乳头点进行测量；受试者若为女性，则由软皮尺下缘经乳头上方的胸中点（第4肋关节）进行测量。

（三）肱三头肌皮褶厚度

使用皮褶厚度计进行测量前，应对其进行校正。受试者将左臂自然下垂，测试者取其左上臂背侧的肱三头肌，即左肩峰至尺骨鹰嘴中点以上约 2 cm 处，用左手拇指和食指将受试者皮肤连同皮下组织捏起呈皱褶，然后用皮褶厚度计测量皮褶中部的厚度。

二、体格营养指数计算

（一）体重

评价体重的计算式为：

$$评价体重(\%) = \frac{实测体重}{标准体重} \times 100\% \qquad (2-19)$$

式中，标准体重的计算采用 Broca 改良式（表 2-3）。根据实测体重与标准体重的关系，对照表 2-4 评价体重。

表 2-3　标准体重计算（Broca 改良式）

身高	标准体重（kg）	
	男	女
≤165 cm	标准体重（kg）= 身高 - 105	标准体重（kg）= 身高 - 110
>165 cm	标准体重（kg）= 身高 - 100	标准体重（kg）= 身高 - 100

表 2-4　评价体重

实测体重与标准体重的关系	评价体重
>150%	肥胖
120%～150%（含150%）	超重

续表2-4

实测体重与标准体重的关系	评价体重
90%～120%（含120%）	正常
80%～90%（含90%）	轻度营养不良
60%～80%（含80%）	中度营养不良
≤60%	严重营养不良

（二）维尔威克指数

维尔威克指数的计算式为：

$$维尔威克指数 = \frac{体重(kg) + 胸围(cm)}{身高(cm)} \times 100\% \qquad (2-20)$$

根据维尔威克指数的值，对照表2-5评价受测者的营养情况。

表2-5 评价营养情况

维尔威克指数	评价营养情况
＞87.5%	优秀
82.5%～87.5%（含87.5%）	良好
77.5%～82.5%（含82.5%）	合格
72.5%～77.5%（含77.5%）	营养不良
≤72.5%	极为营养不良

（三）体脂亏损

成年人的肱三头肌皮褶厚度正常标准值分别为男性12.5 cm、女性16.5 cm。根据实测肱三头肌皮褶厚度的值，对照表2-6评价受测者的体脂情况。

表2-6 评价体脂情况

皮褶厚度与标准值的关系	评价体脂情况
＞120%	肥胖
90%～120%（含120%）	营养正常
80%～90%（含90%）	轻度体脂亏损

续表 2-6

皮褶厚度与标准值的关系	评价体脂情况
60%～80%（含80%）	中度体脂亏损
≤60%	重度体脂亏损

（四）肌蛋白消耗

上臂肌围计算式为：

$$上臂肌围(cm) = 上臂围(cm) - 3.14 \times 肱三头肌皮褶厚度(cm) \tag{2-21}$$

成年人的上臂肌围正常标准值分别为男性 25.3 cm、女性 23.2 cm。根据实测上臂肌围的值，对照表 2-7 评价受测者的肌蛋白情况。

表 2-7 评价肌蛋白情况

上臂肌围与标准值的关系	评价肌蛋白情况
>90%	营养正常
80%～90%（含90%）	轻度肌蛋白消耗
60%～80%（含80%）	中度肌蛋白消耗
≤60%	重度肌蛋白消耗

【思考与讨论】

将所测的全班学生实验数据，按不同的性别进行统计，评价其营养状况。

实验五　体育运动动作的原动肌分析

【实验类别】

综合性实验。

【每组人数】

4～5 人。

【实验目的】

（1）运用所学习的运动解剖学知识，对体育动作进行解剖学分析，深入理解人体各关节和肌肉在各项运动中的相互作用。

（2）指导体育运动项目的教学与训练，为预防运动损伤提供形态学依据。

【实验内容】

观察、应用原动肌分析方法进行解剖学动作分析。

【实验原理】

在进行解剖学动作分析时，要应用原动肌分析方法。

原动肌分析方法的原理：环节运动时所受到的各种各样的力可以归纳为肌力和外力两类，根据肌力矩和外力矩的大小与作用方向就可以判断环节的运动方向、原动肌及其工作性质。

第一，动力工作。

（1）肌力矩与外力矩方向相反，且肌力矩大于外力矩，环节朝肌肉拉力方向运动。此时，原动肌位于关节的同侧，且做克制（向心）工作。

（2）肌力矩与外力矩方向相同，且肌力矩小于外力矩，环节朝外力方向运动，使环节做慢速运动。此时，原动肌位于关节的对侧，且做退让（离心）工作。

（3）肌力矩与外力矩方向相同，肌力矩与外力矩共同作用于环节，使环节做快速运动。此时，原动肌位于关节的同侧，且做克制（向心）工作。

第二，静力工作。肌力矩与外力矩方向相反，且肌力矩等于外力矩，环节不动。此时，原动肌位于外力作用方向的对侧，且做静力工作。

【实验器材】

哑铃、海绵垫等。

【观察内容与方法】

一、动力性动作分析——（抱头）仰卧起坐

（一）测试与分析

（1）开始姿势：双手抱头，直体仰卧。

（2）动作阶段划分：第一阶段"仰卧起坐阶段"和第二阶段"向下还原阶段"。

（3）列表分析（表2-8、表2-9）。

表2-8 第一阶段"仰卧起坐阶段"

环节名称	关节与运动	与外力关系	原动肌	肌肉工作条件	肌肉工作性质
头颅相对胸廓部	颈椎段屈	反同	胸锁乳突肌、颈前肌	下固定	克制工作
胸廓部相对骨盆	腰椎段屈	反同	股直肌、腹内斜肌、腹外斜肌	下固定	克制工作
骨盆相对大腿	髋关节屈	反同	髂腰肌、股直肌	下固定	克制工作

表2-9 第二阶段"向下还原阶段"

环节名称	关节与运动	与外力关系	原动肌	肌肉工作条件	肌肉工作性质
头颅相对胸廓部	颈椎段伸	慢反	胸锁乳突肌、颈前肌	下固定	退让工作
胸廓部相对骨盆	腰椎段伸	慢反	股直肌、腹内斜肌、腹外斜肌	下固定	退让工作
骨盆相对大腿	髋关节伸	慢反	髂腰肌、股直肌	下固定	退让工作

（二）总结

（抱头）仰卧起坐动作练习可以发展胸锁乳突肌、颈前肌、股直肌、腹内斜肌、腹外斜肌、髂腰肌等肌肉的力量。完成此动作的主要训练目的是发展腹部肌肉力量。若采用屈膝屈髋，可让髂腰肌适当放松，力量更易集中于上腹部。

分析动作难点剖析如下：

（1）躯干各环节运动以下肢为基本固定点。环节运动发生在椎间盘扁化作用和关节突关节（椎间关节），脊柱椎骨以节段为单位，动点节段骨绕定点节段骨相对脊柱椎间盘、关节突关节运动。脊柱运动主要发生在颈段和腰段。

（2）躯干外力以自身重力为主，向下还原时动作应较慢。若动作快，则容易发生伤害事故。

二、静力性动作分析——双杠直角支撑（静止状态）

（一）测试与分析

（1）开始姿势：双手抓杠双臂撑直，双腿、双脚并拢绷直并与上体成90°，双眼平视前方。

(2) 划分动作阶段:"双杠直角支撑"为一个阶段。
(3) 列表分析:双杠直角支撑(表2-10)。

表2-10 双杠直角支撑

环节名称	关节与运动	与外力关系	原动肌	肌肉工作条件	肌肉工作性质
胸廓部相对肩带	肩胛骨后缩(保持)	反同	斜方肌、菱形肌	远固定	静力工作
胸廓部相对肩带	肩胛骨下降(保持)	反同	胸小肌、菱形肌	远固定	静力工作
肩带相对上臂	肩关节伸(保持)	反同	背阔肌、三角肌后部	远固定	静力工作
上臂相对前臂	肘关节伸(保持)	反同	肱三头肌、肘肌	远固定	静力工作
前臂相对腕、掌部	腕关节伸(保持)	慢反	前臂屈肌群	远固定	静力工作
近节指骨相对掌骨	掌指关节屈(保持)	反同	前臂屈肌群	近固定	静力工作
远节指骨相对近节指骨	指关节屈(保持)	反同	前臂屈肌群	近固定	静力工作
大腿相对骨盆	髋关节屈(保持)	反同	髂腰肌、股直肌	近固定	静力工作
小腿相对大腿	膝关节伸(保持)	反同	股四头肌	近固定	静力工作
足跗、跖部相对小腿	踝关节跖屈(保持)	反同	小腿三头肌、胫骨后肌	近固定	静力工作
近节趾骨相对跖骨	跖趾关节屈(保持)	反同	趾长屈肌、踇长屈肌	近固定	静力工作
远节趾骨相对近节趾骨	趾关节屈(保持)	反同	趾长屈肌、踇长屈肌	近固定	静力工作
头颅相对胸廓	颈椎段伸(保持)	反同	骶棘肌上部、胸锁乳突肌	下固定	静力工作

续表 2-10

环节名称	关节与运动	与外力关系	原动肌	肌肉工作条件	肌肉工作性质
胸廓相对骨盆	腰椎段伸（保持）	反同	骶棘肌下部、腰方肌	下固定	静力工作

(二) 总结与建议

通过双杠直角支撑动作可以发展斜方肌、菱形肌、胸小肌、背阔肌、三角肌后部、肱三头肌、肘肌、前臂屈肌群、髂腰肌、股直肌、股四头肌、小腿三头肌、胫骨后肌、趾长屈肌、踇长屈肌、胸锁乳突肌、骶棘肌、腰方肌等肌肉的力量。此动作是体操专项中较典型的静力性动作，技术难度较高。因此，只有不断训练，加强上述肌肉力量，才能达到这一动作要求。

【思考与讨论】

请用运动解剖学动作分析法分析"俯卧撑"和"双杠直角支撑"。

第三章 运动机能测量与评定

第一节 验证性实验

实验一 前庭功能稳定性的测定

【实验类别】
验证性实验。

【每组人数】
4~6人。

【实验目的】
掌握测定前庭器官功能稳定性的方法,学会前庭器官功能的评定。

【实验原理】
前庭感受器位于内耳前庭,由椭圆囊、球囊和3个相互垂直的半规管组成。当人的身体或头在空间做直线或旋转的变速运动时,由于直线加速和角加速度的变化,其前庭器官受到刺激而兴奋,机体会产生各种反射性反应,如姿势反射(肌紧张发生改变)、眼震颤、植物性功能反应(脉搏、血压、呼吸频率、汗腺活动、消化系统等功能变化)等。前庭感受器受到刺激强度越大,这些反应也就表现得越明显。经常有系统地参加体育锻炼,可以有效地提高前庭器官功能的稳定性。

【实验对象】
学生或运动员。

【实验器材】
旋转椅、血压计、听诊器、节拍器、秒表、软皮尺、评分表。

【实验方法与步骤】

一、观察植物性神经功能的反应

（一）测试

（1）受试者坐在旋转椅上，平静 3~5 min，测其安静时的脉搏和动脉血压。

（2）受试者闭眼，头前倾 30°，以每 2 s 转 1 周的速度均匀地旋转 10 周（采用单方向旋转）。旋转停止后，立即测出受试者旋转后第一个 10 s 的脉率和动脉血压，并将相应结果记入表 3-1。

表 3-1　心率、血压测量实验记录表

—	安静时的心率、血压		旋转后的心率、血压	
受试者	心率（10 s）	血压（kPa）	心率（10 s）	血压（kPa）
	心率差：		血压差：	
	查前庭器官功能稳定性评分表得出数值：			

（二）结果评定

测试后，根据旋转前后脉搏、血压的变化值按陆查诺夫（Лованов）和柏钦柯（И. П. Вайченко）所制定的前庭器官功能稳定性评分表（表 3-2）来评定受试者的前庭器官功能的稳定性。评分表使用说明如下：

（1）根据受试者旋转前后 10 s 脉搏和动脉血压的差值来查评分表。例如，某受试者在安静时的脉搏是 11 次/10 s，动脉血压是 15.42/8.51 kPa；旋转后的脉搏是 13 次/10 s，动脉血压是 16.22/8 kPa。这个受试者旋转后第 1 个 10 s 的脉搏增加了 2 次，最高血压升高了 0.8 kPa。根据前庭器官功能稳定性评分表（表 3-2）首行的脉率变化、首列的最高血压变化，可以查出受试者脉搏在"+2"的一纵行和最高血压"0.8 kPa"的一横行的交叉点是数字"4.00"，因此评分值就是 4。受试者在旋转前后脉搏和血压的变化越小，所得的分数越高，即前庭器官功能稳定性越高。若评分值在 3 分以下，则表示受试者前庭器官功能稳定性不良。

第三章 运动机能测量与评定

表 3-2 前庭器官功能稳定性评分

最高血压变化(kPa)	+5	+4	+3	+2	+1	0	-1	-2	-3	-4	-5	-6
4.00	—	—	2.00	2.25	2.50	2.75	—	—	—	—	—	—
3.45	—	2.00	2.25	2.50	2.75	3.00	2.50	—	—	—	—	—
3.05	2.00	2.25	2.50	2.75	3.00	3.25	2.75	—	—	—	—	—
2.67	2.25	2.50	2.75	3.00	3.25	3.50	3.00	2.50	—	—	—	—
2.26	2.50	2.75	3.00	3.25	3.50	3.75	3.25	2.75	2.00	—	—	—
1.86	2.75	3.00	3.25	3.50	3.75	4.00	3.50	3.00	2.50	2.00	—	—
1.46	3.00	3.25	3.50	3.75	4.00	4.25	3.75	3.25	2.75	2.25	—	—
1.06	3.25	3.50	3.75	4.00	4.25	4.50	4.00	3.50	3.00	2.50	—	—
0.66	3.50	3.75	4.00	4.25	4.50	4.75	4.25	3.75	3.25	2.75	—	—
±0.26	3.75	4.00	4.25	4.50	4.75	5.00	4.50	4.00	3.50	3.00	2.50	2.00
-0.66	2.50	3.00	3.50	4.00	4.50	4.75	4.25	3.75	3.35	2.75	—	—
-1.06	2.25	2.75	3.25	3.50	4.00	4.25	3.75	3.25	2.75	2.25	—	—
-1.46	—	2.50	2.75	3.00	3.50	3.75	3.25	2.75	2.25	—	—	—
-1.86	—	—	2.25	2.50	3.00	3.25	2.75	2.25	—	—	—	—
-2.26	—	—	—	2.00	2.50	2.75	2.25	—	—	—	—	—

(2) 最高血压变化一栏的数字，正数表示上升的差数，负数代表下降的差数。

(3) 表中"最高血压变化"表示数值在上、下相邻两个数字之间。例如，"±0.26"表示数值在 0.26 到 -0.26 之间，"0.66"表示数值在 0.27 到 0.66 之间，"1.06"表示数值在 0.67 到 1.06 之间，"-0.66"表示数值在 -0.27 到 -0.66 之间，其他以此类推。

(4) 当受试者旋转前、后的脉搏压没有降低，最低血压变化若为 ±1.33 kPa 到 ±2 kPa 时，受试者的评分应在查表所得分的基础上再减 0.5 分；最低血压变化若为 ±2.12 kPa 到 ±2.67 kPa 时，则要减去 1 分；最低血压变化若在 ±2.79 kPa 以上时，则要减去 1.5 分。

(5) 如遇到受试者旋转后脉搏压降低时，则不能按照最高血压的变化查表，应把最高血压变动数字相加之和按负数查表。

二、观察运动性反应

(一) 测试

(1) 用粉笔在旋转椅前正中的地面上画一条长 6 m 的直线,然后分别在正中线两侧 0.25 m、0.5 m 和 1 m 处各画一条不同颜色的线。

(2) 受试者坐在转椅上闭眼,头前倾 30°,以每 2 s 转 1 周的速度均匀地旋转 10 周。其他人注意观察受试者在旋转时头部及躯干位置的变化。

(3) 令受试者在旋转停止后,立刻抬头睁眼,并站立起来沿直线行走,尽力控制自己沿直线行走至 6 m 处。检测者要注意观察受试者行走的足印,判定其偏离正中线的距离,并注意偏倒的方向。将结果记录在表 3-3 中。

表 3-3 偏离正中线的距离记录表

单位:m

受试者	偏左	偏右	最大差

(二) 结果评定

(1) 旋转停止后,能沿正中直线正常行走,或偏离正中直线不超过 0.25 m 者,属于前庭器官功能稳定性好,评 5 分。

(2) 旋转停止后,偏离正中直线不超过 0.5 m 且走完 6 m 者,评 4 分。

(3) 旋转停止后,偏离正中直线不超过 1 m 且走完 6 m 者,评 3 分。

(4) 旋转停止后,2 s 内站不起来,或行走时偏离正中直线 1 m 以上者,属前庭器官功能稳定性不良,评为不及格。

三、观察眼震颤

(一) 测试

(1) 受试者坐在转椅上,头前倾 30°,闭眼以每 2 s 转 1 周的速度均匀旋转 10 周。

(2) 旋转停止后,受试者马上抬头睁开双眼,注视竖立在脸前方(15～20 cm)的目标(手指或小棍)。检测者同时开动秒表,观察受试者眼球摆动速度变化和记录受试者眼震颤的强度、次数及持续时间。

(二) 结果评定

(1) 正常人在旋转停止后,应有中等强度的水平性眼震颤,快动相方向与

旋转方向相反，持续时间为 15～40 s。

（2）前庭器官功能减退者，在旋转停止后眼震颤消失或减弱，或持续时间过短。

（3）前庭器官功能亢进者，在旋转停止后眼震颤的持续时间延长，并可伴有眩晕、恶心、呕吐等症状。

【注意事项】

（1）严格按实验要求控制转椅的旋转速度。

（2）测定受试者旋转后的植物性神经反应时，要做到及时而准确。因此，旋转前要做好准备，如让受试者左上臂扎好血压计的袖带，以便旋转停止后能立刻接好血压计，尽快而准确地测量动脉血压。

（3）在进行运动性反应观察时，受试者只能尽力控制沿正中直线正常行走。检测者要密切注意受试者的反应，并做好保护，避免受试者因眩晕跌倒或碰撞到其他物体而造成损伤。但也不能扶着受试者行走，以免影响实验结果。

【应用与评价】

前庭器官功能稳定性在体育运动和社会生活中具有重要意义。某些项目运动员（如体操、铁饼）和航空航海等工作人员，如果其前庭感觉器官的稳定性不高，就会直接影响到运动成绩和工作。当机体前庭器官承受过强的劣性刺激时，会产生躯体性的、感觉性的和植物性的功能反应，症状明显者表现出恶心、呕吐、脸色苍白、出冷汗、头痛、瞌睡及肌紧张失控等。前庭器官功能稳定性可以通过体育锻炼得到提高，即前庭器官受到较强烈的刺激时，所引起的反应会变小。采用一般体质训练和专门前庭器官功能训练相结合的方法能使人的前庭器官稳定性得到明显的提高。

【思考与讨论】

分析受试者的机能水平、训练年限、运动项目等因素对前庭器官功能稳定性的影响。

实验二　肺通气机能的测定

【实验类别】

验证性实验。

【每组人数】

2～4 人。

【实验目的】

掌握肺活量的测定方法,并学会肺通气机能的评定。

【实验原理】

机体在进行新陈代谢时,不断地消耗氧和产生二氧化碳。为了实现机体与环境之间的气体交换,肺必须不断地与外界大气进行通气活动。因此,进行肺通气机能评定具有重要意义。肺通气功能受许多因素的影响,通过肺量计测定肺活量和重复肺活量(如5次肺活量)可以较好地反映胸廓大小、呼吸肌力量及其耐力,用于评定肺的通气功能。

【实验对象】

学生或运动员。

【实验器材】

单筒式肺量计、橡皮吹嘴、鼻夹、消毒棉球、75%酒精、消毒棉签。

【实验方法与步骤】

一、单筒式肺量计的结构

单筒式肺量计(图3-1)主要由一对套在一起的圆筒组成,主要由外筒(水槽)、内筒(即浮筒,带有肺活量刻度,精确度0.1 L),以及进气管和吹气嘴等组成。

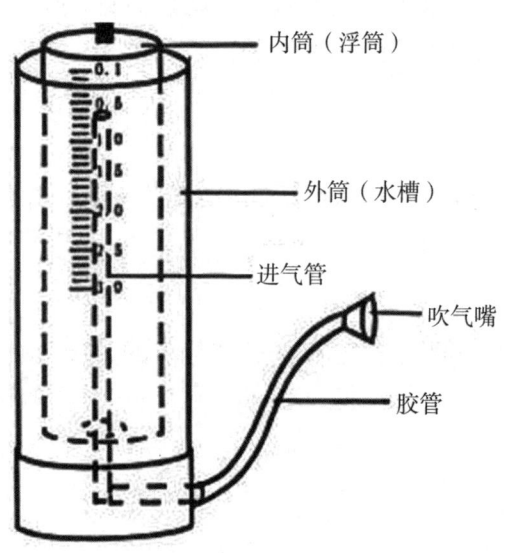

图3-1 单筒式肺量计的结构

二、测试方法

使用单筒式肺量计时,首先往水槽内倒入清水,使水面到达水槽内壁上的水位红线处,调节水槽下部的调节螺钉,使水面与红线平行。注意吹气、放气阀门手柄的位置,若手柄竖直即为放气,若手柄拨向一侧即可吹气。

受试者取站立位,做1~2次深呼吸,随后尽力深吸气,吸气停止时憋住气向肺量计吹气嘴内尽力深呼气,直到不能再呼出为止。当浮筒停稳后,按游标指示器指示位置进行肺活量读数。每次测量间隔时长为15~30 s,每人测试3次,并将结果记录在表3-4中。取3次测量结果的最大值为受试者的肺活量值。

让受试者连续测量5次肺活量,每次间隔时长为15 s(含吹气时长),并将各次结果记录在表3-5中。

表3-4 肺活量测量记录表

单位:mL

受试者	第1次测试	第2次测试	第3次测试	肺活量值 (绝对值/相对值)

表3-5 5次肺活量测量记录表

单位:mL

受试者	第1次	第2次	第3次	第4次	第5次

【注意事项】

(1)测试者在测试前应了解测试指标,掌握测试方法。

(2)使用吹气嘴测试前,应对其进行消毒,或使用一次性吹气筒,以免交叉感染。

(3)在测试时,要戴好吹气嘴及夹好鼻夹,以防漏气。

(4)每测试完一次肺活量,需平静呼吸几次,再按要求进行下一次的测试。

【应用与评价】

肺活量可以反映呼吸运动的最大深度,其大小受性别、年龄、身高、体重、训练水平和运动项目等因素影响。我国成年男子的肺活量为3500~4000 mL、女子为2500~3500 mL;若以体重肺活量计算,男子约为每公斤体重62 mL、女子约为每公斤体重 51 mL。超过 40 岁时，随着年龄增长，人的肺活量有逐渐减小的趋势。运动员的肺活量一般大于普通人的，尤其是划船和游泳的运动员可达到 5000 mL 以上。但是，肺活量只代表 1 次呼吸的肺部运动幅度，不能良好地反映呼吸肌的力量和耐力状况，难以显示受试者呼吸功能的动态过程。通过 5 次连续肺活量的测定，可观察其数值的变化趋势。一般来说，若肺活量数值基本保持不变，甚至略有升高者，表明该受试者呼吸肌的力量和耐力好，连续做功能力强；反之，则表示受试者呼吸肌的力量和耐力差，连续做功能力弱。

【思考与讨论】

（1）呼吸通气量受哪些因素影响，有氧耐力运动过程中该如何调整呼吸？

（2）通过"最大肺活量"和"5 次肺活量"两个指标，怎样评价人体的肺功能？其测量方法有何不同？为什么？

实验三　蛙坐骨神经—腓肠肌标本的制备

【实验类别】

验证性实验。

【每组人数】

2～4 人。

【实验目的】

掌握蛙坐骨神经—腓肠肌标本的制备技术，为以后有关实验打下基础。

【实验原理】

两栖类动物的一些基本生命活动和生理功能与温血动物相似，而其离体组织所需的生活条件又比较简单，易于建立、控制和掌握。因此，在实验中常用蟾蜍或蛙的坐骨神经—腓肠肌标本来观察兴奋与兴奋性的一些规律以及骨骼肌的收缩特点等。可以说，蛙坐骨神经—腓肠肌标本的制备是生理实验的一项基本操作技术。

【实验对象】

蟾蜍或蛙。

【实验器材】

两栖类手术器械 1 套（粗剪刀、组织剪、眼科剪、组织镊、眼科镊、刺蛙针、玻璃分针、蛙板、蛙钉）、手术线、蛙尸缸、滴管、平皿、锌铜弓、任氏液。

【实验方法与步骤】

一、破坏脑和脊髓

取蟾蜍1只，用自来水冲洗干净。左手握住蟾蜍，用拇指按压其背部、食指按压其头部前端使蟾蜍头部前俯，右手持刺蛙针在蟾蜍头前缘沿正中线向尾端触划，所触划到的头部后端的凹陷处，即为蟾蜍枕骨大孔所在部位。在此处将刺蛙针垂直刺入蟾蜍皮肤，有突破感后再将刺蛙针折向前经枕骨大孔刺入颅腔，左右搅动捣毁蟾蜍脑组织；然后将刺蛙针回抽至枕骨大孔处，转向后刺入脊椎管，反复提插捣毁蟾蜍脊髓。此时，若蟾蜍的四肢松软、呼吸运动消失，则表示脑和脊髓已完全破坏，否则应按上述方法再行捣毁，如图3-2所示。

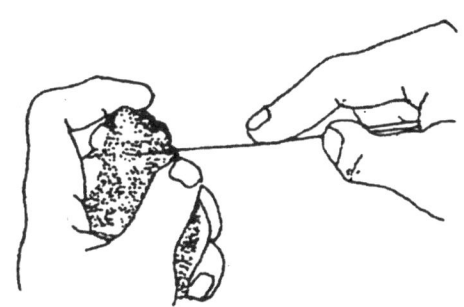

图3-2 破坏蟾蜍的脑和脊髓

二、剪除躯干上部及内脏

用左手在蟾蜍骶髂关节位置将其提起，用粗剪刀于其骶髂关节水平上0.5～1 cm处剪断脊柱，然后将粗剪刀尖向下深入其体腔沿躯干两侧剪开皮肤，使蟾蜍的头、上肢与内脏自然下垂，将其一并剪除弃去，仅留后肢、骶骨、脊柱及紧贴于脊柱两侧的坐骨神经。在整个剪除过程中，应注意勿损伤神经，如图3-3a所示。

三、剥皮

左手用组织镊夹紧或用手直接捏住蟾蜍脊柱断端（注意：不要夹住或接触神经），右手捏住其断端上部的皮肤边缘，用力向下剥掉全部后肢皮肤（图3-3b），将标本放在盛有任氏液的平皿中。将手及用过的粗剪刀、组织镊等全部手术器械洗净，再进行下述步骤。

四、分离两腿

如图3-3c所示,用镊子从背位夹住蟾蜍脊柱并将标本提起,剪去向上突出的骶骨(注意勿损伤坐骨神经),随后沿正中线用粗剪刀将脊柱分为两半,并沿耻骨联合正中剪开两侧大腿,然后将分离的两条腿浸于盛有任氏液的平皿中备用。

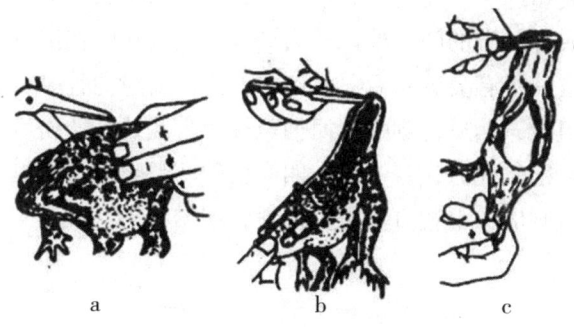

图3-3 剥除蟾蜍的皮肤

五、制作坐骨神经—腓肠肌标本

(1)游离坐骨神经。取一条腿放于蛙板上,用玻璃分针沿脊柱侧游离坐骨神经。将标本背侧向上放置,划开梨状肌群及其附近的结缔组织,循坐骨神经沟(股二头肌及半膜肌之间的裂缝处),找出坐骨神经的大腿部分,再用玻璃分针小心剥离。用玻璃分针将坐骨神经轻轻提起,以眼科剪剪断其所有分支,并将神经一直游离至腘窝为止,用粗剪刀剪下一小段与坐骨神经相连的脊柱,最后将游离出来的干净坐骨神经搭于腓肠肌上。

(2)去除大腿肌肉(图3-4a至图3-4c)。在膝关节周围剪掉全部大腿肌肉并将股骨刮干净,然后在股骨中部剪去上段股骨。

(3)完成坐骨神经—腓肠肌标本(图3-4d、图3-4e)。用眼科剪剪开跟腱腱膜,在跟腱处穿线结扎,并于结扎线远端剪断跟腱。游离腓肠肌至膝关节处,然后沿膝关节将小腿其余部分全部剪掉,这样就制得一个具有附着在股骨上的腓肠肌并带有支配腓肠肌的蛙坐骨神经的标本。

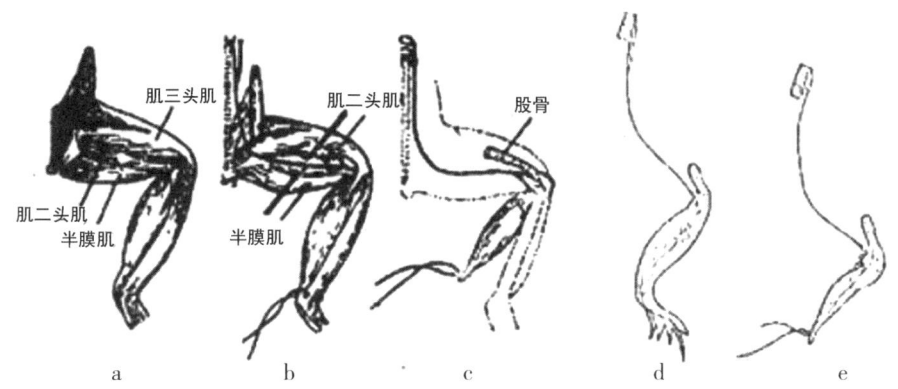

图3-4 蛙坐骨神经—腓肠肌标本的精细制作过程

六、用锌铜弓检查标本

将锌铜弓在任氏液中沾湿后迅速接触坐骨神经，若腓肠肌发生明显而灵敏的收缩，则表示标本的兴奋性良好，即可将标本放在盛有任氏液的平皿中，以保持其兴奋性。

【注意事项】

（1）神经必须用玻璃分针分离，不可用金属镊子提镊神经和腓肠肌，并尽量避免过度牵拉。

（2）结扎跟腱时，线应扎紧，以免在实验过程中滑脱。

（3）制作过程中，应注意避免蟾酥溅入眼内。在破坏蟾蜍脑和脊髓时，不要过分刺激位于其眼睛后方的酥囊，以免蟾酥外溅。若蟾酥不慎溅入眼内，应立即用清水冲洗眼睛数次。

【思考与讨论】

制备的蛙坐骨神经—腓肠肌标本为什么要在任氏液中保存？标本为什么不能用清水冲洗或浸泡？

第二节 综合性实验

实验一 视力、视野及眼肌平衡的测评

【实验类别】

综合性实验。

【每组人数】

2~4 人。

【实验目的】

(1) 学习和掌握使用视力表测定视力的原理与方法。

(2) 学习和掌握视野的测定方法。

(3) 了解眼肌平衡的测评方法。

【实验原理】

(1) 视力的测定原理。能看清楚文字或图形所需要的最小视角是确定人视力的依据。目前我国使用标准对数视力表（远视力表）来检查视力，记录方法是 5 分钟记录法。该视力表有 14 行从大到小的图形。当受试者站在 5 m 的标准检查距离，注视第 11 行时，图形缺口两缘在眼前所成视角为 1 分（图 3-5），视力表规定能看清此行图形的视力为 5.0，并作为正常视力的标准。每行图形左侧的视角值（图 3-5 的 a）为该行图形缺口两缘在 5 m 的标准距离时与眼球所成的视角，如第 5 行图形与眼球所成的视角值 a 为 3.981'，将其代入公式 $L = 5 - \log(a)$ 中，便可算出受试者的视力得分，即 $L = 4.4$。标准对数视力表左侧的设计距离（d）是供改距检查时使用的。当将 5 m 的标准距离改为另外的设计距离时，注意每进 1 个或退 1 个设计距离级，视力就要相应地加 0.1 或减 0.1。例如，当检测距离改为 3.97 m 或 6.30 m，受试者只能看清第 11 行图形时，则其视力应为 5.0 - 0.1 = 4.9 或 5.0 + 0.1 = 5.1。改距法可用于检查低下视力与高强视力。

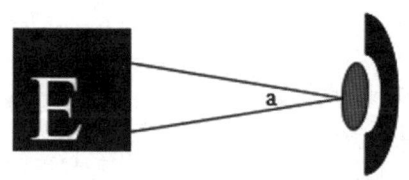

图 3-5 标准对数视力表测试原理

（2）视野的测定原理。视野是指单眼固定注视前方一点时，测试眼余光所能看到的空间范围。视野的大小取决于视网膜中的视杆细胞和视锥细胞的分布情况、人的面部骨骼结构及视野感觉皮层的机能状态。

【实验对象】

学生或运动员。

【实验器材】

标准对数视力表、指示棒、遮眼罩、米尺、视野计、各色（白、红、黄、绿）视标、视野图纸、铅笔、眼肌平衡测定器、立杆。

【实验方法与步骤】

一、视力测定

（1）标准对数视力表挂在光线充足、均匀的墙壁上，表上第10行"E"的高度应与受试者的眼睛在同一水平上。

（2）受试者站在视力表前5 m处，用遮眼罩遮住左眼，右眼看视力表。测试者用指示棒从表的第1行开始，依次指点各符号，受试者按指示棒说出或指出各符号的缺口方向。然后测试者用指示棒依次指向各行，直至受试者完全不能分辨为止。要求每个视标的识别时间不超过5 s，并规定在4.0～4.5各行视标中，每行不能认错1个符号；在4.6～5.0各行视标中，每行不能认错2个符号；在5.1～5.3各行中，每行不能认错3个符号。如超过这一规定，就不用再往下检查，而应按本行的上一行视力值记录视力。

（3）受试者站在视力表前5 m处，用遮眼罩遮住右眼，左眼看视力表，用同样的方法测定其左眼视力。

（4）如受试者对最上一行符号（即视力值为0.1）都无法辨认时，可令受试者向前移动，直至能辨认最上一行符号为止。这时，测量受试者与视力表的距离d（m），并推测其视力为：

$$受试者视力 = \frac{0.1 \times d(m)}{5(m)} \quad (3-1)$$

二、视野测定

（1）将视野计对着光线放好①，先将弧架摆在水平位置，让受试者背光而坐并把下颌放在托颌架上，调整托颌架的高度，使受试眼的眼眶下缘靠在眼眶托

---

① 对于某些具有光源视标的视野计，则应按照仪器说明书的要求，将其放在暗室内。

上，令眼与弧架的中心点位于同一水平面上。遮住另一眼，令受试眼注视弧架的中心点。检测者手持白色视标，将其沿着弧架从周边向中央慢慢移动，并随时询问受试者是否看到视标。当受试者回答看到时，则将视标回移一些再向前移，重复测试一次。若两次测量结果一致，就将受试者刚好看到视标所对应的刻度，结合视野计弧架的角度，在视野图纸上找出相应的点，并做好标记。

（2）将弧架转动45°，重复上述操作步骤。如此继续，弧架每转动45°，则在视野图纸上得出1个点。弧架共转动8个45°就刚好回到了起始点，将此8个点依次连接起来，就可得出受试眼白色视野的范围。

（3）按照相同的操作方法，测定红色、黄色和绿色视野。对在暗室内使用光源视标测定视野者，应注意其光亮视野（此时尚不能认清颜色）和色觉视野是否一致。

（4）依同样的方法，测定另一眼的视野。

三、眼肌平衡测定

第一，测定内外侧隐斜视。

（1）让受试者在距离标尺5 m处站立，面对标尺，目视前方。

（2）受试者一手持杆置于预测眼的前面，立杆的玻璃棒走向要与地面平行。这样被立杆所遮蔽的眼就看不到标尺上的红灯，只能看到由于立杆上的玻璃棒折光的缘故所形成的与地面垂直的一条细红线。

（3）受试者另一只眼睁开，并注视标尺。因为立杆的遮蔽而解除被测眼对抗肌的额外紧张，所以有内外侧隐斜视的人，双眼视轴的平行性就受到破坏，立杆上的红线将发生向右或向左的偏斜。此偏斜是内直肌紧张性过强引起的。只有正视的人，红线才能与灯泡重合。记下纵标尺上红线偏斜的方向和偏离的刻度数。

第二，测定上下隐斜视。测定方法同上，但手持立杆时，应使立杆上的玻璃棒走向与地面垂直，经过折射的光线则成为一条与地面平行的红线。具有上下隐斜视的人会发生向上或向下的偏斜，这种偏斜是因为上直肌或下直肌紧张性过强而引起的。只有正视的人，红线才能与灯泡重合。记下纵标尺上红线偏斜的方向和偏离的刻度数。

【注意事项】

（1）室内光线一定要充足且均匀。

（2）受试者与视力表的距离要测量准确。

（3）用遮眼罩遮眼时，勿压迫眼球，以防影响测试结果。

（4）视野计要对着光线放好，受试者背光而坐。

（5）在测试视野过程中，可让受试者适当休息，避免因眼睛疲劳而影响实验结果。

（6）测试视野时，受试眼一定要固定注视弧架上的中心点，且眼球不得转动，只能用眼睛的余光观察视标。如测试颜色、视野，则必须要看清视标颜色方为有效。

【应用与评价】

视力的高低与视网膜中央凹视锥细胞直径大小、视觉中枢分析能力、眼折光机能、光源情况、图形与背景的对比情况等因素相关，如视力不足5.0，经常由眼折光机能异常而引起。若将对数远视力表与近视力表配合使用，便能检测出近视眼、远视眼、散光眼和老视眼。凡视力小于5.0者为视力低下，小于5.0而大于4.8者为轻度视力低下，视力在4.8～4.6范围者为中度视力低下，视力在4.5以下者为重度视力低下。对于视力低下者，还应使用串镜检查，若正片视力下降而负片视力正常者为近视，反之为远视。

感光细胞在视网膜上的分布会影响人体视野的大小。此外，视野大小还可因视线被面部结构阻挡而受到影响。

在同一光照下，视野大小的顺序为：白色（90°）＞蓝色（50°）＞红色（45°）＞黄色（40°～45°）＞绿色（40°）；颞侧（90°）＞鼻侧（50°）；下侧（60°）＞上侧（50°）。

研究表明，经过训练的运动员，特别是球类运动员的视野范围大于一般人。参加球类运动后，机体的视野可暂时大于运动前，这可能与运动提高其交感神经的兴奋度有关。

【思考与讨论】

（1）请分析影响人的视力、视野和隐斜视的因素。

（2）请讨论和分析视力、视野、隐斜视与人体运动能力的关系。

实验二　人体运动前后心率和动脉血压的测评

【实验类别】

综合性实验。

【每组人数】

4～6人。

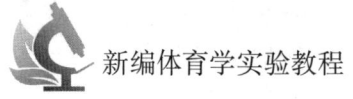

【实验目的】

（1）掌握人体心率与人体动脉血压间接测量的原理和方法。

（2）观察运动对人体心率和血压的影响。

（3）学会使用遥测心率仪器。

【实验原理】

在心脏的舒缩活动中，动脉内压力的变化发生周期性波动，引起大动脉管壁发生搏动，并能以波的形式沿动脉管壁向外周传播，且与心脏的周期性活动一致。因此，用手指触摸到身体浅表部位动脉的脉搏率，一般情况下能代表心率。

人体动脉血压测量采用听诊法，测量部位为上臂肱动脉。将血压计的压脉带充气，通过在动脉外加压，暂时阻断血流，然后根据血管音的变化来测量血压。通常血液在血管内流动时是没有声音的，如果血液流经狭窄处就会形成涡流，并发出声音。当缠缚于上臂的压脉带内充气后压力超过肱动脉收缩压时，肱动脉内的血流完全被阻断，用听诊器在其远端听不到声音。徐徐放气降低压脉带内的压力，当压力低于肱动脉收缩压而高于舒张压时，血液将陆续地流过肱动脉而产生声音，这时在肱动脉远端就能听到动脉音；继续放气，当压脉带内压力等于舒张压时，血流由间断性流动变成连续性流动，使动脉音突然由强变弱或消失。由此可知，从压脉带充气阻断肱动脉血流开始，由无声音到刚听见第一个动脉音时的外加压力相当于收缩压，动脉音突然变弱或消失时的外加压力相当于舒张压。

【实验对象】

学生或运动员。

【实验器材】

秒表、血压计、听诊器、Polar 表、节拍器。

【实验方法与步骤】

一、安静时心率和动脉血压的测定

（一）心率的测定

（1）受试者静坐 5 min。

（2）测安静时心率。①测试者以食指、中指、无名指轻压在受试者一侧手腕部的桡动脉处。②以 10 s 为单位，连续测 3 个 10 s 的脉搏，并做好记录。若其中有 2 次相同，并与另一次相差不超过 1 次，表明该受试者处于相对安静状态。否则，令其适当休息后，继续测量，直至符合上述要求。③确定受试者处于相对安静状态后,测量其 30 s 脉搏,乘以 2,即该受试者安静时脉搏,用它可代表安静时的心率。

（二）动脉血压的测定

（1）认识水银柱式血压计的结构。水银柱式血压计由测压计、压脉带、橡皮充气球三部分组成。

（2）测安静时的血压。①令受试者静坐 5 min 以上,脱去右臂衣袖（避免因袖口过紧而影响血液循环）。②打开水银柱开关。③松开血压计橡皮球螺丝,排出压脉带内残留气体,再旋紧螺丝。④令受试者将前臂平放于桌上,与心脏在同一水平位,手掌向上。将压脉带缠在该上臂,其下缘至少在肘关节上 2 cm,压脉带的松紧应以能插入一根手指为宜。⑤将听诊器耳件塞入外耳道,其弯曲方向与外耳道一致,即略向前弯曲。⑥在肘窝内侧先用手指触及肱动脉脉搏,将听诊器胸件放在其上。⑦测量收缩压。用橡皮球将空气打入压脉带内,使测压计中水银柱逐步上升到听诊器听不到脉搏音后,继续打气使水银柱再上升 20～30 mmHg（即到达 140～160 mmHg 处）。随即松开橡皮球螺丝,连续放气,减低压脉带内压力,控制水银柱缓慢下降的同时仔细听诊。当开始听到"砰、砰"的动脉音时,测压计上的水银柱刻度即为收缩压。⑧测量舒张压。继续缓慢放气,动脉音先由低到高,然后由高变低,最后完全消失。在动脉音突然变弱的瞬间,测压计上的水银柱刻度即为舒张压。

二、固定负荷运动后心率和血压的测量

一般来说,在人体机能评价中,选取固定的运动负荷量进行心率和血压的测量并在不同受试者之间进行对比分析,可以取得较好的结果。比如,运动方式可以采取蹬台阶,固定台阶高度（30～40 cm 较好）,蹬台阶频率为 35 次/min,运动持续时间 10 min,按节拍器频率进行运动。

（1）每个小组做好人员分工,确定受试者、血压测量者、脉率测试者和时长记录者。

（2）按照安静时心率和动脉血压的测定方法,测量受试者安静状态下的脉率和血压,并将结果记录在表 3-6 中。

（3）让受试者按照预定的要求进行运动,其余成员各司其职,完成监督和各项指标的测量工作。

（4）分别测量受试者运动后即刻、2 min、4 min、6 min 的心率和动脉血压,并将结果记录在表 3-6 中。

表 3-6 运动前、后脉率和血压的变化

项目	运动前	运动后			
		即刻	2 min	4 min	6 min
脉率（次/min）					
血压（mmHg）					

【注意事项】

（1）受试者蹬台阶的频率要与节拍器的节律同步，并规范蹬台阶动作。

（2）受试者运动时，可不取下缠缚在上臂的压脉带，可将其与血压计分离，让受试者握住与压脉带相连的橡皮管接头和气囊，以便运动后能马上测量血压，获得更准确的实验数据。

（3）由于运动后即刻的心率和血压测量均要求在 1 min 内完成，故要求测试者能熟练地进行相关指标的测量。尤其是血压测量者更应熟悉血压计的使用，并熟练掌握动脉血压的测量方法。

（4）血压测量时，要求保持环境安静，受试者应脱去衣袖，以免因袖口过紧而影响血液循环。

【应用与评价】

（1）测定安静时和运动后恢复期的心率，可用于评定身体机能状态、确定运动强度，间接测定最大吸氧量、最大心率、无氧阈值和运动后机体恢复状态。

（2）测量血压是临床上常用的诊断心血管疾病及其他疾病对心血管功能影响的方法，亦用于评价正常人的心血管状况。运动后血压测量，可用于观察心血管机能的恢复和推测运动负荷量。

（3）一般来说，运动后收缩压都会有一定程度的升高，而舒张压则可能升高、不变或降低。因此，用脉压作为运动后机能恢复的评价指标会更加恰当。脉压又称"脉搏压"，是指收缩压与舒张压之间的差值，正常范围是 30 ~ 40 mmHg。若其大于 60 mmHg，则称为脉压增大；若其小于 20 mmHg，则称为脉压减小。

（4）运动后，若收缩压上升和舒张压下降明显，且恢复较快，则表明身体机能良好；若收缩压明显上升、舒张压亦上升或血压反应与刺激强度不一致，恢复时间延长，则说明身体机能状况不佳。

【思考与讨论】

（1）人体安静时心率和血压的正常值是多少？

（2）将运动前、后脉率和血压的测量结果填入表 3-6，并分析运动对血压

和心率的影响。

（3）测量血压时，对压脉带的使用有何要求？

（4）分析当心率加快时，脉压会有什么变化？

实验三　人体心电图运动负荷试验及测评

【实验类别】

综合性实验。

【每组人数】

2～4人。

【实验目的】

（1）了解心电图的主要波形，掌握人体心脏运动过程中心电图的主要波形特点。

（2）掌握人体心电图运动试验的测试方法，并能对受试者的心脏功能进行评价。

【实验原理】

正常人心脏由窦房结发出兴奋，并按一定的途径和时程，将兴奋依次传向心房和心室，引起整个心脏的兴奋。因此，在每一个心动周期中，心脏各部分兴奋过程中出现的电变化的方向、途径、次序和时长都有一定的规律性。这种生物电变化通过心脏周围的导电组织和体液，传导到身体表面，使身体表面也随心动周期发生有规律的电变化。将测量电极置于人体表面的相应部位，通过心电图机记录出来的心脏电变化曲线即为目前临床上常规记录的心电图（electrocardiogram，ECG）。根据电极所放置的位置和导线的连接不同，所测得的心电图波形也不一样。心电图反映心脏兴奋的产生、传导和恢复过程中的生物电变化。在心脏发生病变时，它的电活动亦发生改变，所以心电图成为临床常用的诊断方法。

在生理情况下，由于运动时肌肉组织的需氧量增加，为满足这部分增加的需求，心率相应加快，心排出量增高，冠状动脉血流量增加；而心脏做功增加必然伴有心肌耗氧量的增加。当冠状动脉存在非重度狭窄时，患者在静息状态下通常不会发生心肌缺血；但当运动负荷增加伴随心肌耗氧量增加时，冠状动脉血流量不能满足相应需求，因而引起心肌缺氧、缺血，心电图也出现异常改变。

心电图运动负荷试验，是通过一定量的运动增加心脏负荷，观察心电图变化，对已知或怀疑患有心血管疾病，尤其是冠状动脉粥样硬化性心脏病（冠心病）进行临床评估的方法。与冠状动脉造影相比，虽然该试验有一定比例的假阳性与假阴性，但由于其简便实用、费用低廉、无创伤、符合生理情况、相对安全，因而被公认为是一项重要的临床心血管疾病检查手段。该试验可用于多方面：对不典型胸痛或可疑冠心病患者进行鉴别诊断，对已知或可疑冠心病患者的严重程度、危险性、心脏负荷能力和预后的评价，对急性心肌梗死患者出院前做预后评估和制订运动处方，对冠心病的药物或介入手术治疗效果评价，对冠心病易患人群流行病学调查筛选试验。

【实验对象】

学生或运动员。

【实验器材】

心电图机、导电膏、酒精、消毒棉球、量规、镊子、秒表、节拍器、功率自行车或运动平板、血压计或心电检测系统。

【实验步骤】

一、安静状态下心电图的测定

（一）准备阶段

（1）接好心电图机的电源线、地线和导联线。

（2）让受试者安静、舒适地平卧在检查床上，肌肉放松。

（3）在受试者前臂屈侧腕关节上方及内踝上方安放引导电极。安放电极前，先用酒精棉球在将要放置电极的部位的皮肤擦净（可改善皮肤的导电性，使心电图曲线光滑）。

（4）按电极颜色接好导联线：红色—右手（RA），黄色—左手（LA），绿色或蓝色—左足（LL），黑色—右足（RL）。

（5）开启心电图机的电源开关（POWER），把电源选择钮（CHG，DC，AC）拨到"AC"位置，使"LINE"指示灯亮。选择灵敏度调节按钮（SENSITIVITY）置于"1"，将走纸速度按钮（PAPER SPEED）置于"25 mm/s"，"开始、调节和停止"按钮（START，CHECK，STOP）选择"调节"。按动导联选择按钮（LEAD SELECTOR），使导联指示灯在"Ⅱ"导联闪亮。调节基线移位滚轮，使描笔位于走纸的中间。

（二）实验阶段

"开始、调节和停止"按钮（START，CHECK，STOP）选择"开始"。按动1 mV定标按钮，1 mV标准信号应使描笔上移10小格。记录Ⅱ导联的心电图波形。使用导联选择按钮（LEAD SELECTOR），可以更换导联，记录不同导联的心电图。

下面以Ⅱ导联某一完整波形为例进行分析与说明（图3-6）。

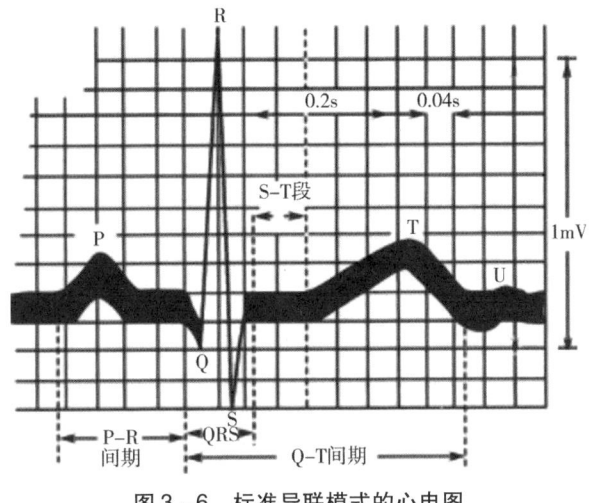

图3-6 标准导联模式的心电图

（1）辨认P波、QRS波群、T波、R-R间期、P-R间期、S-T段及Q-T间期。

（2）测量Ⅱ导联中上述各波段时程。心电图的纸速一般采用25 mm/s，即心电图纸上横坐标每一小格（1 mm）代表0.04 s。

（3）测量Ⅱ导联中各波的幅度：心电图纸上纵坐标每一小格代表0.1 mV。凡向上的波形，其波幅应从基线的上缘测量至波峰的顶点。凡向下的波形，其波幅从基线的下缘测量至波谷的底点。

（4）按照式（3-2）计算心率：

$$心率 = 60 \div (\text{P-P间期或R-R间期}) \quad (次/\min) \qquad (3-2)$$

（5）根据P波决定基本心律，判定心律是否规则、有无期前收缩或异位节律、有无窦性心律不齐等。

二、人体心电图运动负荷试验

（一）明确人体心电图运动符合试验的禁忌证

（1）绝对禁忌证。①急性心肌梗死（2天内）；②高危的不稳定型心绞痛；③未控制的伴有临床症状或血流动力学障碍的心律失常；④有症状的严重主动脉狭窄；⑤临床未控制的心力衰竭；⑥急性心肌炎或心包炎；⑦急性主动脉夹层分离；⑧急性肺栓塞或肺梗死；⑨急性非心脏性功能失调影响运动试验或被运动试验加剧；⑩躯体障碍影响安全性或运动量。

(2) 相对禁忌证。①冠状动脉左主干狭窄；②中度狭窄的瓣膜性心脏病；③血清电解质紊乱；④严重高血压（收缩压 > 200 mmHg 和/或舒张压 > 110 mmHg）；⑤快速性心律失常或缓慢性心律失常；⑥肥厚型心肌病或其他流出道梗阻性心脏病；⑦高度房室传导阻滞；⑧精神或体力障碍而不能进行运动试验。

（二）运动形式选择

（1）平板运动试验。它是目前应用最广泛的运动负荷试验方法。让患者在类似跑步机的平板上走动，根据所选择的运动方案，仪器自动调整平板的速度及坡度以调节运动负荷量，直到患者心率达到亚极量负荷水平，分析运动前、运动中、运动后的心电图变化以判断结果。

（2）功率自行车运动试验。在功率自行车上做踏车运动，以蹬踏的速度和阻力调节运动负荷大小。在运动前、运动中及运动后多次进行心电图记录，并进行分析和判断。这种方法的主要优点是可以根据受试者的个人情况，达到相应的亚极量负荷水平。此外，该方法还可用于部分不适宜进行平板运动试验的患者，如患有关节炎、外周血栓性疾病者。

（三）运动负荷量的确定

运动负荷量分为极量与亚极量两档。极量是指心率达到受试者的生理极限的负荷量。这种极量负荷量大多采用统计所得的各年龄组的预计最大心率为指标。最大心率粗略计算法为"220 - 年龄数"；亚极量是指心率达到 85% ～ 90% 最大心率的负荷量，大多采用亚极量运动试验。

表 3 - 7 是以 Bruce 运动方案为例的运动负荷变化。

表 3 - 7 Bruce 运动方案

分级	运动平板转速（mp/h）	人体运动速度（km/h）	运动平板坡度（%）	代谢当量（METs）	运动持续时间（min）
1	1.7	2.7	10	4	3
2	2.5	4.0	12	7	6
3	3.4	5.4	14	9	9
4	4.2	6.8	16	13	12
5	5.0	8.0	18	16	15
6	5.5	8.8	20	19	18
7	6.0	9.6	22	22	21

（四）心电监测

首先使用心电图及血压计测量试验者安静状态下的指标，然后在运动中实时监测试验者的心电变化和血压变化并持续至运动结束后至少 6 min；最好全程使用 12 导的运动心电监测分析系统。运动中通过监视器对心率、心律及 ST – T 改变进行监测，并按预定的方案每 3 min 记录心电图和测量血压 1 次。在达到预期亚极量负荷后，使预期最大心率保持 1～2 min 再终止运动。运动终止后，每 2 min 记录 1 次心电图，一般至少观察 6 min。如果 6 min 后 ST 段缺血性改变仍未恢复到运动前图形，则应继续观察至恢复。

（五）终止运动试验的指征

试验过程中，应注意观察受试者有无心绞痛、呼吸困难、疲劳、苍白、皮肤湿冷、跛行及下肢关节疼痛。必要时应及时终止试验。

（1）终止试验的绝对指征。①ST 段抬高 ≥ 1.0 mm；②收缩压下降 > 10 mmHg，并伴有其他心肌缺血征象；③中重度心绞痛；④逐渐加重的神经系统症状（如共济失调、眩晕或晕厥前期）；⑤低灌注体征（发绀或苍白）；⑥持续性室性心动过速；⑦因操作障碍而难以监测心电图或血压；⑧受试者要求终止运动。

（2）终止试验的相对指征。①ST 段或 QRS 波群改变，如 ST 段水平型或下垂型压低 > 2 mm 或有明显的电轴偏移；②收缩压下降 > 10 mmHg，但不伴有其他心肌缺血征象；③胸痛加重；④乏力、呼吸困难、下肢痉挛或跛行；⑤除持续性室性心动过速以外的心律失常，包括多源性室性期前收缩、短阵室性心动过速、室上性心动过速、传导阻滞等缓慢性心律失常；⑥反应性高血压（无明显症状，但收缩压 > 250 mmHg 和/或舒张压 > 115 mmHg）；⑦面容的变化，如湿冷或发绀。

【应用与评价】

普通心电图是诊断心脏疾病的常规检查，在运动医学上作为身体机能状态及疲劳的辅助诊断。

通过分析心电图运动负荷试验者的运动能力、临床症状、血流动力学和心电图的变化，辨识其阳性心电图表现（ST 段压低和抬高——J 点后 60～80 m 的 ST 段水平型下垂型压低或抬高是否≥1 mm，并持续 2 分钟以上；上斜型 ST 段压低应考虑为临界状态或阴性结果），是临床诊断冠心病的重要检查方法之一，亦作为评估心功能和体力活动能力及制订运动处方的依据之一。

【注意事项】

（1）确保电极连接正确，并保证所有电极和导电部分不能与其他导体或地线相连。

（2）选取心电图时，务必有完整的波形才可选取。

（3）心电测量时，周围环境要保持绝对安静，以避免受到各种噪音的干扰。

（4）进行运动试验时，受试者要避免过饱或过饥，一般应在餐后 2～4 h 内进行；试验前 2 h 内不能吸烟和饮酒；试验前 1 天不能服用会影响试验结果的药物，如硝酸甘油、咖啡因、麻黄素、普萘洛尔等。

（5）心电图运动负荷试验应在训练有素的内科医生监护下进行，试验中需严密观察受试者的反应，及时预防和阻止意外事件的发生。一旦发生不良反应，应立即终止试验。

（6）评定结果时，应注意对比受试者运动前、后心电图的变化。

【思考与讨论】

（1）根据所描记的心电图波形，对心率、心律、波幅等参数进行说明。

（2）请对比运动前后的心电图发生了哪些改变？其生理意义是什么？

实验四　PWC_{170} 和最大摄氧量的测评

【实验类别】

综合性实验。

【每组人数】

2～4 人。

【实验目的】

（1）了解 PWC_{170}（physical work capacity at heart rate 170 beat per minute）的测定原理及评价意义，掌握 PWC_{170} 的测定和评价方法，并能应用于体育运动实践。

（2）了解和掌握最大摄氧量的间接测定法，并用于机体有氧能力的评价。

（3）了解 PWC_{170} 和最大摄氧量两个指标之间的关联。

【实验原理】

PWC_{170} 机能实验是指受试者在定量负荷中，心率为 170 次/min 时的稳定状态下，单位时间内所做的功（W）。它反映了机体的工作能力，尤其是有氧耐力水平，根据其功率的大小，还可评价人体心血管机能水平。

人体在进行有大量肌肉参加的长时间激烈运动中，心肺功能和肌肉利用氧的能力达到本人极限水平时，单位时间所能摄取的最大氧气量称为最大摄氧量（VO_{2max}），通常以每分钟为计算单位。最大摄氧量反映机体氧运输系统的工作能力，是评价人体有氧工作能力的重要指标之一。

由于运动过程中心率和功率在一定的负荷范围内（相当于心率在 120～180 次/min 之间）呈直线关系，故可依据这一相关关系对 PWC_{170} 进行间接测定。令受试者完成 2 次或 2 次以上不同负荷的运动，使第 1 次负荷的心率达到 120 次/min 左右，使第 2 次负荷的心率尽可能接近 170 次/min。通过 2 次负荷的功率以及负荷后的心率，可以推算出心率为 170 次/min 时，机体所做的功。

最大摄氧量的测定方法分为直接测定法和间接测定法。直接测定法需要使用昂贵的实验仪器，且需进行激烈的运动，对于体弱者和中老年人比较危险。可采用小于测定最大摄氧量所需要的运动强度，推测出受试者的最大摄氧量，此种方法称为最大摄氧量的间接测定法。

【实验器材】

台阶（33 cm、40 cm）、秒表、节拍器、计算器、体重秤、839E 功率自行车。

【实验方法与步骤】

一、PWC_{170} 的测定（台阶试验法①）

（一）测定

（1）受试者称体重（脱去厚外衣），并静坐 5 min。

（2）第 1 次负荷：受试者以 22.5 次/min 的频率，上下 33 cm 高的台阶，共运动 5 min，测运动后即刻 10 秒的心率，再换算成一分钟心率 f_1（注：上下台阶 4 步为一次，步骤为"左腿上—右腿上—左腿下—右腿下"）。

（3）第 2 次负荷：完成第 1 次负荷后休息 3 min，进行第 2 次负荷运动，频率为 22.5 次/min，台阶高度为 40 cm，其他同第 1 次负荷，测得心率为 f_2。

（二）结果记录

将两次负荷心率的测量结果记录在表 3-8 中，PWC_{170} 测定台阶上下次数和时间记录在表 3-9 中。

---

① 两次负荷中所选用的每分钟上下台阶频率和台阶高度均可以根据实际情况做适当调整，只要确保受试者的 f_1 和 f_2 在 120～180 次/min 范围内，且 $f_1 < f_2$ 即可。

表 3-8　心率测量结果

单位：mL

项目	第 1 次负荷心率（f_1）	第 2 次负荷心率（f_2）
受试者		

表 3-9　PWC_{170} 测定台阶上下次数和时间

单位：次/min

项目	第 1 次负荷 33 cm 台阶		第 2 次负荷 40 cm 台阶		PWC_{170} 的值	推测最大摄氧量
	上下台阶次数	上下台阶时间	上下台阶次数	上下台阶时间		
受试者						

（三）计算

（1）将有关数据代入式（3-3），分别计算两次负荷的功率 W_1 和 W_2：

$$W = p \times h \times \frac{n}{t} \times \left(1 + \frac{1}{3}\right) \quad (3-3)$$

式中，W 为功率（kg·m/min），p 为体重（kg），h 为台阶高度（m），n 为上下台阶的总次数（次），t 为上下台阶总时间（min）。

例如，受试者体重为 50 kg，台阶高度为 0.33 m，上下台阶总次数为 140 次，上下台阶总时间为 5 min，则其功率为：

$$W = 50 \times 0.33 \times \frac{140}{5} \times \left(1 + \frac{1}{3}\right) = 616 \text{（kg·m/min）}$$

（2）将 W_1、W_2、f_1 和 f_2 代入式（3-4），计算 PWC_{170}：

$$PWC_{170} = W_1 + \left[(W_2 - W_1) \times \frac{170 - f_1}{f_2 - f_1}\right] \text{（kg·m/min）} \quad (3-4)$$

（3）我国部分运动项目优秀运动员的 PWC_{170} 值，参见表 3-10。

表3-10 我国部分运动项目优秀运动员PWC$_{170}$值

单位：kg·m/min

运动项目	PWC$_{170}$	
	男性	女性
篮球	1795±67	1359±59
足球	1670±40	1344±42
中长跑	1596±46	1090±25
短跑	1433±35	985±34
普通人	1063±24	638±37

二、推测最大摄氧量的方法

（一）公式法推算

将上述计算出来的PWC$_{170}$绝对值代入下式，可推算出个人的最大摄氧量：

$$运动员\ VO_{2max} = 2.2\ PWC_{170} + 1070 (mL/min) \quad (3-5)$$

$$普通人\ VO_{2max} = 1.7\ PWC_{170} + 1240 (mL/min) \quad (3-6)$$

（二）使用 Astrand-Ryhming 列线图法推测

男受试者在40 cm 高的台阶上，女受试者在33 cm 的台阶上，均以22.5 次/min 的频率做上下台阶运动，连续5 min，测定受试者运动结束后第1个10 s 的心率。该心率数值乘以6，作为恢复期第1 min 的心率。在列线图（图3-7）上把受试者的体重标点和运动后第1 min 的心率标点连成虚线。该虚线与列线图中间斜线相交的点，即为该受试者的最大摄氧量值。

例如，某青年女子的体重为61 kg，台阶测试后第1 min 的心率为156 次/min，在列线图上连接上述2点，读出中间斜线相交点上的数值，则该女子最大摄氧量为2.4 L/min。

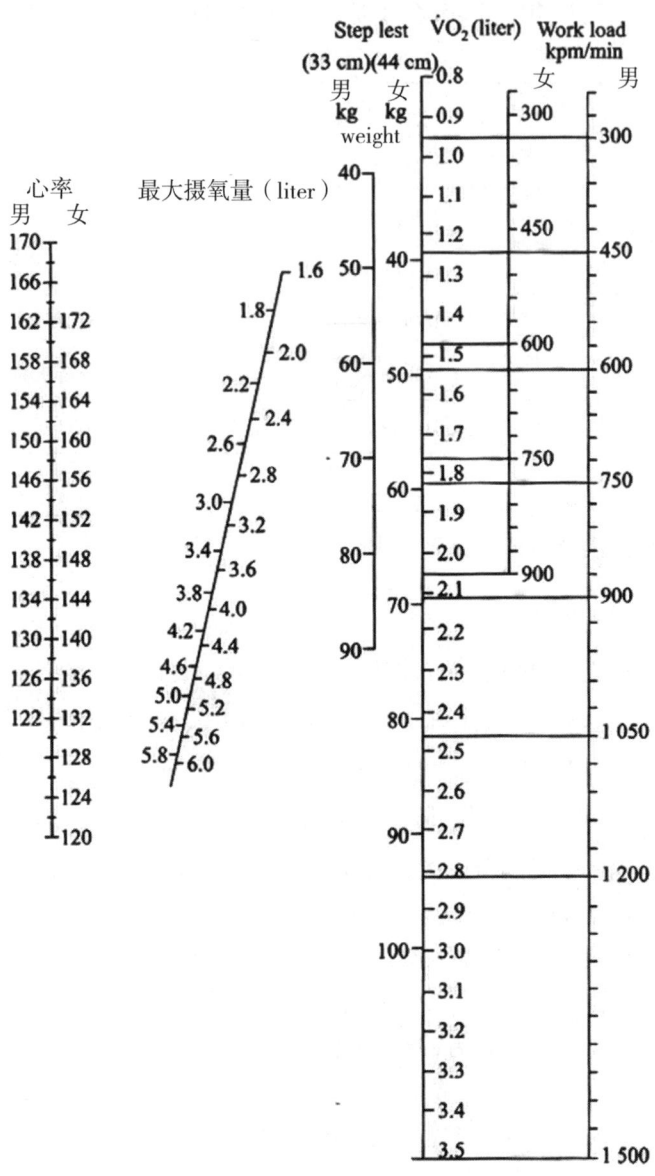

图 3-7 Astrand-Ryhming 列线图

此外，还可以根据最大摄氧量乘以年龄修正系数（表 3-11）来推算出不同年龄受试者的最大摄氧量值。

表3-11 最大摄氧量推测值修正系数

年龄（岁）	系数	最高心率（次/min）	系数
15	1.10	210	1.12
25	1.00	200	1.00
35	0.87	190	0.93
40	0.83	180	0.83
45	0.78	170	0.75
50	0.75	160	0.69
55	0.71	150	0.64
60	0.68	—	—
65	0.65	—	—

接着，按照上述最大摄氧量除以体重，依据表3-12评价受试者的有氧耐力水平。

表3-12 Astrand 最大摄氧量等级

性别	年龄（岁）	最大摄氧量（L/min，mL/kg·min）				
		（≤）差	较差	一般	好	（≥）优秀
男	20～29	2.79	2.80～3.09	3.10～3.69	3.70～3.99	4.00
		38	39～43	44～51	52～56	57
	30～39	2.49	2.50～2.79	2.80～3.39	3.40～3.69	3.70
		34	35～39	40～47	48～51	52
	40～49	2.19	2.20～2.49	2.50～3.09	3.10～3.39	3.40
		30	31～35	36～43	44～47	48
	50～59	1.89	1.90～2.19	2.20～2.79	2.80～3.09	3.10
		25	26～31	32～39	40～43	44
	60～69	1.59	1.60～1.89	1.90～2.49	2.50～2.79	2.80
		21	22～26	27～35	36～39	40
女	20～29	1.69	1.70～1.99	2.00～2.40	2.50～2.79	2.80
		28	29～34	35～43	44～48	49
	30～39	1.59	1.60～1.89	1.90～2.39	2.30～2.69	2.70
		27	28～33	34～41	42～47	48

续表 3-12

性别	年龄（岁）	最大摄氧量（L/min, mL/kg·min）				
		（≤）差	较差	一般	好	（≥）优秀
女	40～49	1.49	1.50～1.79	1.80～2.29	2.30～2.59	2.60
		25	26～31	32～40	41～45	46
	50～69	1.29	1.30～1.59	1.60～2.09	2.10～2.39	2.40
		21	22～28	29～36	37～41	42

（三）Monark 839E 功率自行车 Astrand 运动程序法推测

Astrand 运动程序是使受试者在亚极量负荷强度下运动，以测定最大摄氧量和稳定心率，让工作负荷加上实测的心率与预测值比较，再进行年龄和性别校正，从而可算出最大摄氧量。该程序有 9 级负荷可用于评定受试者。男子的工作负荷从 300 kpm/min 到 1500 kpm/min，每级增加 150 kpm/min；女子的工作负荷从 300 kpm/min 到 900 kpm/min，每级增加 75 kpm/min。

在实验的最初 2 min，用手动的方式选择合适的运动负荷，要令受试者的稳定心率在 120 次/min 以上。在每一级运动负荷期间，当受试者的心率变化小于 4 次/min 时，增加其运动负荷，直至在运动的第 6 min 末，受试者的心率波动稳定在 4 次/min 之内。记录运动的工作负荷和测得的心率值，通过表 3-11 进行系数校正，在表 3-12 中查出受试者的最大摄氧量。

注意，受试者应衣着宽松、穿运动鞋；测试前，先调节自行车的座高和脚踏扣带，令受试者一只脚的脚蹬在最低位置时，另一只脚掌踩在脚蹬后，膝关节能略微屈曲；随后，让受试者做 3～5 min 的准备活动，当心率恢复至 100 次/min 时，方才开始正式测试。在测试过程中，受试者最后的心率必须在表 3-13 的对应范围内，否则该运动程序将显示错误。

表 3-13　839E 功率自行车 Astrand 运动程序的运动负荷与心率范围

男子			女子		
运动负荷（kpm/min）	心率范围（次/min）		运动负荷（kpm/min）	心率范围（次/min）	
	最低	最高		最低	最高
300	118	140	300	118	148
450	118	160	375	118	158
600	118	170	450	118	158

续表 3-13

男子			女子		
750	118	170	525	118	170
900	118	170	600	120	170
1050	120	170	675	120	170
1200	120	170	750	120	170
1350	124	170	825	120	170
1500	130	170	900	128	170

【注意事项】

（1）在测定 PWC_{170} 时，要注意心率和功率在一定的负荷范围内（相当于心率在 120～180 次/min 之间）才为线性关系，因此第 1 次负荷的心率必须超过 120 次/min，而第 2 次负荷的心率不能超过 180 次/min。

（2）在测定 PWC_{170} 时，蹬台阶应尽量按照节拍器节奏运动，且记录蹬台阶总次数 n。

（3）测试者应密切注意受试者在运动中的反应并保护其安全。如受试者主观感觉不适时，也可举手示意，这时测试者应令受试者立即停止运动。

【应用与评价】

PWC_{170} 是机能评价中一种常用的亚极量负荷实验。一般来说，心率在 170 次/min 时，呼吸系统和循环系统的机能相互适应。在正常情况下，心脏容积越大，在心率为 170 次/min 时所完成的功率就越大，故 PWC_{170} 能间接反映心脏的容积和射血能力。对于中长跑运动员和超长跑的耐力运动员，PWC_{170} 具有特殊的意义。PWC_{170} 越大，说明身体机能越好，耐力素质越高，运动成绩就越好。所以，PWC_{170} 实验可作为评定运动员的身体工作能力、选拔运动员特别是耐力运动员的参考指标。

最大摄氧量是有氧耐力的基础，其值越大，机体有氧耐力水平越高。所以，最大摄氧量可作为有氧工作能力的评价和耐力运动员的选材依据。

【思考与讨论】

（1）使用 PWC_{170} 推算的最大摄氧量与使用间接测定法测定的最大摄氧量是否具有差别？

（2）试分析 PWC_{170} 和最大摄氧量两个生理指标的共性与异性。

实验五　肌肉力量的测评

【实验类别】

综合性实验。

【每组人数】

4~6人。

【实验目的】

掌握动力性力量（等张收缩）的测试与评价的原理和方法。

【实验原理】

机体神经肌肉系统在工作时克服或对抗阻力的能力称为肌肉力量。力量是肌肉紧张或收缩时所表现的一种机能能力，通常以肌肉收缩时所做的功或功率来表示。肌肉力量是实现各种身体活动和提高运动成绩的基础，也是制约和影响速度、耐力、灵敏等素质的重要因素。

肌肉力量分为静力性力量（肌肉等长收缩时所产生的力量）及动力性力量（肌肉等张收缩时所产生的力量）。以肌肉快速收缩的形式所表现的动力性力量，亦称"爆发力"；肌肉持续工作的能力，称为"肌肉耐力"。

肌肉力量特指肌肉收缩克服和对抗最大阻力，实现肌肉活动的能力。根据肌肉收缩过程中肌肉长度-张力变化的关系，肌肉力量通常采用等长、等张和等速3种方法进行测试，其实质是指肌肉在完成最大等长、等张和等速收缩过程中的最大抗阻能力，可以使用不同的仪器来测定。

【实验器材】

深蹲训练架、卧推练习架、杠铃、体重计。

【实验方法与步骤】

一、直接法测定 1 RM[①]

（1）来到健身房，以小组为单位分配好器材，各小组熟悉相关器械。

（2）受试者进行有氧运动热身和拉伸 5 分钟。

（3）采用空杆进行测试动作（如测卧推的 1 RM，则使用卧推动作）的热身，空杆条件下做 10 次。

---

① 1 RM 为最大重复量（one-repetition maximum），是一个用于衡量力量训练中最大负荷的指标。

（4）在受试者预测能力范围内选择最初的重量，可采用50%～70%最大力量（适用于平时有力量锻炼习惯的受试者）；也可以采用自身体重进行预估，男生的初次重量为60%的自身体重，女生的初次重量为50%的自身体重（适用于平时没有力量锻炼习惯的受试者）。

（5）根据第1次举起的重量和个体感受，决定第2次试举的重量：如能完成前一次的试举，则往上加重量；如不能完成前一次的试举，则往下减重量。一般来说，男子每次增加重量的幅度不要超过5 kg，女子每次增加重量的幅度不要超过2.5 kg。

（6）再根据上一次举起的重量和个体感受，决定第3次试举的重量。要求两次测试之间的休息时长为3～5分钟，在4～5次测试中，获得受试者的1 RM绝对值（只能成功举起一次的重量）。

（7）记录最后成功举起1 RM重量的绝对值，并除以个人体重（kg）计算相对值，查表3-14进行评价。

表3-14 部分等张肌肉力量的评价标准

性别	屈臂	杠铃上举	仰卧蹬腿	半蹲起	俯卧屈膝	评价等级
男	0.65以上	1.00以上	1.30以上	1.85以上	0.65以上	优秀
	0.55～0.64	0.90～0.99	1.15～1.29	1.65～1.84	0.55～0.64	良好
	0.45～0.54	0.75～0.89	1.00～1.14	1.30～1.64	0.45～0.54	一般
	0.35～0.44	0.60～0.74	0.83～0.99	1.00～1.29	0.35～0.44	较差
	0.34以下	0.59以下	0.82以下	0.99以下	0.34以下	很差
女	0.45以上	0.50以上	0.85以上	1.45以上	0.55以上	优秀
	0.38～0.44	0.42～0.49	0.70～0.84	1.30～1.44	0.50～0.54	良好
	0.32～0.37	0.32～0.41	0.60～0.69	1.00～1.29	0.40～0.49	一般
	0.25～0.31	0.25～0.31	0.50～0.59	0.80～0.99	0.30～0.39	较差
	0.24以下	0.24以下	0.49以下	0.79以下	0.29以下	很差

二、用亚极量负荷法推测1 RM

（1）来到健身房，以小组为单位分配好器材，各小组熟悉相关器械。

（2）受试者进行有氧运动热身和拉伸5分钟。

（3）采用空杆进行测试动作（如测卧推的 1 RM，则使用卧推动作）的热身，空杆条件下做 10 次。

（4）在受试者预测能力范围内选择最初的重量，可采用 50%～70% 最大力量（适用于平时有力量锻炼习惯的受试者）；也可以采用自身体重进行预估，男子的初次重量为 60% 的自身体重，女子的初次重量为 50% 的自身体重（适用于平时没有力量锻炼习惯的受试者）。

（5）求出受试者在该负荷下能重复的最大次数。根据最大重复次数，从表 3-15 中查找其对应的除数，并用该负荷除以对应的除数，推测出相应的 1 RM 重量。

（6）计算出 1 RM 重量的绝对值，并除以个人体重（kg）计算相对值，查表 3-14 进行评价。

表 3-15 以最大重复次数的肌力练习推测最大绝对力量

最大重复次数	除数	最大重复次数	除数
2	0.96	14	0.72
3	0.94	15	0.70
4	0.92	16	0.68
5	0.90	17	0.66
6	0.88	18	0.64
7	0.86	19	0.62
8	0.84	20	0.60
9	0.82	21	0.58
10	0.80	22	0.56
11	0.78	23	0.54
12	0.76	24	0.52
13	0.74	25	0.50

三、实验记录

将卧推、深蹲、平板撑的测量结果分别记录在表 3-16、表 3-17、表 3-18 中。

第三章 运动机能测量与评定

表3–16 卧推测量记录表

单位：kg/次

受试者	第1次测试	第2次测试	第3次测试	最好成绩

表3–17 深蹲测量记录表

单位：kg/次

受试者	第1次测试	第2次测试	第3次测试	最好成绩

表3–18 平板撑测量记录表

单位：s

受试者	第1次测试	第2次测试	第3次测试	最好成绩

【注意事项】

（1）实验前，做好充分的准备活动；实验过程中，做好保护工作，避免受伤。

（2）由于测量时的姿势和动作会影响成绩，因此无论采用哪种测量方法，都应严格按要求进行，切莫在发挥肌力时以反作用力改变姿势。

（3）循序渐进，切忌盲目攀比。

（4）测定时，测试者可为受试者喊"加油"等鼓励信号，而受试者自己也可发出吼叫声，这样可测得近似的最大力量。

（5）平常有力量训练习惯者，可使用直接法进行测定1 RM；平常很少进行力量锻炼者，则采用亚极量负荷法推测1 RM。

【应用与评价】

肌肉力量作为人体运动能力的最重要组成部分，其大小和变化对增进人体健康、运动员创造优异成绩有着极为重要的作用，而如何检测与评价人体肌肉力量则是掌握肌肉力量现状、评价力量训练效果和发挥肌肉力量作用的关键环节。目前，肌肉力量的检测与评价被广泛应用到竞技体育、康复医学、运动医学和人机工程学等领域，主要用于了解运动员肌肉力量的水平、患者伤残与患病肢体的运动功能以及正常人体肌肉力量水平等。

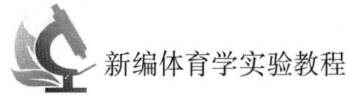

【思考与讨论】

(1) 影响肌肉力量的因素有哪些？

(2) 比较缩短收缩、拉长收缩和等长收缩的力学特征，指出它们在体育实践中的作用。

实验六　尿液十一项的测评

【实验类别】

综合性实验。

【每组人数】

2～4人。

【实验目的】

熟悉实验中玻璃器皿的适用及尿液样本取样方法，掌握尿液分析仪的使用；学会使用尿液指标变化评价运动者的机能状态。

【实验原理】

尿液十一项检测的指标是酸碱度（potential of hydrogen value，pH 值）、尿胆红素（bilirubin，BIL）、尿比重（specific gravity of urine，SG）、尿亚硝酸盐（nitrite，NIT）、尿胆原（urobilinogen，URO 或 UBG）、维生素 C（ascorbic acid，ASC）、葡萄糖（glucose，GLU）、尿酮体（ketone body，KET）、尿隐血（erythrocyte，ERY）或尿潜血（blood，BLD）、尿蛋白（protein，PRO）和尿白细胞（leukocyte，LEU）。不同指标检测的原理各不相同，如尿液葡萄糖的测定采用葡萄糖氧化酶-过氧化物酶法，尿胆红素的测定采用偶氮反应法，尿酮体的测定采用亚硝基铁氰化钠法，尿比重的测定采用多聚电解质解离法等。但无论哪项指标，均是尿液分析仪测量尿液十一项试纸条上相应测试模块的颜色深浅而得到实验结果。

尿液十一项检测在临床上广泛应用于泌尿系统疾病、肝脏疾病、内分泌疾病的筛查和诊断，也可通过运动前后的尿液十一项变化分析评价运动者的机能状态。

【实验器材】

尿液分析仪、尿液十一项试纸条、尿杯、带盖试管、记号笔、标签纸、试管架、卫生纸。

【实验方法与步骤】

(1) 先用一次性尿杯取晨尿（中段尿），将取得 8～9 mL 尿样倒入 10 mL 的试管中，盖上试管塞，并贴上注明受试者姓名的标签。

（2）将取样好的试管放入指定试管架。

（3）受试者按照要求进行30分钟中等强度的运动。

（4）运动结束30分钟取运动后的尿样，取样方法同步骤（1）至步骤（2）。

（5）打开尿液分析仪的电源开关。

（6）取一条试纸条，拿住印有厂标的一端，把试纸完全浸入尿样中，2 s后取出，在卫生纸上蘸掉试纸条背面和边缘多余的尿液后，再把试纸条放入尿液分析仪的测量沟槽内，进行测定，注意是带色带的一面朝上。

（7）读取尿液分析仪上的数据，并取下打印好的数据条，在实验报告上做好数据记录。尿液十一项数据参考区间见表3-19，运动前、后尿液十一项数据记录表见表3-20。

表3-19　尿液十一项数据参考区间

项目	参考区间	项目	参考区间	项目	参考区间
酸碱度	5.5～7.0	尿胆红素	0 μmol/L	尿比重	1.010～1.025
尿亚硝酸盐	0 μmol/L	尿胆原	男性0～3.2 μmol/L；女性0～1.6 μmol/L	维生素C	≤0.6 mmol/L
葡萄糖	<2.8 mmol/L	尿酮体	0 mol/L	尿隐血	<10 个/μL
尿蛋白	<0.15 g/d	尿白细胞	0 个/μL	—	—

注：参考值（参考区间）的确定方法为18～55岁年龄段的健康人群（男女比例为1∶1）的测试统计结果。

表3-20　运动前、后尿液十一项数据记录表

项目	测试值		项目	测试值		项目	测试值	
	运动前	运动后		运动前	运动后		运动前	运动后
酸碱度			尿胆红素			尿比重		
尿亚硝酸盐			尿胆原			维生素C		
葡萄糖			尿酮体			尿隐血		
尿蛋白			尿白细胞			—	—	—

注：填写时，请填写数据及其单位。

（8）实验结束后，关掉仪器，并清理实验室。

【注意事项】

（1）取中段尿为尿样；女性受试者如遇生理期，则不适合取尿样。

（2）尿液十一项测试试纸条要在冰箱中保存，使用前 1～2 小时从冰箱中取出至室温下平衡温度；不使用过期的试纸条，取用试纸条时不能用手触摸其测试面。

（3）实验过程中，不要随意触动试纸条，待尿液分析仪完成实验数据打印后，方可取出试纸条；使用过的试纸条不可再用，应放入指定的废物回收桶，作为医疗废弃物处理。

（4）尿液分析仪测试过程，应严格按照老师的要求，学生不得随意操作仪器的其他按键；如遇到疑问或仪器不能正常工作，请及时联系实验指导老师或实验员处理。

【应用与评价】

综合尿液十一项的各项指标变化，可对运动者的机能状态进行合理评价。

（1）尿比重的正常值为 1.010～1.025，运动后的尿比重升高属于正常现象，尤其在夏天更为明显，提示运动后注意少量多次补水；如晨尿存在数值异常，可能与糖尿病、急性肾炎等疾病有关。

（2）尿酸碱度的正常值为 5.5～7.0，运动后尿液的 pH 值一般会减小，呈偏酸性，这多是运动后机体尿液中代谢产物增加所致的；如晨尿存在数值异常，则建议增加饮水量后复查，尽早排除身体器质性病变。

（3）尿白细胞正常的检测结果为 0 个/μL，如果检测结果超出正常标准，则说明可能存在膀胱或尿路细菌感染的情况。

（4）尿胆红素的正常数值为 0 μmol/L，如果数值超出正常标准，多考虑是存在肝脏受损的情况，建议及时做进一步的检查。

（5）尿蛋白的正常数值要小于 0.15 g/d，如果运动后数值大于 0.15 g/d，则提示该运动强度对于运动者而言较大，或提示运动者的运动机能状态较弱，建议休息后复查，一般在运动后 48 小时内恢复正常。如晨尿或运动后 48 小时的尿液，其数值仍大于 0.15 g/d，则可能存在蛋白尿的情况，建议及时做进一步的检查以明确诊断。

（6）尿糖的正常数值要小于 2.8 mmol/L，如果数值偏高，则可能与糖尿病有关。

（7）尿隐血的正常结果为阴性（＜10 个/μL），若运动后检测结果为阳性，则提示该运动负荷对于运动者而言较大，或提示运动者的运动机能状态较弱，建

议休息后复查,一般在运动后 24 小时内恢复正常。如晨尿或运动后 24 小时的尿液仍尿隐血阳性,则可能存在尿血的情况,建议及时进一步检查以明确诊断。若女性在生理期取尿样,多数会有尿隐血阳性。

(8)尿酮体的正常值为 0 mol/L,如果数值异常,则可能与过度饥饿、糖尿病酮症酸中毒等原因有关。

(9)尿亚硝酸盐的正常结果为阴性,若出现阳性情况,则尿路可能存在细菌感染。

(10)尿胆原的正常值为女性应小于 1.6 μmol/L、男性应小于 3.2 μmol/L,饱餐、饥饿、运动等生理情况下,尿胆原会升高,但如果尿胆原的数值持续偏高,则提示可能存在肝脏方面的疾病,建议及时进一步检查以明确诊断。

(11)尿维生素 C 的正常值为小于等于 0.6 mmol/L,如尿液中单纯该数值异常,则可能是机体摄入过量的维生素 C 所致。例如,大量吃橙子等含维生素 C 丰富的水果或服用含维生素 C 的药物,这属于机体的正常生理代谢,不需要特殊干预。如尿液中除维生素 C 高以外,还伴有尿蛋白阳性、尿糖阳性等,则提示存在肾功能受损或患糖尿病等情况,建议及时进一步检查以明确诊断。

【思考与讨论】

(1)影响尿液十一项的因素有哪些?

(2)比较运动前后尿液十一项的指标变化,分析该测定在体育实践中的作用。

实验七 尿蛋白的测定及对运动负荷的评定

【实验类别】

综合性实验。

【每组人数】

2~4 人。

【实验目的】

(1)了解双缩脲法测定尿蛋白的原理,掌握并学会实验操作方法。

(2)学会利用尿蛋白指标监控运动者的身体机能状态,对运动强度和运动量进行评定。

(3)掌握尿液的收集和保存方法。

【实验原理】

尿蛋白是指尿液中所含的蛋白质，其主要为白蛋白。正常人尿内含有微量蛋白质，白天任意尿的蛋白质含量低于 10 mg%①，成年人每天排出的尿蛋白应小于 150 mg。运动后，尿蛋白排出量增加，每日可达 250 mg 以上。运动引起的尿蛋白排出增加的现象，称为运动性蛋白尿。研究表明，运动后尿蛋白数量与运动强度高度相关，同时还受运动员身体机能状态、运动员情绪、运动项目等因素影响。测定运动前后的尿蛋白含量，可评定运动者的身体机能状态、运动负荷强度和运动量等。

蛋白质分子中含有多个与双缩脲分子相似的肽键，其在碱性硫酸铜溶液中，将与铜离子等络合生成紫色的络合物，颜色深浅与蛋白质浓度成正比，可用比色法测定其含量。

【实验器材】

集尿瓶、移液管、洗耳球、离心管、离心机、可见光分光光度计。

【实验试剂】

0.15% H_2SO_4（硫酸）、0.15% Na_2WO_4（钨酸钠）、双缩脲试剂、生理盐水、标准蛋白溶液（500 mg/dL）。

【实验方法与步骤】

一、尿液收集

（1）清洁中段尿采集。自然排尿，将前段尿排去，截留中段尿约 10～20 mL 并将其直接排入专用的无菌尿样采集杯中。

（2）留 12 h 或 24 h 尿液样品的采集。准备洁净带盖、容量为 3000～5000 mL 的广口容器，贴上标签，注明采集的起止时间和受试者的资料，向其说明留尿的目的、方法，以取得合作。采集 24 h 尿液样品时，需嘱咐受试者于清晨 7 点排空膀胱，弃去尿液，记录开始留尿时间。在其排第一次尿时，即应加入甲苯或浓盐酸等防腐剂，以防止尿液变质。收集随后的所有尿液，直至次日晨 7 点排尽最后一次尿。留 12 h 尿样品时，应从 19 点开始至次日晨 7 点止。

（3）尿液样本的采集时间。一次运动负荷的评定，应分别收集受试者运动

---

① mg% 是医学检验中常见的单位，表示"毫克百分比"（milligram percent），即每 100 分升（dL/deciliter）液体中所含的毫克（mg）量。1 mg% = 1 mg/dL（毫克每分升）。在临床检验中，mg% 常用于表示血液或尿液中的物质浓度。

前、运动后 15 min、运动后 4 h 及次日晨的中段尿;对一个训练周期负荷的评定,应收集受试者训练后次日晨的中段尿样品。

二、尿液样品的处理

尿液样品采集后应及时送检,室温下保存时长不得超过 2 h,夏季保存时长应适当缩短或冷藏保存,4 ℃冷藏保存时长不得超过 8 h。在留 12 h 或 24 h 尿液样品时,应在受试者排第一次尿时,加入甲苯或浓盐酸等防腐剂,并令其与尿液充分混合,以防止尿液变质。

三、双缩脲法测定尿蛋白

双缩脲法测定尿蛋白的操作步骤如表 3 – 21 所示。

表 3 – 21 双缩脲法测定尿蛋白的操作步骤

单位:mL

加入物	空白管	标准管	测定管
尿液	—	—	5.0
0.15% H_2SO_4	—	—	2.5
1.5% Na_2WO_4	—	—	2.5
在 3000 r/min 下离心 5 min,后倾去上清液			
生理盐水	1.0	—	1.0
双缩脲试剂	4.0	4.0	4.0
标准蛋白液(5 mg/mL)	—	1.0	—
各管均匀后,放置 20 ~ 30 分钟,在 540 nm 波长下比色,以空白管校正吸光度至 0,分别读出各管吸光度			

四、结果计算

$$尿蛋白(mg\%) = \frac{OD_{测}}{OD_{标}} \times 250\,(mg\%) \times \frac{1}{5}\,尿量$$

$$= \frac{OD_{测}}{OD_{标}} \times 50 \quad\quad (3-7)$$

其中,测得 $OD_{标}$ 为 0.131。

五、使用尿蛋白指标对一次急性运动的运动强度进行评定

（1）确定受试者，并设计好具体运动方案。

（2）收集受试者运动前的中段尿，并用双缩脲法测定其尿蛋白值。

（3）让受试者按照制订的运动处方进行运动，分别采集受试者运动后 15 min、运动后 4 h 及次日晨的中段尿，用双缩脲法测定此 3 个时间点的尿蛋白值。

（4）将受试者 4 次的尿蛋白值进行对比分析。

六、使用尿蛋白指标对一个训练周期的运动强度进行评定

（1）确定受试者，设计并制订好训练计划。

（2）收集受试者在训练周期内每天早晨的中段晨尿，用双缩脲法测定尿蛋白值，并做好数据记录。

（3）对比分析受试者整个训练周期内的尿蛋白值。

【注意事项】

（1）若尿液比较混浊，则可能是尿液中的无机盐含量过高所致，可通过加热消除。

（2）在用玻璃棒搅拌助溶时，注意不要垂直用力，否则容易使离心管底破裂而导致实验终止。

（3）由于尿蛋白值具有较大的个体差异，在评定时只能与自身对照比较。

（4）应用尿蛋白来评定训练负荷和身体适应状态时，应进行系统跟踪观察。

【应用与评价】

尿蛋白是评定运动负荷强度的重要指标，且样本收集无创伤性。测定安静状态晨尿的尿蛋白，也可用于评定运动者的机能恢复状态。

第一，对一次急性运动的运动强度的评价。尽管尿蛋白数量受个体机能影响很大，但个体在完成相同距离比赛或相似运动负荷时，尿蛋白量较为稳定。一旦突然出现尿蛋白增多，并一直延续到次日晨或更长时间，就是受试者机能不适应或疲劳未消除的表现。当受试者运动后 15 min 的尿蛋白较运动前增多，运动 4 h 后或次日晨完全恢复到安静时水平，则表示尽管运动强度大，对受试者身体有较大刺激，但其机体能适应，并能及时恢复。如受试者运动后 15 min 的尿蛋白较运动前增多，直至运动后次日晨仍未恢复到安静时水平，则表示运动强度过大，对受试者身体刺激太大，其机体不能适应。如受试者运动后，运动后 3 个时间点采样的尿蛋白均较运动前没有变化，则表示本次运动的运动强度对于受试者而言

过小,并没有对受试者产生有效的运动刺激。

第二,对一个训练周期的运动强度的评价。在训练周期中,可测定尿蛋白,以监测受试者对训练负荷的适应情况。一般情况下,在大运动量训练期,如受试者晨尿的蛋白含量较高或超出正常范围,并持续 2~3 d,则可能是受试者过度疲劳或过度训练。如在大运动量训练过程中,受试者尿蛋白排泄量增多,则说明受试者对运动负荷不适应。继续坚持一个阶段的训练后,在完成相同强度的训练时,尿蛋白逐渐减少,则说明受试者对运动负荷适应;如果尿蛋白持续不减少,反而增加,则说明受试者对这个运动负荷不适应,身体机能状态较差,应酌减运动强度或训练量。

【思考与讨论】
（1）在运动训练中测定运动员尿蛋白含量有何应用意义？
（2）如何运用尿蛋白监测运动者在训练周期中的机能适应状态？

实验八　全血尿素氮的定量测定及对运动负荷的评定

【实验类别】
综合性实验。

【每组人数】
2~4 人。

【实验目的】
（1）理解并掌握尿素的生成原理，明确血尿素监测在运动训练中的应用意义。
（2）了解二乙酰一肟法测定全血尿素氮的实验原理，掌握并学会其实验操作方法。
（3）掌握并学会指尖末梢血的采集方法和实验技能。
（4）学会使用血尿素指标监控和指导运动训练。

【实验原理】
尿素是体内蛋白质和氨基酸分解代谢的终产物。研究表明，血尿素含量与运动量、机体的恢复状况有关，同时受肝脏功能、训练水平、身体机能的适应程度和体内蛋白质代谢的影响。测定血尿素，可了解运动者的运动训练负荷量和身体机能恢复状况。

在强酸的条件下，血液中的尿素与二乙酰一肟共热反应，生成红色复合物，其颜色深度与尿素含量成正比，可用比色法测定尿素含量。

【实验器材】

采血针、毛细吸血管、消毒棉球、75%酒精、移液管、离心管、离心机、沸水浴箱、可见光分光光度计。

【实验试剂】

10%三氯醋酸、二乙酰一肟液、混合酸液、尿素氮标准储存液（1 mg/mL）、尿素氮标准应用液（0.01 mg/mL）。

【实验方法与步骤】

一、血液的采集时间

评定一次运动负荷量的大小，往往在受试者运动前、运动后 30 min 和运动后次日晨的安静空腹状态下采血；评定一个训练周期的负荷量，往往定期采取受试者清晨安静、空腹状态下的血液。

二、采集手指末梢血

（1）消毒。用75%酒精以画同心圆的方式消毒受试者的无名指或中指内侧指腹，然后用干棉球拭干指腹上的酒精。

（2）刺手指。手拿采血针，用手腕摆动的力量迅速刺入手指，以刺入皮肤深度 2 mm 为宜。

（3）取血。将第一滴血用干棉签拭去，再稍挤压手指以形成新的血滴，水平拿毛细管，依靠虹吸作用吸入血液达 20 μL 刻度处。

（4）用干棉签拭去毛细管表面的血液和吸出多于所需刻度的血液。

（5）将毛细管吸血的一端置于试管的液面以下，用胶头套住毛细管的上端。

（6）轻轻挤压吸头，使血液进入液体，然后稍吸入一点液体，尽量冲洗干净毛细管内的血液，以减少实验误差。

（7）摇匀试管里的血液。

三、二乙酰一肟法测定血尿素

二乙酰一肟法测定血尿素的操作步骤如表 3 - 22 所示。

表 3-22　二乙酰一肟法测定血尿素的操作步骤

单位：mL

加入物	空白管	标准管	测定管
蒸馏水	0.50	—	0.48
新鲜血液	—	—	0.02
10% 三氯醋酸	—	—	0.50
在 3000 r/min 下离心 10 min			
取上清液	—	—	0.50
尿素氮标准应用液	—	0.50	—
二乙酰一肟液	0.50	0.50	0.50
混合酸液	4.00	4.00	4.00
沸水浴 10 分钟，冷却，在 500 nm 波长下，以空白管调零后比色，读出测定管和标准管吸光度			

四、结果计算

尿素氮、尿素、血尿素的计算式分别为：

$$尿素氮(mg\%) = \frac{OD_{测}}{OD_{标}} \times (0.01 \times 0.5) \times \frac{100}{0.01}$$

$$= \frac{OD_{测}}{OD_{标}} \times 50 \qquad (3-8)$$

$$血尿素(mg\%) = 尿素氮(mg\%) \times \frac{CO(NH_2)_2}{2} \times N\,原子量$$

$$= 尿素氮(mg\%) \times 2.14 \qquad (3-9)$$

$$血尿素(mmol/L) = \frac{血尿素(mg\%)}{6} \qquad (3-10)$$

式中，$CO(NH_2)_2$ 的分子量为 60，测得的 $OD_{标}$ 为 0.36。

【注意事项】

（1）采血局部应无炎症、水肿和破损等。

（2）毛细管采血时，务必清洁消毒，须严格实行"一人一针一管"。

（3）采血时不可用力挤压，以免组织液混入血液，增大实验误差。

（4）沸水浴时间须严格控制在 10 min 以内为宜，时间过短或过长，都将增大实验误差。

（5）血尿素含量受膳食因素影响较大，评定时需考虑和排除膳食因素的影响。

【应用与评定】

血尿素是了解机体对训练负荷的承受能力及恢复程度的指标，它简易而灵敏，可帮助运动者了解自身的机能状态，更好地调节和控制运动量。运动负荷量越大，血尿素增加越明显，次日晨恢复越慢。

在实践中，一般测定受试者运动前、运动后 30 min 和运动后次日晨的血尿素含量。

一次运动前后，若血尿素增加值超过 3 mmol/L 时，可认为运动量大，受试者已达疲劳阈值；若增加量为 2 mmol/L 左右，则认为运动量较大，受试者还能适应；若变化值小于 1 mmol/L，则说明运动量过小。若血尿素在运动后 30 min 增加超过 3 mmol/L，但在次日晨则恢复至正常水平或以下，说明受试者身体对负荷尚能适应；若血尿素在次日晨继续停留在较高水平或持续升高，则说明受试者身体还未恢复，运动训练量过大。而一旦受试者在清晨空腹安静时，血尿素达到 8.33 mmol/L，则无论其增加值为多少，均可判断为过度训练。

在一个训练周期中，受试者血尿素变化与负荷量的评定有三种规律：其一，血尿素含量在整个训练周期中变化不大，表示运动负荷量过小，难以对受试者产生有效刺激；其二，血尿素含量在训练周期开始时上升，到中后阶段达高峰，然后逐渐下降，恢复至原水平，则表示运动负荷量较大，对受试者产生了较大的刺激，但受试者能较好地适应；其三，血尿素含量在训练周期中始终升高，则表示运动量对受试者过大，或受试者身体机能水平持续下降。

【思考与讨论】

（1）血尿素含量变化与身体机能有什么关系？

（2）如何运用血尿素指标监控和指导运动训练？

实验九　个体乳酸阈的测评

【实验类别】

综合性实验。

【每组人数】

4～6 人。

【实验目的】

（1）理解并掌握血乳酸的生成机制，明确血乳酸测定在运动实践中的应用。

（2）了解杨氏改良法测定血乳酸的实验原理，掌握并学会其实验操作方法。

（3）理解并掌握乳酸阈在运动训练中的评定方法，学会用乳酸阈评定有氧代谢能力。

（4）复习及进一步熟悉手指末梢血的采集方法。

【实验原理】

安静状态下，绝大多数人的血乳酸浓度在 2 mmol/L 以下。运动时，乳酸主要在骨骼肌中生成，其生成量与运动强度密切相关。测定血乳酸浓度，可了解运动时骨骼肌乳酸的生成和代谢特点，并可监控运动强度，评价运动者的无氧代谢能力及有氧代谢能力。

乳酸阈是指在递增负荷运动中，当运动强度达到某一负荷时，机体的需氧量大于摄氧量，体内的供能方式由以有氧代谢为主，转向为以无氧代谢为主的临界点（转折点）。通常以血乳酸含量达到 4 mmol/L 时所对应的跑速、游速或功率来表示乳酸阈强度。乳酸阈测定对运动者有氧耐力的评定，以及监控训练强度具有重要的实践意义。

乳酸在无蛋白清液中，能被浓硫酸氧化分解成乙醛。当存在铜离子时，乙醛与对羟基联苯反应，生成紫红色复合物，其颜色的深浅与乙醛的浓度成正比，从而可用比色法测定血乳酸的含量。

在逐级递增负荷运动中，血乳酸浓度的变化与运动强度或做功能力存在着相关性。以每级血乳酸值（纵坐标）和相应的负荷强度（功率或跑速）（横坐标）构建坐标系，在坐标纸上画出血乳酸－强度曲线，取血乳酸为 4 mmol/L 时对应的跑速或功率，即为乳酸阈强度。

【实验器材】

三用水箱、离心机、可见光分光光度计、功率自行车、采血针、毛细吸血管、离心管、试管、试管架、移液管、洗耳球、消毒棉球、干棉球、75% 酒精。

【实验试剂】

1% NaF（氟化钠）、10% 三氯醋酸、浓硫酸、4% $CuSO_4·5H_2O$（五水硫酸铜）、乳酸标准储备液（1 mg/mL）、乳酸标准应用液（0.05 mg/mL）、1.5% 对羟基联苯。

【实验方法与步骤】

一、实验室模拟训练测定法

(1) 受试者进入实验室,换上运动服,穿好跑鞋,静坐 15 min 后,测定受试者安静时心率,采集受试者指尖末梢血 20 μL 加入样品管待测血乳酸。

(2) 令受试者骑功率自行车 1～2 min 作为准备活动。

(3) 测试者发令并开始计时,受试者在跑台或功率自行车上做逐级增加功率的定量负荷运动,共分 5 级,每级负荷时长为 3 min。依照表 3-23 安排各级负荷强度及间歇时长。在递增负荷运动过程中连续记录实际完成的跑速或功率、心率等指标(记录在表 3-25 中),在第 1、2、3、4、5 级负荷末采集指尖末梢血 20 μL 至测定管,待测血乳酸。

表 3-23 递增负荷实验程序

测功器	性别	起始负荷	递增负荷	持续时长	间歇时长
功率自行车	男	50～100 W	40～50 W	3 min	不间歇
	女	50 W	40～50 W		
跑台	男	2.5～3.5 m/s	0.5 m/s	3 min	30 s
	女	2.5～3.0 m/s	0.5 m/s		

(4) 血乳酸的测定和计算。血乳酸的测定按表 3-24 进行操作。

表 3-24 杨氏改良法测定血乳酸的操作步骤

单位:mL

加入物	空白管	标准管	测定管
1% NaF	0.50	0.40	0.48
新鲜血液	—	—	0.02
乳酸标准应用液		0.10	
10% 三氯醋酸	1.5	1.5	1.5
在 3000 r/min 下离心 10 min,取上清液 0.5 mL 于另一刻度试管			
4% 五水硫酸铜	0.03	0.03	0.03
浓硫酸	3.00	3.00	3.00

续表 3-24

加入物	空白管	标准管	测定管
沸水浴（5 min）			
对羟基联苯（试管置冰水中）15 ℃以下	0.05	0.05	0.05
37 ℃温水浴（15 min）			
沸水浴（90 s）			
冷却至室温后，在 560 nm 波长下比色，以空白管校正吸光度至 0，分别读出测定管和标准管的吸光度			

血乳酸结果的计算式为：

$$血乳酸(mg\%) = \frac{OD_{测}}{OD_{标}} \times 0.05 \text{ mg/mL} \times 0.1 \text{ mL} \times \frac{100}{0.02}$$

$$= \frac{OD_{测}}{OD_{标}} \times 25 \qquad (3-11)$$

$$血乳酸(mmol/L) = \frac{血乳酸(mg\%)}{9} \qquad (3-12)$$

其中，测得 $OD_{标}$ 为 0.165。

（5）按照血乳酸的测定和计算方法，得出各级负荷后的血乳酸值，并将结果记录在表 3-25 中。

表 3-25 递增负荷运动测定乳酸阈有关指标登记表

受试者：　　　　　性别：　　　　　室温：

序号	负荷状态		持续时长（min）	心率（次/min）	血乳酸（mmol/L）
	跑台	功率自行车			
0	安静	安静			
1					
2					
3					
4					
5					

二、运动场测量法

在运动场上测定乳酸阈时,可采用 3～5 级负荷。例如,在田径场上采用 5×400 m 跑,测试中由教练员用口令调整受试者跑速,以达到匀速跑(表 3-26)。

表 3-26 田径场测定乳酸阈试验程序

性别	段落组 (m)	起始速度 (m/s)	递增速度 (m/s)	末级速度 (m/s)	间歇时长 (min)	取血时间
男	5×400	4.0	0.5	6.0	2	组后第 2 min 末
女	5×400	3.5	0.5	5.5	2	

将相应的测试结果记录在表 3-27 中。

表 3-27 个体乳酸测试结果

单位:mmol/L

受试者	安静时	第一组	第二组	第三组	第四组	第五组

三、血乳酸-强度曲线的绘制

根据每级血乳酸及其对应负荷强度在坐标纸上绘出血乳酸-强度曲线,然后取血乳酸曲线拐点所对应的功率值(一般可取血乳酸为 4 mmol/L 时所对应的功率值),即为乳酸阈对应的功率或跑速(图 3-8)。

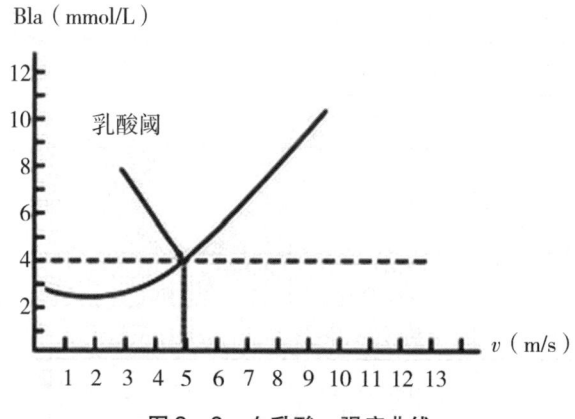

图 3-8 血乳酸-强度曲线

【注意事项】

(1) 受试者实验前应做充分的准备运动。

(2) 实验中,应根据受试者体能状况安排适宜的负荷强度,并严格控制采血时间。

(3) 须严格控制不同水浴的保温温度与保温时间。

(4) 加浓硫酸时,应把试管放入冷水中,沿管壁慢慢加入,同时边加边摇。

(5) 充分冷却后,才能加入对羟基联苯。在滴加时,还应避免试剂附着于管壁。

(6) 有条件的情况下,最好测试受试者的个体乳酸阈,这样更能准确地反映不同受试者的有氧代谢能力,能更有针对性地调整运动训练强度。

【应用与评定】

乳酸是糖酵解供能系统中的一个重要中间产物,运动时主要由骨骼肌产生,肌肉中的乳酸与血液乳酸之间不断平衡,运动后测定血乳酸浓度,可反映运动时骨骼肌细胞的糖酵解状况。为了使测定的血乳酸能更准确地代表肌乳酸,应在运动后第 1 min、3 min、5 min、7 min 和 9 min 分别采血。

运动时,血乳酸变化与能源供应系统有关。若以磷酸原系统供能为主,血乳酸较少,一般不超过 4 mmol/L;若以糖酵解系统供能为主,则血乳酸在 15 mmol/L 左右;若以有氧氧化系统供能为主,则血乳酸在 4 mmol/L 左右。

从不同时间、最大强度运动时的血乳酸变化可知,在 35 s 至 10 min 的全力运动时,血乳酸值最高。在训练时,测定血乳酸峰值变化,可掌握运动强度和训练过程中运动者能量代谢的变化。如在训练前后,各测定一次血乳酸并进行对照,运动者完成同样强度耐力运动时,血乳酸值下降,说明乳酸消除速率加快和有氧代谢能力提高。通过对比赛和训练时血乳酸数值的比较,也可了解训练强度是否达到了比赛时的要求。

研究表明,人体的最大摄氧量受遗传因素影响较大,而乳酸阈值受训练的影响较大。前者较适合于作为运动员选材评定的一项重要指标,后者更适合作为指导训练的重要依据。在运动训练中,通过对运动者乳酸阈的测试,不仅可为提高有氧代谢能力训练强度提供监控依据,还可作为评定运动者有氧代谢能力的依据。也就是说,如果血乳酸浓度的拐点出现了延迟,或乳酸阈时跑速加快(功率越大),则表明运动者的有氧能力增强了。乳酸阈评定有氧代谢能力的参考标准见表 3-28。

表3-28 乳酸阈评定有氧代谢能力的参考标准

单位：m/s

乳酸阈跑速	训练水平
3.0±0.5	缺乏耐力训练
3.5～4.0	耐力训练较差
4.0～4.7	中等耐力训练
4.8～5.2	耐力训练较好
5.3～5.6	优秀耐力训练

【思考与讨论】

（1）如何以血乳酸来评定运动员的有氧代谢能力和无氧代谢能力？

（2）如何运用血乳酸指标监控运动强度？

（3）乳酸阈测试中需要多次采集血样？请讨论改进乳酸阈的测试方法。

第四章　医学保健技术与检查

第一节　验证性实验

实验一　包扎

【实验类别】
验证性实验。
【每组人数】
2～3人。
【实验目的】
掌握绷带、三角巾包扎的基本要领和包扎技术。
【实验原理】
利用绷带或三角巾对受伤部位进行包扎,具有覆盖、保护创口及支持伤肢和减轻肿胀的作用。
【实验器材】
普通卷轴绷带、三角巾、医用橡皮膏、剪刀等。
【实验方法与步骤】

一、绷带包扎法

(1) 环形包扎法(图4-1)。此法适用于包扎额部、手腕和小腿下部等粗细均匀的部位,也用于其他绷带包扎法的开始和结束。包扎时,将绷带带头斜放于包扎处,用1只手的拇指压住,将卷带环绕包扎1圈后,再将斜放的带头1个小角反折过来,然后继续环绕包扎,后一圈覆盖前一圈,包扎3～4圈即可。

(2) 螺旋形包扎法(图4-2)。此法适用于包扎上臂、躯干、大腿等肢体粗细相差较小的部位。包扎时以环形包扎法开始,然后将卷带向上斜行缠绕,后一圈覆盖前一圈的1/2～2/3即可。

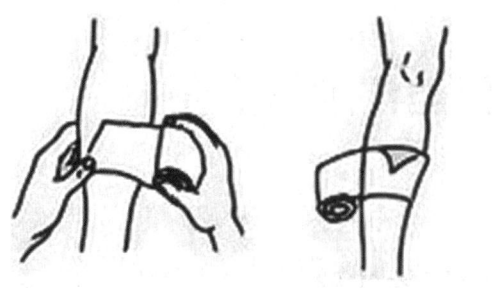
图4-1 环形包扎法

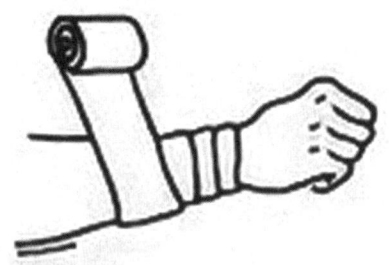
图4-2 螺旋形包扎法

（3）反折螺旋形包扎法（图4-3）。此法适用于包扎前臂和小腿等肢体粗细相差较大的部位。包扎时以环形包扎法开始，然后用拇指压住卷带上缘，将其上缘反折（注意要避开伤处）并压住前一圈的 1/2～2/3，每圈的折线应互相平行。

图4-3 反折螺旋形包扎法

（4）"8"字形包扎法。此法适用于包扎前臂、小腿和脚踝等肢体粗细相差较大的部位。包扎时，环形"8"字形包扎法适用于包扎关节部位。"8"字形包扎法有两种：其一，从关节中心开始（图4-4）。先做环形包扎，然后将卷带斜行缠绕，1圈绕关节的上方，1圈绕关节的下方，2圈在关节凹面交叉，反复进行，逐渐远离关节。包扎时，每圈覆盖前一圈的 1/2～2/3，最后在关节的上方或下方以环形包扎结束。其二，从关节下方开始（图4-5）。先做环形包扎，然后将卷带自下而上、自上而下来回做"8"字形缠绕并逐渐靠拢关节，最后以环形包扎结束。

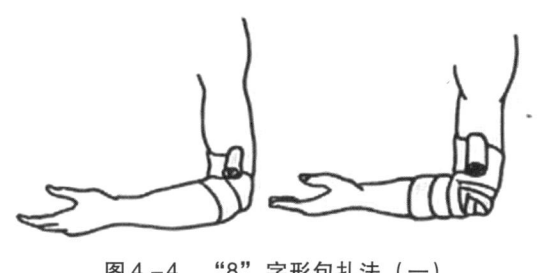
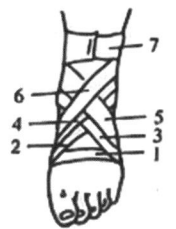

图4-4 "8"字形包扎法（一）　　图4-5 "8"字形包扎法（二）

二、三角巾包扎法

三角巾包扎依三角形命名，有顶角、底角、斜边和底边等名称。

（1）手部包扎法。三角巾平铺，受伤的手掌向下，指尖对准三角巾的顶角，平放在三角巾的中央，底边横放于腕部，然后将三角巾的顶角向上反折，再将2个底角向手腕背部交叉围绕1圈，在腕背打结。

（2）足部包扎法。足部包扎法与手部包扎法基本相同。

（3）头部包扎法。将三角巾的底边置于前额，顶角朝向头后正中，然后将底边从前额绕到头后，在枕后交叉再绕至前额打结，最后把顶角拉紧并向上翻转固定。

（4）大悬臂带（图4-6）。适用于除肱骨与锁骨骨折以外的上肢损伤。将三角巾顶角放在伤肢的肘后，1个底角置于健侧肩上，肘关节屈曲前臂放在三角巾的中央，将下方的底角上折，包住前臂，

图4-6 大悬臂带

在颈后与上方底角打结，最后把肘后的顶角折向前面，用医用橡皮膏或别针固定。

（5）小悬臂带（图4-7）。此法适用于锁骨和肱骨骨折。将三角巾叠成四横指宽的宽带，其中央置于伤肢前臂的下1/3处，2个底角在颈后打结。

【注意事项】

（1）包扎时，应使伤员处于舒适的体位；包扎过程中，尽可能不要改变伤员的位置。

（2）包扎时，动作要熟练、柔和、松紧适中。

图4-7 小悬臂带

(3) 绷带包扎要从受伤部位远端开始，包扎结束时可用医用橡皮膏或打结固定，但结不能打在伤口上。

(4) 螺旋形包扎、反折螺旋形包扎、"8"字形包扎，每一圈都要压住前一圈的 1/2～2/3。

(5) 包扎四肢时，应使指、趾端外露，以便观察血液循环情况。

【思考与讨论】

(1) 怎样判断包扎的松紧度？

(2) 试述包扎方法还有哪些？

实验二　止血

【实验类别】

验证性实验。

【每组人数】

2～3人。

【实验目的】

熟悉全身主要浅表动脉的体表位置并能准确定位，熟练掌握操作指压止血法和止血带止血法。

【实验原理】

运动损伤或其他意外引起的出血，有时会造成严重后果，甚至危及生命，所以必须及时止血。通过压迫与出血部位相应的浅表动脉，可起到临时止血、抢救生命的作用。

【实验器材】

橡皮管止血带、软布、气压止血带、卷轴绷带等。

【实验方法与步骤】

一、全身主要浅表动脉的体表定位和指压止血法

每组学生先阅读实验指导熟悉全身主要浅表动脉的准确位置，然后选1人监督，其他人互相进行浅表动脉的定位。

(1) 颞浅动脉压迫止血法（图4-8）。在耳屏前方用拇指摸到颞浅动脉搏动后，将该动脉压向颞骨面。此法用于同侧头额、颞部的临时止血。

（2）颌外动脉压迫止血法（图4-9）。在下颌角前约1.5 cm处，用拇指摸到搏动后，将该动脉压在下颌骨上。此法用于同侧面部出血的临时止血。

图4-8　颞浅动脉压迫止血法　　　　图4-9　颌外动脉压迫止血法

（3）锁骨下动脉压迫止血法（图4-10）。在锁骨上方、胸锁乳突肌外缘，用拇指摸到锁骨下动脉搏动后，将该动脉向后内正对第一肋骨压迫。此法用于同侧肩部和上臂出血的临时止血。

（4）肱动脉压迫止血法（图4-11）。使伤臂稍外展外旋，在肱二头肌内缘中点处摸到肱动脉搏动后，用拇指或其余四指将该动脉压迫于肱骨上。此法用于同侧前臂出血的临时止血。

 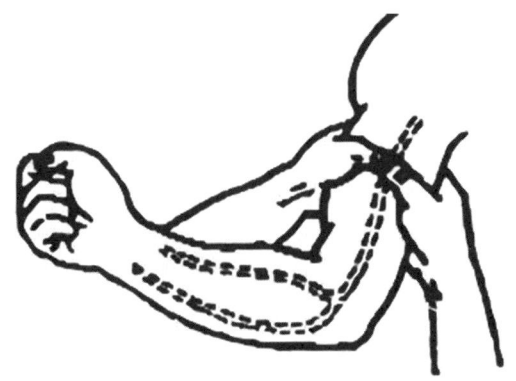

图4-10　锁骨下动脉压迫止血法　　　图4-11　肱动脉压迫止血法

（5）指动脉压迫止血法（图4-12）。在第一指节根部两侧，用拇指、示指相对夹住。此法用于手指出血的临时止血。

（6）股动脉压迫止血法（图4-13）。在腹股沟中点处摸到股动脉搏动后，用双手拇指重叠（或用掌根），压迫该动脉于耻骨上支。此法用于同侧大腿、小腿出血的临时止血。

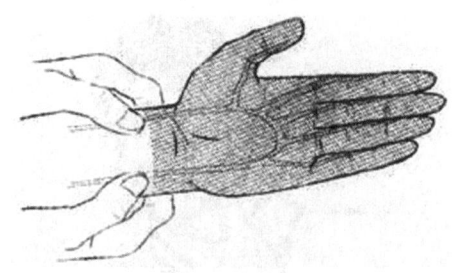

图4-12 指动脉压迫止血法

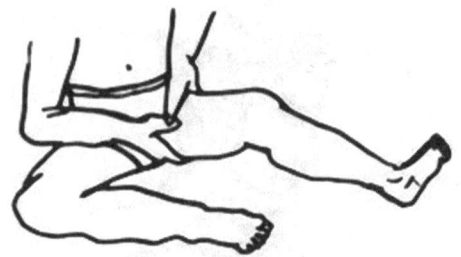

图4-13 股动脉压迫止血法

（7）胫前、胫后动脉压迫止血法（图4-14）。用双手的拇指或一只手的拇指、示指分别按压在内踝与跟骨间和足背横纹的中点。此法用于同侧足部出血的临时止血。

二、止血带止血法

（1）橡皮管止血带止血法（图4-15）。先在要用止血带的部位用三角巾、毛巾或衣服垫好，将止血带的一端留出一部分并用一手的示指、中指夹住靠在垫上，另一手将止血带适当拉紧拉长，绕肢体2~3圈（压在留出的那一部分止血带上）后，将夹在示、中指间的残留端拉出即可。

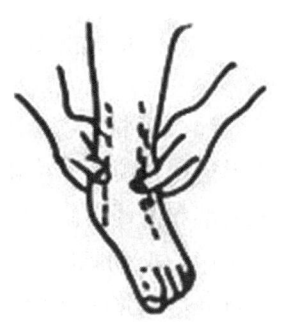

图4-14 胫前、胫后动脉压迫止血法

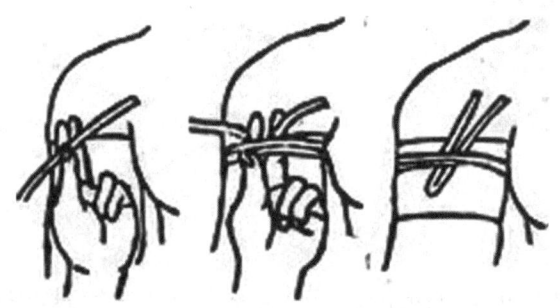

图4-15 橡皮管止血带止血法

（2）紧扎止血带止血法（图4-16）。在伤口处用绷带、三角巾等勒紧止血，其中第一圈绕扎为衬垫，第二圈、第三圈分别压在前一圈的上面并适当勒紧，然

后打结。

以上两种方法常用于四肢动脉出血的临时止血。

图 4-16 紧扎止血带止血法

【注意事项】

（1）用指压止血法时，一定要找准浅表动脉压迫点的位置，但不要在正常人体上进行压迫（特别是颈部的动脉），以免引起意外。

（2）用止血带止血时，止血带要绑扎在伤口的近心端，并要在肢体周围垫上软布后再扎止血带。

（3）上肢出血时，止血带要扎在上臂（但不要扎在中 1/3 处）；下肢出血时，止血带扎在大腿靠近伤口的近心端。

（4）上肢每隔 30 min、下肢每隔 1 h 须放松一次止血带，放松时间约 2～3 min 并暂时改用压迫止血法，以免引起肢体缺血而发生坏死，但上止血带的最长时间不宜超过 3 h。

（5）扎上止血带后要留明显的标签，注明止血带的时间、部位、放松止血带的时间和重上止血带的时间等。

（6）无论用哪种方法进行临时止血，都应将伤员及时送往医院进行处理。

【思考与讨论】

（1）试述指压法止血的优点。

（2）简述使用止血带止血需要注意的问题。

实验三　骨折、脱位的临时固定方法

【实验类别】

验证性实验。

【每组人数】

2～4 人。

【实验目的】

正确掌握和熟练操作锁骨骨折、肱骨干骨折、手腕部骨折、股骨骨折、小腿骨折、腰椎骨折及肩关节、肘关节脱位的临时固定。

【实验原理】

对受伤部位进行临时固定，具有限制伤肢活动、避免加重损伤等作用。

【实验器材】

各种长度和宽度的夹板、绷带、三角巾、棉花、担架或床板等。

【实验方法与步骤】

一、骨折的临时固定

（1）锁骨骨折临时固定（图4-17）。用3条三角巾分别折成宽带，2条做成环套于双肩，另一条在背部将2环拉紧打结，腋下放置棉垫等松软物，以免腋下组织受压，最后以小悬臂带将伤肢挂起。

（2）肱骨干骨折临时固定（图4-18）。取2块合适夹板，分别置于伤肢外侧和内侧，用叠成带状的三角巾在骨折的上下两端将夹板固定，再用小悬臂带将前臂挂起后，最后用三角巾把伤肢绑在躯干上加以固定。

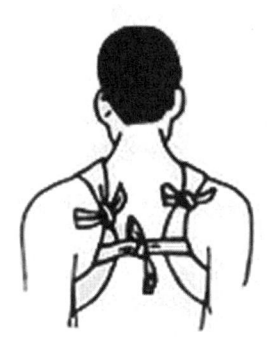

图4-17 锁骨骨折临时固定　　　图4-18 肱骨干骨折临时固定

（3）前臂骨折临时固定（图4-19）。将前臂处于中间位，拇指朝上，肘关节屈曲90°，在前臂的掌侧和背侧分别用2块有垫夹板固定（夹板的长度应超过肘和手腕），用3～4条宽带绑缚夹板，最后用大悬臂带将前臂挂于胸前。

（4）手腕部骨折临时固定（图4-20）。受伤手握棉花团或绷带卷，用1个有垫的夹板置于前臂和手的掌侧，用绷带缠绕固定，最后用大悬臂带将伤肢挂于胸前。

图 4-19　前臂骨折临时固定　　　　图 4-20　手腕部骨折临时固定

（5）股骨骨折临时固定（图 4-21）。用 2 块长夹板分别置于伤肢的内、外侧，内侧夹板的长度大致为大腿根至足踝的长度，外侧夹板的长度大致为腋下至足跟的长度，然后用 5～8 条宽带绑缚固定夹板，在外侧打结。

图 4-21　股骨骨折临时固定

（6）小腿骨折临时固定（图 4-22）。用 2 块长夹板置于伤肢的内、外侧，双侧夹板的长度大致为大腿中部至足部，然后用 4～5 条宽带绑缚固定夹板，在外侧打结，尤其是膝上、膝下和踝部均要固定。

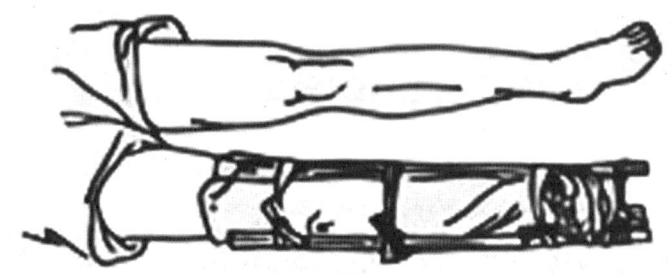

图 4-22　小腿骨折临时固定

二、关节脱位的临时固定

（1）肩关节脱位临时固定（图4-23）。肩关节发生前脱位后，将患肢肘关节屈曲90°，取2条三角巾折成宽带后，一条斜挎于胸背部吊起患侧前臂并在健侧肩上打结，另一条包绕患肢上臂后在健侧腋下打结。

（2）肘关节脱位临时固定（图4-24）。肘关节发生后脱位后，一种方法是将1个钢丝夹板弯成135°左右，置于伤肘后用绷带缠绕扎紧，再用小悬臂带悬于胸前；另一种方法是用2条三角巾折成宽带，一条悬挂伤臂后斜挎于胸背部在健侧肩上打结，另一条则绕过伤肢上臂后在健侧腋下打结。

图4-23　肩关节脱位临时固定

图4-24　肘关节脱位临时固定

三、粘膏固定

（1）指间关节扭伤。将伤指与健指固定在一起，粘膏的位置不要妨碍关节的屈伸运动。

（2）第一掌指关节损伤。粘膏支持带的缠绕方向应防止第一掌指关节过伸与外展。

（3）膝关节前交叉韧带损伤。用2条粘膏由腘窝部交叉绕至膝部前面固定。

（4）胫骨粗隆骨软骨炎。用粘膏将膝关节固定于直立位3～4周。

（5）大腿肌肉拉伤。大腿肌肉拉伤后再训练时必须用弹力护腿，以限制肌肉收缩的范围，避免再伤。

（6）跟腱损伤。用粘膏带将踝微背伸位（80°）固定，使跟腱得到保护和休息。

(7) 跖腱膜损伤。先用粘膏固定，然后再裹上弹力绷带。

【注意事项】

(1) 骨折后应及时固定，尽量避免移动断端而加重伤情。
(2) 固定用的夹板长度、宽度要适当，应将骨折处上下关节都固定。
(3) 要用软布、绷带或棉花包垫后再上夹板，以免造成局部压迫性损伤。
(4) 四肢骨折固定时要露出指、趾端，以便观察肢体的血液循环情况。

【思考与讨论】

(1) 比较骨折与软组织损伤急性期疼痛的特点。
(2) 试述肩关节脱位的固定方法。

实验四　伤员的搬运

【实验类别】

验证性实验。

【每组人数】

4～5人。

【实验目的】

正确掌握单人、双人、三人徒手搬运，以及担架搬运和车辆搬运的操作方法与运用。

【实验器材】

担架、床板等。

【实验内容】

一、单人徒手搬运法

适用于伤员伤势轻、搬运距离短的情况。

(1) 扶持法（图4-25）。适用于伤势轻、神志清醒，能自己行走的伤员。急救者位于伤员的体侧，一手抱住伤员腰部。伤员的手绕过急救者颈后至肩上，由急救者的另一手握住。两人协调缓行。

(2) 抱持法（图4-26）。适用于伤势轻、神志清醒，不能自己行走的伤员。急救者一手抱住伤员的背部，另一手托住伤员的腘窝，将伤员抱起，伤员的一侧臂挂在急救者的肩上。

图 4-25 扶持法

图 4-26 抱持法

二、双人托椅式搬运法

适用于搬运神志清醒、足部损伤、行走困难的伤员,如图 4-27 所示。

两名急救者相对而立,各以一手互握对方的前臂,另一手互搭在对方的肩上。伤员坐在急救者互握的手上,背部支撑在急救者互搭的另一臂上,伤员的双手分别搭在两名急救者的肩上。

图 4-27 双人托椅式搬运法

三、卧式三人搬运法

适用于搬运神志不清或损伤严重的伤员,如图 4-28 所示。

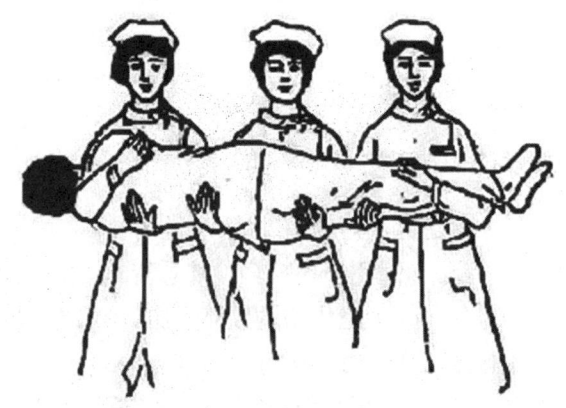
图 4-28 卧式三人搬运法

3名急救者站于伤员的同一侧。第一人以外侧的肘关节支持伤员的头颈部,另一肘置于伤员的肩胛下部,第二人用双手自腰至臀托抱伤员,第三人托抱伤员的大腿下部及小腿上部。

四、担架搬运法

适用于搬运各种伤员,特别是木板担架适用于搬运脊柱骨折的伤员。特制的担架可用棉被或毛毡垫好,将伤员放入,并做好保暖。若伤员神志不清,需用宽带将其固定在担架上。若伤员脊椎骨折,不宜使用特制担架时,可采用床板、门板等临时担架(图4-29)。

图4-29　脊椎骨折伤员的搬运

对怀疑有胸、腰椎骨折者,必须由3～4人同时托住头、肩、臀和下肢,把伤员的身体平托起来后放上平板担架,搬运者同时用力向一个方向滚动伤员身体,使其成卧式后搬运(图4-30)。严禁抱头、抬脚式搬运此类伤员,以免因脊柱过度弯曲而加重对脊髓的损伤。

图4-30　胸椎—腰椎骨折伤员的搬运

五、车辆搬运法

适用于伤员伤势严重、路程较远的情况。伤员伤势严重、运送路程较远时,应用车辆搬运,最好用救护车,车宜慢行,避免震动。

【注意事项】

(1) 卧式三人搬运法中,第一人应以外侧的肘关节支持伤员的头部。

(2) 担架搬运时,若伤员神志不清则需用宽带将其固定在担架上。

【思考与讨论】

(1) 脊椎损伤者搬运的要点是什么?

(2) 双人徒手搬运与三人徒手搬运在方法上有什么不同?

实验五 游泳池水中余氯量的测定

【实验类别】

验证性实验。

【每组人数】

3~4人。

【实验目的】

了解检测水中余氯量的意义和作用,并掌握常用的检测方法,为在今后工作中及时、准确了解游泳池的水质状况,以保障游泳者的身体健康,防止疾病的传播,更好地开展体育教学工作和发展体育运动。

【实验原理】

水中余氯与邻联甲苯胺作用生成黄色化合物后,再加入亚砷酸盐则颜色不变,若先加亚砷酸盐,它将余氯还原为氯化物,不再与邻联甲苯胺作用,此时呈现的是干扰的假色。根据亚砷酸盐和邻联甲苯胺的加入顺序,并控制不同的显色时间,可以分别测出游离性余氯、化合性余氯和总余氯量,并能除去假色的干扰。

本实验可以分别测定余氯和游离性余氯,并且可排除干扰物所呈现的颜色。

【实验器材】

吸管、量筒、容量瓶、试管架、分析天平、烧杯、50 mL 带塞比色管。

【实验步骤】

一、准备试剂

(1) 0.5%亚砷酸钠溶液。将5 g亚砷酸钠溶于蒸馏水中,并稀释至1000 mL。

(2) 邻联甲苯胺溶液。将1 g邻联甲苯胺(化学纯)置于研钵中,加5 mL盐酸(3:7)研成糊状,用150 mL蒸馏水洗入1000 mL量筒中,再加蒸馏水至500 mL,最后用3:7盐酸稀释至1000 mL,储存于棕色瓶中(防日光照射)。

二、配制标准比色液

按照表4-1所示的体积依次吸取重铬酸钾-铬酸钾溶液并注入50 mL带塞比色管中,用磷酸缓冲稀释至50 mL,严密封口后在避光条件下可长期保存。

三、测试

取3支50 mL比色管,分别标注甲、乙、丙。

向甲管加入2.5 mL邻联甲苯胺溶液,加水样50 mL,迅速混匀并立即加入亚砷酸钠溶液2.5 mL,混合均匀与标准管进行比色,记录结果为a。a中包括游离性余氯和干扰物所呈现的颜色。

向乙管加入2.5 mL亚砷酸钠溶液,加入水样50 mL,迅速混均并立即与标准管进行比色,记录结果为b_1。安静放置10 min后再次与标准管比色,记录结果为b_2。b_1为干扰物迅速混匀后产生的假色,b_2为干扰物混合10 min后产生的假色。

向丙管加入2.5 mL邻联甲苯胺溶液,加水样50 mL,迅速混均,安静放置10 min后与标准管比色,记录结果为c。c为总余氯及干扰物于混合10 min后显示的颜色。

表4-1 余氯量与重铬酸钾对比

余氯含量(mg/L)	50 mL比色管中加入的重铬酸钾-铬酸钾溶液体积(mL)
0.01	0.5
0.03	1.5
0.05	2.0
0.10	5.0
0.20	10.0
0.30	15.0

续表 4-1

余氯含量（mg/L）	50 mL 比色管中加入的重铬酸钾-铬酸钾溶液体积（mL）
0.40	20.0
0.50	25.0
0.60	30.0
0.70	35.0
0.80	40.0
0.90	45.0
1.00	50.0

以上两部分可由实验室工作人员在实验前完成。

四、计算

本实验相关余氯计算式如下：

总余氯量（mg/L） $= c - b_1$ （4-1）

游离性余氯（mg/L） $= a - b_1$ （4-2）

化合性余氯（mg/L） = 总余氯 - 游离性余氯   （4-3）

【注意事项】

（1）本实验方法最低检测浓度是 0.01 mg/L。

（2）注意各管加入邻联甲苯胺溶液和亚砷酸钠溶液的顺序。

（3）时间控制要准确。

【思考与讨论】

（1）本实验测定的精确度怎样？

（2）如何提高本实验测定的准确性？

第二节　综合性实验

实验一　心肺复苏术及心脏除颤

【实验类别】

综合性实验。

【每组人数】

3～4人。

【实验目的】

了解和掌握心肺复苏术（cardiopulmonary resuscitation，CPR），并能熟练进行单人和双人操作；掌握心脏除颤的适用条件，并能熟练开展心脏除颤。

【实验原理】

在某些意外情况下，心跳、呼吸突然中止会导致血液循环的停止。脑细胞对缺氧十分敏感，一般在血液循环停止后4～6 min大脑即发生严重损害，甚至不能恢复，所以必须争分夺秒地进行心肺复苏术。通过人工呼吸和施加胸外心脏按压使呼吸血液循环得以恢复从而挽救生命。

现场心肺复苏术主要为徒手操作，在许多场合下这是唯一实用的有效方法。患者心跳、呼吸停止，全身肌肉松弛，口腔内的舌肌和会厌也松弛后坠从而阻塞呼吸道。采取头后仰、抬举下颌，可使舌根部向上抬起，使呼吸道通畅，这样就可以用口顺利向患者的口内吹气。心跳停止后，全身的血液循环也会随之停止，脑组织和许多重要脏器得不到氧气及血液的供应，很快就会出现坏死。因此必须在进行口对口人工呼吸的同时进行胸外心脏按压，人为地维持血液循环。

心脏除颤，也称为"电复律"，是一种使用心脏除颤器的电流对心脏进行复律的医疗程序。该过程涉及使用除颤器释放电流，电流会通过两个电极板，传导到心脏，使心脏从异常状态回到正常的窦性节律。这主要适用于发生恶性心律失常的情况，如快速性房颤、室性心动过速、心脏停搏等。这些心律失常可能导致心脏无法有效地泵血，从而危及生命。因此，当患者出现这些心律失常时，须及时进行心脏除颤，以恢复正常的心脏节律。

心脏除颤器是一种医疗电子设备，主要由除颤充/放电电路、心电信号放大/显示电路、控制电路、心电图记录器、电源以及除颤电极板等组成。它通过脉冲电流作用于心脏，实施电击治疗，消除心律失常，从而使心脏恢复窦性心律。除颤器具有疗效高、作用快、操作简便以及与药物相比较为安全等优点。

【实验器材】

心肺复苏模拟人、心脏除颤器、无菌纱布、酒精棉球、镊子等。

【实验方法与步骤】

一、熟悉心肺复苏模拟人模型和心脏除颤器

在老师的指导下，认真阅读心肺复苏模拟人、心脏除颤器的使用说明书，熟悉并明确使用方法。

二、心肺复苏术

（一）判断意识和畅通呼吸道

发现昏迷倒地的患者后，轻摇患者的肩部并高声喊叫，如"醒醒，你怎么了"。若患者无反应，应立即持续掐压人中、合谷穴位 5 s；若患者仍未苏醒，应立即向周围呼救并拨打急救电话。然后，将患者放置硬地板或硬板床上，摆成复苏体位（图4-31），即将患者转为仰卧位，使其头、颈、躯干平直无扭曲，双手放于躯干两侧。

若患者口腔有异物导致呼吸困难，可让患者头朝侧面，用手清理异物，然后用仰头举颌法（图4-32）开放患者气道：抢救者一手置于患者的前额使其头部后仰，另一手的示指与中指置于患者的下颌骨近下颌角处以抬起下颌。

图4-31　放置成心肺复苏体位

图4-32　仰头举颌法

（二）人工呼吸

在确定呼吸道畅通后要立即判断患者有无呼吸，抢救者将脸贴近患者的口鼻，感受有无气息进出，同时眼睛侧视患者胸部，观察其有无起伏。若患者均无反应，则说明患者没有呼吸，要立即进行口对口人工呼吸（图4-33）。

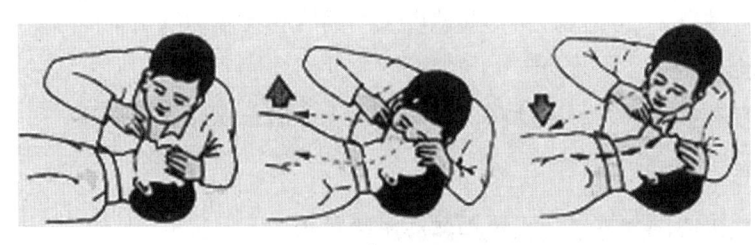
　　　　a.　　　　　　　　　　b.　　　　　　　　　　c.
图4-33　口对口人工呼吸

在保持患者呼吸道畅通和口部张开的状态下进行口对口人工呼吸。操作时，用按于患者前额一手的拇指与示指捏住患者的鼻孔；抢救者深吸一口气后，张开口紧贴患者的口（要将患者的口全部包住，若条件允许，可先用一块无菌纱布盖住患者的口），快而深地向患者口内吹气，直至患者胸部上抬，每次吹气约持续 1 秒。一次吹气完毕后，立即与患者口部脱离，放松捏鼻的手指，关闭患者的嘴，以便使其从鼻孔出气，轻轻抬起头部，眼视患者胸部，同时吸入新鲜空气，准备下一次人工呼吸。

（三）胸外心脏按压

实施胸外心脏按压前，先判断患者有无脉搏。抢救者一手置于患者前额使其头部保持后仰，另一手在靠近抢救者一侧触摸患者颈动脉，用示指及中指指尖触及气管正中部位（男子可先触及喉结），然后向旁滑移 2～3 cm，在气管旁软组织处触摸颈动脉搏动（图 4-34）。

图 4-34　触摸颈动脉

在判断患者没有脉搏后，应立即准备进行胸外心脏按压。患者应仰卧于硬板床或平地上，在保持呼吸道通畅的位置下，先进行 2 次人工呼吸，然后抢救者应快速找到按压的部位：首先以示指、中指沿患者肋弓处向中间滑移，在两侧肋弓交点处寻找胸骨下切迹（剑突处），以此作为定位标志；然后将示指和中指的两指横放在胸骨上切迹上方，示指上方的胸骨正中部位即为按压区（图 4-35）；再将定位手取下，将一手掌重叠放在另一手背上，使手指不要接触胸壁。

抢救者双臂应伸直，双肩在患者胸骨上方正中，垂直向下用力按压（图 4-36），按压的频率为 100～120 次/min，对于成年患者按压深度为 5～6 cm。

图 4-35　按压时双手位置

图 4-36　按压时姿势

单人进行心肺复苏术：遵循上述步骤先进行30次胸外心脏按压，然后进行2次人工呼吸，如此反复进行，直到专业医务人员赶到。

双人进行心肺复苏术：遵循上述步骤，一人进行胸外心脏按压，另一人进行口对口人工呼吸。此法要求两人必须协调配合，按压与吹气次数的比例为30∶2。

三、心脏除颤

（1）确定可除颤的心律：首先需要确认患者的心率为可除颤的心律，如心室扑动、心室颤动等。

（2）选择能量：根据使用的电除颤仪类型（双向波或单向波），选择合适的能量。对于双向波电除颤仪，能量通常为150～200 J；对于单向波电除颤仪，能量通常为300～360 J。

（3）充电：按下充电按钮，当听到"滴"的一声后，说明充电已完毕，可以进行除颤。在充电过程中，应注意不要涂导电糊。

（4）安放电极：将电极板安放在患者身上，一个放在心尖部位，另一个放在右侧的锁骨中线第2～3肋间。确保电极板紧贴患者皮肤并稍为加压，不能留有空隙，边缘不能翘起。

（5）放电：同时按压左、右手柄的放电按钮，给心脏一个电击。放电时，应确保周围无人员直接或间接与患者接触，以避免意外伤害。

（6）心律检测：检查除颤后患者的心律情况，判断是否需要准备下一次除颤。

四、现场急救流程

（一）评估现场

确保安全：检查环境是否安全。

判断意识：轻拍患者肩膀并呼喊，确认其是否有反应。

（二）呼救

拨打急救电话：如患者无反应，应立即拨打急救电话。

获取自动体外除颤器（automated external defibrillator，AED）：如有条件，让现场人员去取来AED。

（三）检查呼吸

观察呼吸：看胸部是否有起伏，听是否有呼吸声，感觉是否有气息。

判断心跳：若无呼吸或仅有濒死喘息或颈动脉搏动消失，可能心脏骤停。

（四）开始胸外按压

位置：将一只手掌的根部放在胸骨下半部，另一只手叠放。

姿势：双臂伸直，肩部正对患者胸部。

按压深度：5～6 cm。

频率：每分钟 100～120 次。

回弹：每次按压后让胸部完全回弹。

（五）人工呼吸

开放气道：仰头提颏法开放气道。

捏鼻吹气：捏住鼻子，口对口吹气 2 次，每次持续 1 秒，观察胸部起伏。

若仅一人独立实施救治的，应以胸外按压为主；若其操作熟练，可将人工呼吸和胸外按压结合实施救治。若条件允许双人协作实施救治的，则可以一人做胸外按压，一人配合做人工呼吸，而双人的操作动作和频率等均与单人操作一样。

（六）持续 CPR

按压与呼吸比例：30 次按压后，实施 2 次人工呼吸。

持续进行：直到患者恢复呼吸、急救人员到达或施救者体力不支。

（七）使用 AED

开机：按指示操作。

贴电极片：按图示位置粘贴。

分析心律：确保无人接触患者。

电击：如需电击，确保无人接触患者后才按下按钮。

继续 CPR：电击后，立即继续按压。

（八）注意

尽量减少按压中断；保持施救者的体力，多人可轮换操作；如患者为儿童或婴儿，则按压深度和力度需做出调整。

【注意事项】

一、心肺复苏术的注意事项

（1）开放气道行仰头举颌法时，注意手指不要压迫患者颈前部、颌下软组织，也不要颈过伸。

（2）进行口对口人工呼吸时，每次吹气量不要过大，否则易造成胃大量充气。

（3）判断有无脉搏时，触摸颈动脉不能用力过大，以免颈动脉受压妨碍头部供血，检查时长不可超过 10 s。

（4）胸外心脏按压用力应平衡、有规律地进行，不能间断，也不能忽快忽慢，禁止做猛烈地冲压，按压时手指不要压在胸壁上，否则易导致肋骨或肋软骨骨折。

（5）按压时，应垂直向下用力（特别是肩、肘、腕成一条直线，与胸部成直角），不要左右摆动，双手掌要重叠放置，不可交叉放置；按压后放松时，定位的手掌根部不可离开胸骨定位点。

二、心脏除颤的注意事项

（1）在除颤器充电时不要涂导电糊，应在充电完成后进行。

（2）放电时，操作者和辅助人员不能直接接触患者，并应远离患者身边可导电的器物。

（3）确保电极板之间保持干燥，避免短路，且电极板把手应保持干燥，以免伤及操作者。

【思考与讨论】

（1）怎样判断心肺复苏的有效性？

（2）心肺复苏过程中要注意哪些生理指标？

（3）心脏除颤适用于哪些情况？

实验二　肩及肘部运动损伤检查方法

【实验类别】

综合性实验。

【每组人数】

2～4 人。

【实验目的】

了解常见运动损伤的症状、诊断要点，熟悉伤者体征，初步掌握各项损伤体征的检查方法。

【实验原理】

（1）观察伤者姿势、步态、局部征象，有无淤血肿胀、畸形，并与健侧相比较。

（2）触摸受伤部位的皮肤温度、肌肉张力、软组织韧度，还应注意有无压痛。

（3）检查自动、被动和抗阻运动：用以发现关节本身、关节周围和关节邻近组织的伤病情况，神经系统的障碍，肌肉、肌腱和筋膜病变以及关节内的疾患。

（4）测量长度、围度、角度、力量、畸形角度：用以比较肢体肌肉、骨骼生长及伤病状况。比较方法有两种：一是与已知标准比较，二是与健侧进行比较。

（5）可了解关节内发出的各种不正常声音，如弹响、摩擦音、吱喳音等。

【实验器材】

诊断床、软皮尺、量角器、读片灯，有关解剖学和运动创伤学的挂图、模型、投影片、幻灯片、录像带等，以及电化教学设备。

【实验方法与步骤】

一、肩部损伤

（一）肩袖损伤

肩袖损伤系指肩袖肌腱和肩峰下滑囊的创伤性炎症。其损伤机制是肩关节的反复旋转或超常范围的转肩活动引起肩袖肌腱，尤其是冈上肌腱和肩峰下滑囊受到肩峰、喙肩韧带与肱骨大结节的不断挤压和摩擦，久而久之，可导致肌腱伤，也可能是一次急性损伤。

1. 症状与诊断

（1）肩部有超常范围的转肩活动史或一次急性损伤史。

（2）肩痛或做外展、转启动作时痛。

（3）压痛多在肩峰下的深部，以肱骨大结节处压痛最明显。

（4）肿胀大都不明显，这是由于有丰厚的三角肌覆盖的关系。仅在急性期或肩峰下滑囊发炎有大量积液时，才显轻度肿胀。病程较长者，可出现肩部肌肉萎缩。

（5）肩外展时，"痛弧"试验阳性。

（6）进行X线检查，在早期一般没有明显的病理征象，在晚期有时可见肱骨大结节处有骨质硬化、囊性变或肌腱钙化等。

2. 检查方法

患者取坐位，裸露双肩做对比检查。

（1）望诊：急性损伤时，肩峰下方，肱骨大结节处可有轻度肿胀；病程较长者，可见冈上肌和三角肌出现废用性萎缩。

（2）触诊：压痛点局限于肱骨大结节处或在肩峰下与肱骨大结节之间。

（3）运动功能检查：肩袖损伤后，当肩关节主动或被动使上肢外展、内收。在 60°～120°范围内出现疼痛，小于 60°和大于 120°时疼痛反而减轻或消失，此即谓肩"痛弧"试验阳性（图 4－37）。这是肩袖或肩峰下滑囊与肩峰和喙肩韧带相互摩擦的结果。

（4）听诊：检查者一手平放于患者的患侧肩峰与大结节之间，在其肩外展过程中，可扪及响声，这是由于该伤多合并三角肌下滑囊炎。久之囊内粘连或囊壁肥厚，活动时由囊壁的摩擦或抬肩时囊壁"打皱"后突然与肩峰撞摩而出现响音。

图 4－37　痛弧

（二）肱二头肌长头肌腱腱鞘炎

肱二头肌长头肌腱腱鞘炎是指由于肩部超常范围的活动，或肩部突然猛烈过度背伸所引起的急性腱鞘炎，也常见到由于肩部大范围活动过多，局部负荷过大（反复地摩擦、牵拉、挤压等），使局部多次微细损伤积累而发生的慢性腱鞘炎。长期磨损的肱二头肌长头肌腱，可逐渐发生退行性的病理改变；在某一次剧烈的活动中，可发生肌腱的断裂。

1. 症状与诊断

（1）患者有肩部活动过多、负担过重或急性损伤的病史。

（2）肩部有不适及酸胀感，继而出现疼痛，逐渐加重，疼痛可以放射到三角肌止端或上臂及前臂的外侧。

（3）结节间沟处压痛与"反弓"痛。

（4）肌腱弹响。

2. 检查方法

患者取坐位，裸露双肩做对比检查。

（1）触诊：压痛，上臂外旋，于肩前上方扪得肱骨小结节，再顺结节间沟挤压、弹拨，可出现锐痛。

（2）运动功能检查：①上肢外展，上举并向后作"反弓"动作，疼痛加剧。②屈臂旋后抗阻试验，患侧上肢屈臂旋后抗阻活动时，肩前痛即为阳性。

（3）听诊：部分患者上肢于外展 90°位，沿肢体纵轴旋转时，可听到响声，若压迫结节间沟处，响声不再出现，此为狭窄性腱鞘炎的典型体征。

（三）肩关节前脱位

肩关节脱位多由间接暴力所引起，致使肱骨头与肩胛盂的正常连接关系遭到破坏。依两者关系的改变可分为前脱位、后脱位、盂下脱位。在体育运动中，以前脱位最为多见。运动员向前跌倒时，若肩关节处于上臂外展位下，手掌或肘部触地,都可能发生肩关节前脱位。此外,上臂处于外展位,突然过度背伸或过度外旋,以及肩后受撞击时,也可发生肩关节前脱位。

1. **症状与诊断**

(1) 急性损伤史。

(2) 疼痛与肿胀。

(3) 伤侧肩呈"方肩"畸形。

(4) 关节活动功能丧失。上臂外展30°,呈弹性固定。杜格式征、直尺试验均呈阳性。

(5) X线检查可明确脱位程度及方向,并可排除是否存在合并骨折。

2. **检查方法**

患者取坐位,裸露双肩做对比检查。

(1) 望诊:患者以手托肘,头偏向患侧并有肩部下斜者,该侧可能有肩关节脱位,伤肩疼痛、肿胀,不能活动。上臂大多在外展30°左右时,肘关节不能接触胸侧壁,锁骨下窝消失,呈"方肩"畸形。此时,肩峰突出,肩部变平,失去正常肩部圆形膨隆的外观(图4-38)。必须注意,有三角肌麻痹萎缩时,肩的外形也像"角肩",但用手细摸,可摸到肱骨大结节,肩仍为圆形。肱骨颈骨折错位时,易误诊为脱位,但骨折时无"方肩"。

(2) 触诊及测量:①肩关节脱位时,肱骨头移位,可以摸到肩峰下空虚感及异位的肱骨头。②肩部三角测验。肩部三角由3个骨隆起组成,即喙突、肩峰及肱骨大结节。检查时两侧对比,如果3点关系失常,则说明有骨折或脱位(图4-39)。③直尺试验。用普通直尺,前上臂长轴放置。尺的下端放于肱骨外上髁,另一端向上过肩。正常时,由于肩部呈圆形,直尺向外倾斜,接触不到肩峰;肩关节脱位时,由于肱骨头移位,形成"方肩"畸形,直尺上部能与肩峰接触,即直尺试验阳性。

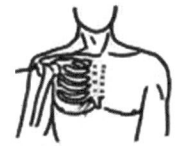

图4-38 盂肱关节脱臼"角肩"

图4-39 肩部三角测验

(3) 运动功能检查:运动功能丧失,扳动上臂,可感到弹性固定。患者的患侧肘部紧贴胸壁时,手触摸不到健侧的肩峰;患侧手能摸到对侧肩峰,而肘关节内侧不能接触胸侧壁。上述均为杜格氏征阳性。

二、肘部运动损伤

(一) 肘内侧副韧带损伤

在体育运动中,凡使前臂突然外展、肘关节尺侧副韧带遭到猛烈的过度牵拉,均可造成此损伤。

1. 症状与诊断

(1) 明显外伤史。

(2) 肘关节内侧疼痛且明显压痛。

(3) 局部肿胀,可见皮下瘀斑、皮肤微热。

(4) 前臂外展痛:若尺侧副韧带断裂,可出现异常外展活动。

(5) X线检查:新伤多无异常,若尺侧副韧带完全断裂,在肘关节被动外展位摄片时,可见到肱尺关节内侧间隙加大;陈旧性韧带损伤,可有韧带钙化。

2. 检查方法

患者取坐位,裸露双侧上肢做对比检查。

(1) 望诊:患侧肘关节内侧可见肿胀、皮下瘀斑。

(2) 触诊:于尺骨半月切迹和肱尺关节之间有明显压痛。

(3) 运动功能检查。①尺侧副韧带前束损伤时,在肘关节伸直位下,前臂被动外展时,疼痛加剧;尺侧副韧带后束损伤,在肘关节屈曲90°位,前臂被动外展时,疼痛较甚;尺侧副韧带断裂,可出现超常肘外展。②肘关节外展试验:患者取坐位,伤肢伸直或屈曲90°位。检查者坐于患侧,一手握住肘外侧,一手握前臂,同时推肘向内,拉前臂向外,肘内侧有剧烈疼痛,或出现超常肘外翻者为阳性。

(二) 肱骨内上髁炎

肱骨内上髁炎系前臂屈肌总腱在肱骨内上髁附着处的慢性劳损。常见于羽毛球、棒垒球和投掷等运动项目,为前臂屈肌在肱骨内上髁附着处,反复收缩、牵拉致伤。

1. 症状与诊断

(1) 无急性受伤史,起病缓慢。

(2) 疼痛重复损伤动作或大运动负荷后疼痛加重,后期可出现持续疼痛。

(3) 少数患者后期可有第4、5指间歇性麻木。

(4) X线检查:一般无异常发现,少数患者后期可见局部有骨膜增生。

2. 检查方法

患者取坐位,裸露双侧上肢做对比检查。

（1）望诊：局部微肿。

（2）触诊：肱骨内上髁处有局限压痛点。

（3）运动功能检查。①抗阻力屈腕试验：患肢伸直，前臂旋后，腕略背伸。检查者加外力于腕掌侧令患者用力屈曲腕关节，肱骨内上髁疼痛为阳性。②抗阻力前臂旋前试验：患者伸直肘关节，前臂旋后。检查者握其前臂下段，令患者克服阻力，使前臂旋前，肱骨内上髁疼痛，即为阳性。

（三）肱骨外上髁炎

肱骨外上髁炎为一种肘外侧疼痛综合征，因常见于网球运动员，故又名"网球肘"。网球运动员"反拍、下旋击球"，球的冲击力传导致伸腕肌在肱骨外上髁的附着处，反复牵拉，使该部组织发生慢性损伤。此外，羽毛球、乒乓球、击剑运动员亦可发生。

1. 症状与诊断

（1）无明显外伤史。

（2）肘外侧疼痛，后期呈持续疼痛，重复损伤动作疼痛加剧，可向前臂或上臂放射。

（3）重症者可肘软无力，失手掉物。

（4）X线检查时，有时可见到撕裂小骨片、肱骨外上髁表面粗糙或骨质增生。

2. 检查方法

患者取坐位，裸露双侧上肢做对比检查。

（1）望诊：有时可见肘外侧软组织肿胀。

（2）触诊：肘外侧、肱骨外上髁处、肱桡关节间隙、桡骨小头处明显压痛。

（3）运动功能检查。①抗阻力伸腕试验：患者伤肘微屈，前臂旋前，腕关节屈曲，检查者加外力于腕背侧，令患者用力背伸腕关节，肱骨外上髁部疼痛为阳性。②抗阻力前臂旋后试验：患者屈曲肘关节，前臂旋前，检查者握其腕部，令患者抗阻力，使前臂旋后，肱骨外上髁疼痛为阳性。③旋臂屈腕试验：患者伤肢伸直，前臂旋前，检查者将患者腕部做极度屈曲，肱骨外上髁部疼痛为阳性（图4-40）。

图4-40 旋臂屈腕试验

（四）肘关节后脱位

肘关节后脱位，多由于直接暴力和杠杆作用所致，多发生于运动者在运动中摔倒时。在肘伸直，前臂旋后下用手掌撑地，反作用力沿前臂向上传达至肘，以鹰嘴和鹰嘴窝为支点，肘关节向后过伸，迫使肱骨下端向前，尺骨鹰嘴向后、向上，造成肘关节的后脱位。

1. 症状与诊断

（1）急性外伤史。

（2）疼痛与明显肿胀。

（3）畸形：肘关节半屈约135°，前臂缩短，肘窝饱满、肘后空虚，肘后正常三角关系改变。

（4）活动功能丧失。

（5）通过X线检查，可确定关节脱位程度、方向，有无合并骨折。

2. 检查方法

患者取坐位，裸露双上肢做望诊对比检查。①肘部肿胀。②肘部畸形，肘半屈位约呈135°，肘部前后径加长、鹰嘴明显后突。③检查肘后三角，肘关节屈曲时，肱骨内、外上髁和鹰嘴的最高点呈等腰三角形，顶尖向下，当肘伸直时，3点在一直线上（图4－41）。肘关节后脱位时，肘后的三角关系改变（图4－42），呈不等腰三角形。肱骨髁上骨折时，肘后三角关系不变。

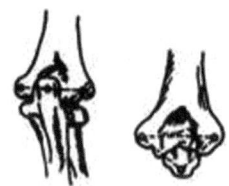
图4－41　肘后正常三角

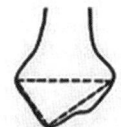
图4－42　肘后异常三角

【注意事项】

（1）肩袖损伤与肱二头肌长头肌腱腱鞘炎的疼痛部位有重叠，检查时要严格按照该项损伤的检查方法来加以区分。

（2）"网球肘"这类损伤也可能在网球运动外的其他运动项目中出现，要重点研究该损伤的发生原理。

（3）注意总结上肢损伤的损伤规律与检查方法。

【思考与讨论】

（1）肩袖损伤与肩周炎的区别与联系是什么？

（2）"网球肘"的征象是什么？

实验三 腕、手及腰部运动损伤检查方法

【实验类别】

综合性实验。

【每组人数】

2～3 人。

【实验目的】

了解常见运动损伤的症状、诊断要点，熟悉其体征，初步掌握各项损伤体征的检查方法。

【实验原理】

（1）观察患者的姿势、步态、局部征象，有无淤血肿胀、畸形，并与健侧相比较。

（2）触摸受伤部位的皮肤温度、肌肉张力、软组织韧度，还应注意有无压痛。

（3）检查自动、被动和抗阻运动：用以发现关节本身、关节周围和关节邻近组织的伤病情况，神经系统的障碍，肌肉、肌腱和筋膜病变以及关节内的疾患。

（4）测量长度、围度、角度、力量、畸形角度：用以比较肢体肌肉、骨骼生长及伤病状况。比较方法有两种：一是与已知标准比较，二是与健侧进行比较。

（5）可了解关节内发出的各种不正常声音，如弹响、摩擦音、吱喳音等。

【实验器材】

诊断床、软皮尺、量角器、读片灯，有关解剖学、运动创伤学的挂图、模型、投影片、幻灯片、录像带等，电化教学设备，如投影仪、幻灯机、放像机等。

【实验方法与步骤】

一、腕、手部运动损伤

（一）腕舟骨骨折

腕舟骨骨折在体育运动中，常由于直接暴力所致。运动员向前倒地，以手掌撑地，手腕猛烈极度背伸、桡侧偏，地面的冲击力由舟骨结节向上传导，舟骨被桡骨的桡腕关节面锐利的背侧缘撞击，劈裂而发生骨折（图4-43）。骨折多无移位。临床上常由于舟骨表面大部分被关节软骨覆盖，因此血液运行较差，造成骨折迟缓愈合或不愈合，甚至发生缺血性坏死。

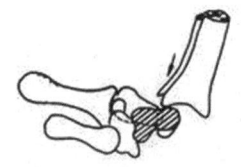

图4-43　腕背伸时，舟骨被桡骨关节面背侧缘截断

1. 症状与诊断

（1）急性外伤史。

（2）局部疼痛剧烈与叩击痛。

（3）鼻烟窝处肿胀。

（4）桡腕关节活动障碍。

（5）X线检查：早期骨折线常显示不出；1～2周后，由于骨折处骨质吸收，骨折线方显现出来。因此，不能单凭初期X线的检查结果而轻易否定骨折存在。临床检查怀疑骨折时，应按骨折处理，2周后再摄腕部的正、侧、斜位X线片，以明确诊断。

2. 检查方法

患者取坐位，裸露双侧前臂以下部位，进行对比检查。

（1）望诊。患侧鼻烟窝处轻度肿胀。

（2）触诊。①压痛：鼻烟窝处明显压痛。②叩击痛，即轴心叩击痛：纵向叩击第二、第三掌骨头，腕部有剧烈疼痛。

3. 运动功能检查

桡腕关节活动有明显障碍，腕背伸桡侧偏时疼痛加重。

（二）腕三角软骨盘损伤

腕三角软骨盘损伤多见于排球或体操运动员。前臂极度旋转时，在桡尺下关节处，有分离的趋向，三角软骨盘被拉紧，若暴力旋转和活动范围过大，可使三角软骨盘被撕裂或从附着处被撕脱。

运动员倒地时，手掌背伸触地，前臂旋前或旋后，一次性外力即可引起急性损伤；体操运动员也可由于长期反复地背伸桡腕关节和旋转前臂，使三角纤维软骨盘受到磨损和牵拉，造成慢性损伤。

1. 症状与诊断

（1）急性外伤史与局部肿胀，以尺侧为重。

（2）腕部疼痛与腕部尺侧压痛明显。

（3）功能障碍，握力减退，旋腕功能减退，尤以腕背伸、支撑、尺偏、前臂旋前时，疼痛加剧。

（4）慢性患者在旋腕时可听见弹响声，可有下桡尺关节松弛。

（5）X线检查。桡腕关节碘油造影，若下桡尺关节或桡腕关节内溢入碘油，证明三角软骨盘已破裂，X线检查能排除骨折和脱位。

2. 检查方法

患者取坐位，裸露双侧前臂以下部位，进行对比检查。

（1）望诊。①当三角软骨盘破裂后，下桡尺关节分离时可见到尺骨小头向背侧突起。②腕部肿胀。

（2）触诊。①压痛。局限于尺骨下端的关节间隙和下桡尺关节的背侧间隙处。②下桡尺关节松弛，可呈半脱位，尺骨小头向背侧突出。按压时，下尺桡关节处可有摩擦痛。

（3）运动功能检查。①腕部旋转功能受限，尤以尺偏、旋转功能受限。②三角软骨盘挤压试验：检查者一手握住患者前臂下端，另一手握患手，使腕关节作极度屈曲，旋前和尺偏形成旋转挤压的力量，腕关节尺侧痛为阳性。

（4）听诊。部分患者在旋转腕部时，下桡尺关节处可听见响音。

（三）掌指（指间）关节扭伤脱位

掌指关节除拇指掌指关节外，均为球窝关节；指间关节均属滑车关节。关节囊的背侧较松弛，关节两侧有侧副韧带加固。因此，掌指关节屈的运动大于其他方向运动的幅度，侧向运动受限。

掌指（指间）关节扭伤脱位，多因暴力直接作用于患部，使其关节过伸所致，或由直接侧方暴力所引起。此类损伤多见于篮球、排球运动，常因手指受到球的撞击，发生掌指（指间）关节扭伤以至关节脱位。

1. 症状与诊断

（1）急性外伤史、疼痛与肿胀。

（2）功能障碍或出现异常的侧向活动。

（3）畸形（关节脱位后），可见明显的缩短和高凸畸形。

（4）X线正侧位片可确诊。

2. 检查方法

暴露双手做对比检查。

（1）望诊。①肿胀。损伤关节周围可见明显肿胀。②畸形。若一侧韧带撕裂，则伤指可出现轻度侧弯畸形；如合并关节脱位，伤指可向背侧屈折畸形。

（2）触诊。关节韧带扭伤后，关节一侧韧带有明显压痛。例如，合并关节囊撕裂时，关节各方向均有压痛；拇指掌指关节扭伤后，压痛点在掌指关节的内侧面。

（3）运动功能检查。①掌指关节侧扳分离试验：患腕于旋前位，掌心向下，检查者左手握住掌指关节近端，另一手将患手掌指关节屈曲90°（此位时，侧副韧带处于紧张状态），同时向内侧（或外侧）侧扳手指（指间关节伸直）。如外侧（或内侧）疼痛，即为该侧副韧带损伤。如侧扳中关节有松动感（开口感），则为韧带断裂。②指间关节侧扳分离试验：患指的掌指关节和指间关节伸直（指间关节伸直时，其侧副韧带是紧张的）。检查者一手握住指间关节的近端，另一手示指抵住指间关节内侧（或外侧），其拇指置于指间关节的远侧端，并向外侧（或内侧）扳动，如果内侧（或外侧）疼痛即为该侧副韧带损伤，若关节有松动感（开口感），则为韧带断裂。③检查手指的屈伸功能活动：令患者先紧握拳，然后再伸直手指。若掌指（指间）关节的屈伸活动明显受限，则表明掌指（指间）关节有扭伤；若掌指（指间）关节失去运动功能，则表明其可能合并关节脱位。

二、腰部运动损伤——急性腰扭伤

人体在负重活动或体位变换时，腰部肌肉、韧带、筋膜等受到牵扯、扭转，或肌肉骤然收缩使少数纤维被拉断，或椎间小关节出现微小错位，这些均为急性腰扭伤。其中，多数病例发生在腰骶部及骶髂关节处。

1. 症状与诊断

（1）有急性损伤史，局部压痛，伤部可有轻微肿胀。

（2）损伤后，腰部立即出现疼痛，症状可渐重，经2～3天后，疼痛部位逐渐局限；部分患者因腰骶部神经的分布关系，疼痛可放射到臀部、腹股沟或股后部。

（3）腰部发僵、发硬、发胀，屈伸、侧弯、旋转等动作均受限。

（4）X线检查。腰部无明显异常改变，可排除骨折和其他病变。

2. 检查方法

患者充分裸露腰背部，上自肩胛部下至髂后上棘部。

（1）望诊。观察脊柱及腰背部肌肉形态。立位检查，先观察背面，比较脊柱两侧肌肉是否对称，有无痉挛，有无脊柱侧弯、后突。观察侧面，注意是否有圆背、腰曲线消失（下腰痛）、腰椎前突（滑椎症）或平背及胸腰段后突（腰椎体边缘离断症）。肌纤维、筋膜纤维部分撕裂，韧带附丽部撕裂时，可局部出现肿胀、青紫。

（2）触诊。①压痛：伤部肌肉、筋膜僵硬、痉挛及压痛。压痛点多在腰骶关节、髂嵴后缘、骶骨后面和腰椎横突，尤以第 3 腰椎横突压痛明显。棘上韧带或棘间韧带损伤时，压痛点在棘突上或棘突间。若疼痛剧烈，压痛处韧带松弛而有凹陷，腰前屈时棘突间距增大，可能为韧带断裂。②叩痛：小关节韧带扭伤或小关节微小错位发生交锁时，疼痛位置较深，不易触及。当叩击伤处时，可引起震动性剧痛，利于诊断。

（3）运动功能检查。

第一，站立位运动功能检查。患者站立，双膝伸直，做向前、后弯腰及左右侧屈、旋转动作。正常情况下，前屈时腰部顺如弯弓，各向活动自如，若出现腰部板平、发僵，活动受限，则提示有伤病。腰肌拉伤时，腰部前屈疼痛加重，后伸减轻；棘上韧带、棘间韧带损伤时，患者不能弯腰；椎间小关节扭伤，微小错位时，腰部各方向活动均不能进行；小关节滑膜嵌顿时，腰部突然不能活动，脊柱后伸时剧痛；骶髂关节扭伤时，立位前屈受限，坐位弯腰时，疼痛减轻。

第二，坐位运动功能检查。患者取坐位，在检查者协助下做前屈、背伸及旋转运动。若疼痛感觉和立位检查时相同，则伤病在腰骶关节以上；若疼痛减轻，则伤病在骶髂关节。

第三，卧位运动功能检查。①直腿抬高试验：患者仰卧，检查者将患者一侧腿直抬起时，若其腿和足部出现发麻、疼痛症状，为阳性（图 4-44），说明有坐骨神经痛，同时这也是腰椎间盘突出症的重要体征。急性腰扭伤或患严重的腰部肌肉筋膜炎也可出现阳性。②腰部扭转试验：患者仰卧、屈髋、屈膝，使腰骶关节屈曲，并做左右旋转运动，腰骶部疼痛即属阳性，说明伤在腰骶部（图 4-45）。③背伸抗阻试验：患者俯卧，检查者按压背部和腿部令其克服阻力做背伸动作（图 4-46），若有腰背肌拉伤或劳损时，伤处疼痛，即为阳性。④骶髂关节旋转试验（盖氏试验）：患者以健侧臀部仰卧于床沿，双手用力抱住健侧膝，固定骨盆，防止旋转；检查者按压患腿，若骶髂关节痛即为阳性，可诊断为骶髂关节扭伤（图 4-47）。

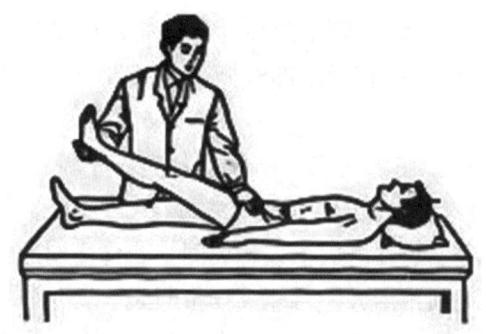

图 4-44　直腿抬高试验

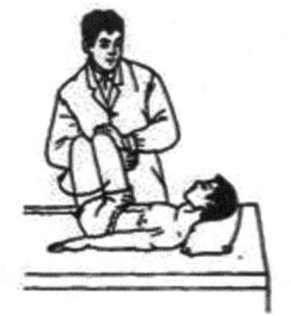 

图 4-45　腰部扭转试验

图 4-46　背伸抗阻实验　　　　　　4-47　骶髂关节旋转试验

【注意事项】

（1）背伸抗阻实验不要用力过猛，以免把腰部肌肉拉伤加重。

（2）骶髂关节旋转试验时，检查者要用髋部顶住被检查者身体，以免被检查者摔到地上。

【思考与讨论】

（1）骶髂关节痛与腰椎间盘突出的区别？

（2）如何鉴定舟骨骨折？

第四章 医学保健技术与检查

实验四 大腿、膝及踝部运动损伤检查方法

【实验类别】

综合性实验。

【每组人数】

2～3人。

【实验目的】

了解常见运动损伤的症状、诊断要点，熟悉其体征，初步掌握各项损伤体征的检查方法。

【实验原理】

（1）观察患者的姿势、步态、局部征象，有无淤血肿胀、畸形，并与健侧相比较。

（2）触摸受伤部位的皮肤温度、肌肉张力、软组织韧度，还应注意有无压痛。

（3）检查自动、被动和抗阻运动：用以发现关节本身、关节周围和关节邻近组织的伤病情况，神经系统的障碍，肌肉、肌腱和筋膜病变，以及关节内的疾患。

（4）测量长度、围度、角度、力量、畸形角度：用以比较肢体肌肉、骨骼的生长及伤病状况。比较方法有两种：一是与已知标准比较，二是与健侧进行比较。

（5）可了解关节内发出的各种不正常声音，如弹响、摩擦音、吱喳音等。

【实验器材】

诊断床、软皮尺、量角器、读片灯，有关解剖学、运动创伤学的挂图、模型、投影片、幻灯片、录像带等，电化教学设备，如投影仪、幻灯机、放像机。

【实验方法与步骤】

一、大腿部运动损伤——股二头肌损伤的检查法（抗阻力）

（一）大腿后部肌肉拉伤

大腿后部肌肉（腘绳肌）是指股二头肌、半腱肌、半膜肌。肌肉拉伤机制有两种：一是被动拉伤，如劈叉、压腿、跨栏时，大腿后部肌肉被动拉长，超过了肌肉本身的伸展性导致损伤；二是主动拉伤，如跑、跳蹬地时，膝关节由屈曲位移向伸直，屈肌用力收缩时地面的反作用，使该肌群处于极度紧张状态，再加上股四头肌的猛烈牵拉而使该肌群造成损伤。

1. 症状与诊断

(1) 明显受伤史。①疼痛：肌肉拉伤后，伤部有明显疼痛，甚至出现跛行。②压痛：伤部有明显压痛。

(2) 肿胀瘀血。重度损伤可在局部见到肿胀及青紫瘀斑。肌腱或肌肉完全断裂时，常可见到膨大的断端和两断端间的明显凹陷。

(3) 抗阻收缩痛。用力抗阻运动时，伤部明显疼痛。

2. 检查方法

患者取俯卧位，裸露双侧下肢进行对比检查。

(1) 望诊。伤部可见肿胀，重度损伤时，局部可显大片青紫瘀斑。

(2) 触诊。在伤部有明显压痛点，压痛部位常常发硬。通过不同检查法，可找到不同的痛点及压痛部位肌腱。当肌肉完全断裂时，常可在伤部触摸到膨大的断端和两断端间的凹陷。

(3) 运动功能检查——抗阻收缩痛。半腱肌、半膜肌及股二头肌均起于坐骨结节，半腱肌止于胫骨的内上髁前后，股二头肌止于腓骨小头。其作用有屈膝位时伸髋、膝屈曲位时内旋小腿、防止膝的旋转不稳。其损伤部位常见有坐骨结节部拉伤、肌腹部拉伤、下部肌腱处拉伤。因此，抗阻收缩痛检查方法也略有不同，痛点及压痛点也不尽相同（图4-48 至图4-52）。

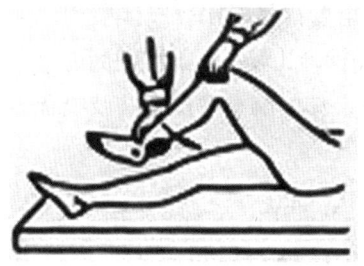

图4-48 屈膝抗阻力试验

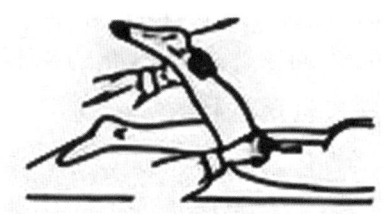

图4-49 半腱肌、半膜肌抗阻力试验检查病点

图4-50 股二头肌损伤的抗阻力检查法

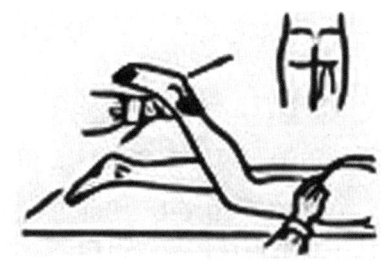

图4-51 大腿后屈肌腱止点损伤的抗阻力检查法

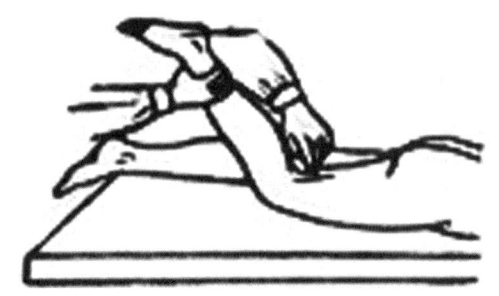

图4-52 股二头肌、半腱肌、半膜肌背伸抗阻检查法

(二) 股四头肌拉伤、挫伤

股四头肌拉伤主要多见于跑、跳运动项目中。肌肉在起跳或后蹬一瞬间强力收缩,若准备活动不充分则容易拉伤。此外,由于肌肉疲劳,协调性遭到破坏时,也易受伤。

股四头肌位于大腿前方,外周又缺乏保护,在对抗运动中,容易受撞击而致挫伤。肌肉受伤后,受伤部位常有广泛性的出血、肿胀。如若处理不及时、不正确,常可继发为骨化性肌炎。

1. 症状与诊断

(1) 急性损伤史、压痛、肿胀与淤血。

(2) 拉伤后,伤部即刻疼痛;挫伤后,即刻局部感麻木,继而出现疼痛。

(3) 功能障碍,患者屈、伸膝疼痛。

2. 检查方法

患者取仰卧位,裸露双侧下肢进行对比检查。

(1) 望诊。中度肌肉拉伤后,受伤部位可见青紫瘀斑;重度拉伤后,可见明显淤血、肿胀;挫伤后,可见存在不同程度的淤血、青紫。

(2) 触诊。肌肉拉伤部位可触到明显的压痛点。肌肉挫伤多见于股直肌的中部或靠近膝关节的部位,压痛明显。无论肌肉为拉伤还是挫伤,伤部一般触之较硬,这是肌组织破坏后引起的血肿包块,处理不当易引起骨化性肌炎。

(3) 运动功能检查。股四头肌的屈、伸膝功能障碍,屈、伸膝抗阻试验疼痛为试验阳性(图4-53、图4-54)。若患者做后蹬动作,则受伤部位疼痛。

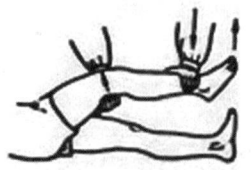
图4-53 股四头肌伸膝抗阻试验
（检查内外侧头损伤）

图4-54 股四头肌全曲抗阻试验
（检查直头及髌韧带的损伤）

二、膝部运动损伤

（一）膝半月板损伤

膝半月板损伤是膝部较为常见的运动损伤，多见于篮球、足球、排球和体操等运动项目。当膝关节处于屈曲位时，若小腿固定，大腿在做内收、外展或内外旋转的同时，突然伸直膝关节，半月板受到股骨和胫骨的夹挤、研磨将导致损伤。少数运动员没有急性损伤史，则系由过多的磨损或多次微细损伤所致。

1. 症状与诊断

（1）有急性外伤史或缓慢发病史，膝关节的稳定性下降。

（2）膝部疼痛，有撕裂感；膝部肿胀，关节可积血或积液。

（3）膝关节活动时，可能出现弹响，可出现"交锁"现象。

（4）X线检查。常规摄正、侧位平片对诊断意义不大，但可排除骨质病变。膝关节空气造影，对诊断有价值，但必须与临床检查结合，才能得出正确诊断。

2. 检查方法

患者裸露双膝进行对比检查。

（1）望诊。若处于急性期，关节会肿胀；若处于慢性期，可见股四头肌萎缩，以股内侧肌最明显。

（2）触诊。在关节间隙有明显的压痛且压痛点固定。

（3）运动功能检查。该检查有四种。

第一，膝扭转屈伸试验（图4-55）。此检查法实际上是重复一次损伤机转。检查者一只手握患者足部，另一只手扶膝上，使小腿外展外旋，然后将膝由极度屈曲缓慢伸直，如关节隙处有响声（听到响声或关节内部的摩擦音），同时出现疼痛，即表明内侧半月板损伤；也可反方向进行，外侧疼响，即外侧半月板损伤。

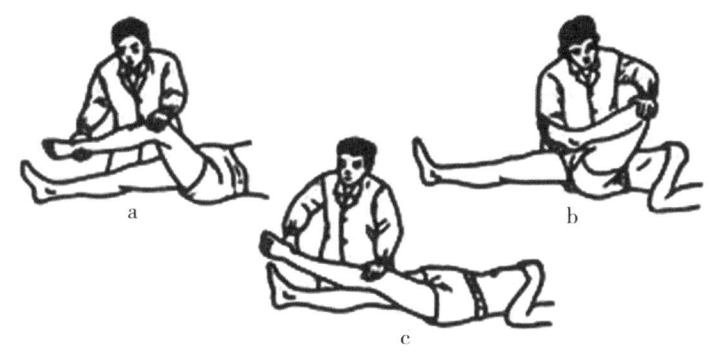

a. 外展外旋　b. 屈曲　c. 伸直

图 4-55　膝扭转屈伸试验

第二，指压试验（图 4-56）。患者取坐位，检查者一只手的拇指端放于膝眼或内、外侧关节间隙，另一只手握踝关节上方，做膝关节的屈伸、旋转活动。拇指尖给半月板一定压力，压痛点即为半月板损伤部；膝眼压痛系前角损伤；膝关节内、外侧间隙压痛，应考虑半月板边缘撕裂。

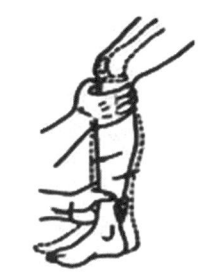

图 4-56　指压试验

第三，膝关节提拉和旋转挤压试验。患者俯卧于床上，检查者一侧膝部压在患者大腿后面（图 4-57），双手握住患者足部向上提拉，并内、外旋转，若有疼痛，则提示韧带损伤。检查者双手握住踝部用力下压膝关节，并作内、外旋转（图 4-58），由极度屈曲位慢慢伸直，若在某个角度疼痛，说明有半月板损伤。疼痛在极度屈膝位为后角损伤，膝部屈曲 90°疼痛为体部破裂，膝关节伸直位疼痛为前角撕裂。

图 4-57　膝关节提拉试验

图 4-58　膝关节旋转挤压试验

第四，半月板摇摆试验（图 4-59）。患者仰卧，膝关节伸直或半屈，一手拇指放在内（或外）侧关节间隙并压住半月板，另一手握住足部，并内外摇摆小腿，使关节隙开大缩小数次，如拇指感到有鞭条状物进出滑动于关节隙或听到响声，患者疼痛，即表示该半月板损伤。

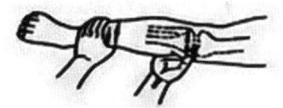

图 4-59 半月板摇摆试验

（二）膝关节内侧副韧带损伤

膝关节内侧副韧带损伤在体育运动中也是比较多见的，在足球、篮球、体操、跳跃等运动项目中常易发生。当膝关节在 130°～150°半屈曲位时，若小腿突然外展、外旋，或足与小腿固定而大腿猛烈内收、内旋，都可使内侧副韧带损伤。

1. 症状与诊断

（1）有急性外伤史，如肿胀、淤血。

（2）疼痛。膝关节内侧剧痛，随后可减轻，然后疼痛又逐渐加重。

（3）功能受限。由于半膜肌、半腱肌出现保护性痉挛，因此膝关节强迫处于半屈曲位，膝关节功能受限。

（4）膝关节外翻痛。

（5）X 线检查。膝关节强迫外翻位的正位，对诊断侧副韧带断裂有较大意义。

2. 检查方法

（1）望诊。膝关节内侧副韧带扭伤时，膝关节内侧可见轻微肿胀；若韧带部分撕裂时，则肿胀明显伴皮下淤血青紫；当韧带完全断裂时，膝内侧迅速肿胀，皮下淤血青紫，关节间隙增大；若伴有半月板、十字韧带损伤时，可见关节肿胀（关节内积血或积液），此时髌骨周围凹陷变浅或消失。

（2）触诊。压痛点多在股骨内侧髁或胫骨内侧髁部位，若有合并半月板损伤，则关节内侧间隙可有明显压痛。

（3）运动功能检查。患者取仰卧位，患膝伸直，检查者一手抵住膝关节外侧，另一手握住患肢踝关节上方并向外侧扳动小腿（图 4-60）。若膝内侧疼痛即为该韧带损伤；若同时膝部有松动感（即开口感），则为该韧带断裂。膝内侧副韧带分为纵束、斜束两部分，此种膝伸直位的侧扳试验主要反映纵束病变，而屈膝（约 30°）位下的侧扳试验主要用于检查斜束的损伤。

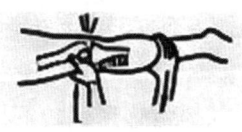

图 4-60 侧扳试验

（三）髌骨软骨病

髌骨软骨病又称"髌骨软骨软化症"，多见于篮球运动员、排球运动员和舞蹈演员。本病多由于膝关节半屈曲位过度屈伸、扭转活动，髌骨关节软骨面受到经常的摩擦、挤压、捻错、冲撞等机械刺激，长期负荷超出了软骨所能承受的生理限度，因此影响局部组织新陈代谢的正常进行，关节软骨发生退行性变化，造成本伤病的发生。

1. 症状与诊断

（1）无明显外伤史，但膝关节有过度训练史。

（2）膝关节疼痛，疼痛随病情发展，渐进加重。膝关节"打软"、无力。髌骨压痛及髌周压痛。

（3）髌骨软骨摩擦试验阳性。单足半蹲试验阳性。伸膝抗阻试验阳性。

（4）X线检查膝关节侧位片与轴位片。患病早期无明显病理改变，患病晚期可见髌骨关节面软骨硬化的高密度影像及髌骨上、下缘骨质增生等表现。

2. 检查方法

患者裸露双膝以下部分进行检查。

（1）望诊。晚期患者可见到股四头肌萎缩。

（2）触诊。该病有以下四种触诊方法。

第一，髌骨压痛试验（图4-61）：患者取仰卧位，患膝微屈，膝后垫沙袋。检查者用手掌垂直按压髌骨，适当施加压力，并向上、下、左、右推动髌骨，疼痛者为阳性。

第二，髌骨边缘指压痛试验（图4-62）：患者取仰卧位，伤膝伸直放松。检查者一只手把髌骨向内侧或外侧推，使其边缘翘起；另一只手示指触摸髌骨内侧或外侧边缘，压痛者为阳性。

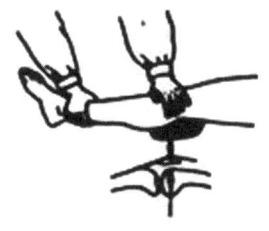

图4-61　髌骨压痛试验

图4-62　髌骨边缘指压痛试验

第三，髌骨软骨摩擦试验（图4-63）：患者取坐位，髋关节放松。检查者一手托住腘窝上方，另一手掌压住髌骨。检查者嘱患者屈伸膝关节或推动其髌骨,有粗糙感或摩擦音者为阳性。

第四,髌骨抽动痛,患者取仰卧位,检查者用手掌压住髌骨,让患者主动收缩股四头肌使髌骨突然向上滑动,出现髌骨下疼痛为阳性。该检查方法的诊断意义同髌骨压痛相似,但应注意进行双侧对比。

(3) 运动功能检查。该病有以下两种运动功能检查方法。

第一,抗阻伸膝试验(图4-64):检查者将一只手臂的前臂置于患者膝后,另一只手握住患者小腿前方并施以阻力,令患者膝由屈逐渐伸直,若膝疼痛或膝软即为阳性。髌骨软骨病多在伸膝110°～150°时疼痛。

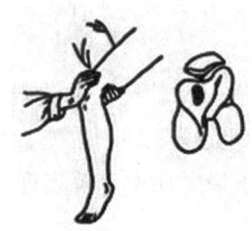
图4-63　髌骨软骨摩擦试验

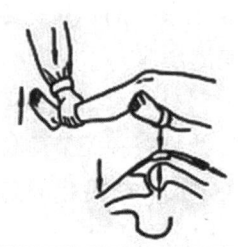
图4-64　抗阻伸膝试验

第二,单足半蹲试验(图4-65):患者健腿提起,用伤腿站立并慢慢下蹲,膝部疼痛时,检查者推髌骨向内或向外,疼痛反而减轻者或加重者,均为阳性,表明髌骨或股骨关节软骨的一侧有病变。

图4-65　单足半蹲试验

三、踝部运动损伤——踝关节韧带扭伤

踝关节韧带扭伤很常见,尤以外侧副韧带扭伤为最多见。在球类、田径、滑雪、体操、跳伞等运动项目中发生率高。

1. 症状与诊断

(1) 急性外伤史:踝部剧烈疼痛,局部肿胀,皮下可见淤血。

（2）有功能障碍，如跛行、甚至不能行走；严重扭伤时，韧带断裂可合并关节脱位，可见踝内翻畸形。

（3）X线检查：双踝强迫内翻位，拍正位片，双踝进行对比，若见关节外侧间隙增宽，则说明内侧副韧带完全断裂。

2. **检查方法**

患者取坐位，裸露双踝进行对比检查。

（1）望诊、形态检查：对比观察双足的踝外形。踝关节韧带扭伤时，内、外踝的前下方肿胀、淤血斑；若是重伤，可有踝的外翻或内翻畸形。

（2）触诊：压痛点检查（以外侧副韧带扭伤为例）。若距腓前韧带扭伤，压痛点在外踝前下方；若跟腓韧带扭伤，则压痛点在外踝尖偏下约一横指处。

（3）运动功能检查。该病有以下两种运动功能检查方法。

第一，内翻痛检查（图4-66）：患者取坐位，检查者一手握住踝部上方，另一手握住足的前部并做内翻动作。如踝外侧痛，而做外翻时不痛即为阳性，表明踝关节外侧副韧带损伤。

第二，踝抽屉试验检查（图4-67）：检查者握住患侧小腿下部，一手端握足跟，在踝关节跖屈位，推拉距骨前后错动。与健侧对比，若活动范围较健侧为大，即属阳性，表明踝关节外侧韧带全部断裂。

图4-66 踝关节强迫内翻痛检查

图4-67 踝抽屉试验检查

【注意事项】

（1）侧扳试验用力不要过猛，以免加重损伤。

（2）检查股二头肌的损伤要注意大腿后伸的力度和角度，因为大腿后肌群的痛点容易移位。

【思考与讨论】

（1）股四头肌损伤的检查方法是什么？

（2）试比较内、外踝关节损伤的检查方法。

第五章　体育心理测量与评价

第一节　体育运动心理实验

实验一　反应时测定

【实验类别】

验证性实验。

【每组人数】

2～3 人。

【实验目的】

掌握简单反应时和选择反应时的测定程序，加深对反应时的认识和理解。

【实验原理】

反应时是指人对刺激产生反应所需的时间，即由个体从接受刺激作用开始到开始做出外部反应之间的这段时间，也叫"反应的潜伏期"。根据完成整个反应过程的心理结构，反应时可分为三个时期：①反应的预备期；②反应的中心期；③反应的结束期。根据反应条件的不同，反应时可分为简单反应时和复杂反应时两种。

简单反应时，是指受试者对固定单一的刺激做出固定的反应所需的时间。例如，短跑运动员在听到发令枪响后立即起跑，这一事件就可以作为一个简单反应时任务。这种联系不是一种先天的条件反射，必须进行反复的学习与训练。复杂反应时又称"选择反应时"，是指受试者对两种以上的不同刺激做出相应的不同反应所需的时间。在进行复杂反应时，受试者要根据随机出现的不同刺激，有选择地进行相应的反应。受试者既要辨别当前出现的是哪个刺激，又要根据出现的刺激选择事先规定的反应。复杂反应时与简单反应时在心理结构模式上存在差异，其主要由 5 个阶段构成：①感受刺激的感觉；②从同时起作用的其他刺激物中将所感知到的刺激物加以区分；③再认（再次认识感受刺激的感觉）；④选择最有利的应答运作;⑤反应潜伏期的运动。

【实验仪器】

反应时测定仪。

【实验方法与步骤】

以北大青鸟 BD-Ⅱ-501 型声光反应仪为例进行说明。

一、简单反应时的测定

（1）按动"方式"键，选择"声"或"光"的单一方式来测定简单反应时。

（2）按动"次数"键，选择测试的次数，一般选择 10 次、20 次或 30 次。

（3）选择好测试次数以后，让受试者将便利手的拇指或食指放在相应"声"或"光"的测试按钮上，留意听取声音或观察指示灯闪烁，做好测试准备。

（4）测试者按下"开始"键，测试开始。

（5）仪器将自动呈现声（光）的刺激，受试者根据声（光）刺激的呈现，手指快速按下测试按钮，仪器将自动记录从刺激呈现到受试者按下测试按钮之间的时间，此为受试者对声（光）的反应时间。

（6）当所设置的测试次数完成后，仪器内的蜂鸣器自动鸣响 1 s，以告知实验结束，并将平均的反应时间显示在显示屏上。

（7）如仪器连接了打印机，在实验结束后按下"打印"键可打印本次的测试结果。

（8）按下"复位"键使仪器复位，可再按以上步骤开展下一次的测试。

二、选择反应时的测定

（1）按动"方式"键，选择"声"+"光"的方式来测定选择反应时。

（2）按动"次数"键，选择测试的次数，一般选择 20 次或 40 次。

（3）选择好测试次数以后，让受试者将双手的拇指或食指分别放在相应"声""光"的测试按钮上，留意听取声音及观察指示灯闪烁，做好测试准备。

（4）测试者按下"开始"键，测试开始。

（5）仪器将自动呈现声、光的刺激，受试者根据声或光刺激的呈现，手指快速按下声或光的测试按钮，在按下的测试按钮正确的情况下，仪器会自动记录从刺激呈现到受试者按下测试按钮之间的时间，此为受试者对声或光的选择反应时间。

（6）当所设置的测试次数完成后，仪器内的蜂鸣器自动鸣响 1 s，以告知实验结束,并将平均的选择反应时间显示在显示屏上。

(7) 如仪器连接了打印机,在实验结束后按下"打印"键可打印本次的测试结果。

(8) 按下"复位"键使仪器复位,可再按以上步骤开展下一次的测试。

【注意事项】

(1) 避免过早反应和错误反应。

(2) 选择反应时的数目应和要辨别的刺激数目相等。

【应用与评价】

(1) 可运用于分析人的知觉、注意、学习、记忆、思维、动机和个性等各种心理活动。

(2) 在运动心理领域,可以利用该指标进行人才选拔,根据不同运动项目的特点,测量不同感觉通道的反应时。此外,还能以此作为运动员训练效果的评价指标,可以为培养运动员的快速反应和应变能力提供心理依据。

(3) 反应时依赖于许多因素,如刺激的种类、强度及个体的因素(练习程度、适应水平、定势、动机和情绪)等。

(4) 一般来说,在选择反应时中,选择次数越多,反应时越长;选择任务越复杂,反应时也越长。

(5) 选择反应时要比简单反应时长些。

【思考与讨论】

(1) 选择反应时与简单反应时有何不同?

(2) 影响简单反应时与选择反应时的因素有哪些?

实验二　深度知觉实验

【实验类别】

验证性实验。

【每组人数】

2~3人。

【实验目的】

掌握测试人的深度知觉的方法,了解受试者深度知觉能力的差异,比较双眼与单眼在辨别深度中的差异。

【实验原理】

深度知觉又称"距离知觉"或"立体知觉"。它是个体对同一物体的凹凸或对不同物体远近的反映,是空间知觉的一种。作为深度知觉的线索多种多样,主要有以下三种:①单眼视觉线索;②双眼线索;③双眼视觉线索的双眼视差。其中,双眼视差是深度知觉的主要线索。人眼能够在只有上下、左右的二维光学映像的基础上看出物体的深度,主要是通过双眼视觉实现的,是双眼视差和单眼线索的结果。实验证明,距离观察者1米远的两个物体,其相对的距离差达到0.37 mm,就能分辨出远近;若距离变为10 m,两个物体间的距离差需要达到3.8 cm,才能知觉到深度;距离在500 m以外的物体,浮动双眼视差知觉深度的能力就很有限了;1300 m以上的距离,几乎没有作用,这时必须依靠其他的条件来知觉对象的深度。

【实验仪器】

深度知觉测量仪、单眼罩、头部固定架。

【实验方法与步骤】

(1)受试者坐于距离标准刺激2 m处,双眼或单眼与观察窗成水平位,可观察比较刺激的前后移动,头部固定,以优势手握可调节仪器内可前后移动圆垂直棍(变异刺激)的操纵器。仪器内固定在变异刺激(可移动的直棍)两旁的垂直柱为标准刺激。

(2)测试者告诉受试者用双目在远近知觉仪的观察窗口注视里面两根铁柱的尖端,并同时用双手拉线,把两柱的远近校正到相等为止,然后双手放下两线,并说"相等"。

(3)依据上述的要求,分别对受试者的单眼和双眼进行测试。每次测试前,测试者把变异刺激调至距标准刺激较远的位置(远或近)。当受试者将变异刺激调至自己认为与标准刺激距自己的距离相等时,测试者记录下仪器上显示的误差值。

(4)用平均误差法测定单眼和双眼辨别远近的误差。实验开始前,排好测试顺序,共做24次,并将测试结果记录在表5-1中。其中,左单眼、右单眼和双眼各测8次(变异刺激"由远到近"和"由近到远"各半,先后各半)。最后,统计测量误差的平均值。误差值越小,说明受试者的深度知觉越精确。

表 5-1 深度知觉测试记录表

测试项	1	2	3	4	5	6	7	8	误差均值
	远—近				近—远				
左眼									
右眼									
双眼									

测试者：　　　　　受试者：

【注意事项】

应将仪器置于通风、干燥的环境中工作，并避免阳光直射和尘埃。

【应用与评价】

(1) 广泛应用于各类驾驶员、炮手、运动员等和深度知觉有关的工作人员的测试或选拔。

(2) 球类、击剑、跳水、射击、体操等运动员比相对静态的棋类、举重运动员更需要有良好的立体视觉。

(3) 重视个体深度知觉能力的训练可以有效提高球类教学与训练的效果。有研究者对足球裁判员的深度知觉准确性的训练提出了建议；也有人根据其研究结果建议在选拔篮球运动员时，测试其深度视觉阈值。

【思考与讨论】

(1) 远近视知觉是怎样形成的？

(2) 试分析研究深度知觉的体育理论与实践意义。

(3) 双眼与单眼在分辨远近深度知觉中有无显著性差异？

实验三　肘关节动觉感受性实验

【实验类别】

验证性实验。

【每组人数】

2～6人。

【实验目的】

学会肌肉—关节动觉感受性的测定方法，加深理解感受性的理论，了解本体感知觉在体育运动和运动员选材中的重要性。

【实验原理】

动觉即运动觉，是辨别身体的姿势和各种运动状态的感觉，也就是肌肉、肌腱和关节的感觉，即本体感觉。动觉的感受器分布于肌肉、肌腱、韧带和关节等部位，它可把效应器的活动状况转化为神经冲动传入大脑皮层，产生动觉。动觉与其他感觉有密切的联系，可以调节眼、耳、鼻、舌、躯体等感官的位置和方位，以更好地接受适宜刺激，所以在各种技能和随意动作的精确化与自动化方面起着重大作用。在动作练习的过程中，由动作引起的运动感觉是其最基本的、最直接的"调节者"。

【实验仪器】

（1）肘关节动觉感受性测量器。

（2）代用仪器。在不具备肘关节动觉感受性测量器时，可以用简单的器具代用。例如，用一量角器在白纸上画出180°的角内多个刻度，贴在墙壁上，即可做上肢、下肢及屈体动觉的测定。

【实验方法与步骤】

（1）做好准备：将仪器平放在桌面上；受试者侧身坐于桌旁，闭眼，手肘平放于仪器指针板上并用带子套住。

（2）熟悉实验过程和要求：告诉受试者，将肘关节动觉感受性测量仪器平放在实验台上，受试者坐在测量器后端的一侧，右肢小臂平放在指针板的凹槽内，右手指捺住指针板上端。测量器的半圆靠直径的截面对准受试者身体前右侧，要保持腕和肩关节不动，身体其他部分自然放松。用肘关节带动指针板按照指定方向运动，运动到一定幅度碰到拦阻时，便重复相同幅度的运动3次；第4次不再会碰到拦阻，感觉运动幅度与前3次相等时，即停止。

（3）进行实验时，测试者坐在受试者对面，靠近测量器的半圆的外周，身体正对测量器，便于准确观测受试者前臂的运动角度。测试者发出口令——"开始"，由受试者做出右臂向右划弧20°的动作（动作的开始和停止均有插销阻挡，即有标志测试），然后再回到始发点。

（4）由受试者重复做上述动作1次，但只有始发点有插销阻挡作为标志，终点无阻挡（受试者自信测试），凭受试者的自我感觉确定动作的停止角度。

（5）受试者对20°的动作做6次（有标志测试3次，自信测试3次），然后按同样方法做120°的动作6次，并将测试结果记录在表5-2中。

表 5-2　肘关节感受性测试记录表

测试项	1	2	3	4	5	6	均值
20°							
120°							

测试者：　　　　　　　　　　　　受试者：

【注意事项】

（1）按照实验规程认真、严格操作。

（2）操作时间一般控制在 3 s 以内。

（3）如用简易仪器代替测量器时，测试者应注意测量的准确性，确保实验的准确。

（4）要遮挡视线，以保证受试者用肌肉动觉控制动作。

（5）受试者在实验前不得做练习。

（6）测试过程中，不得以任何方式暗示或影响受试者。

【应用与评价】

（1）我国心理学家在 20 世纪 50 年代进行的"上肢关节动觉感受性"研究中指出，体育学院学生的上肢关节动觉误差度平均值如下：腕内 15°为 1.78、肘 20°为 2.20、肩 20°为 2.3。此后，此类研究又深入专项运动中，为运动选材和训练提供心理素质依据。

（2）运动感觉的高度发展，在精细动作、大动作和动作的协调性等方面表现出特殊才能。

（3）对于双臂协调对抗用力的静力性平衡项目，上肢关节的动觉本体感觉体现在精细的肌肉紧张感和运动幅度感。

（4）运动觉的发展是动作发展的基础，是从事正常活动的保证。

【思考与讨论】

（1）结合自身的运动和训练经历，试谈专项运动感知觉的获得、发展过程及其在体育活动中的重要意义。

（2）每位受试者的肘关节动觉感受性是否一致，原因是什么？

第五章 体育心理测量与评价

实验四 知觉类型的测定

【实验类别】

验证性实验。

【每组人数】

2人。

【实验目的】

掌握棒框仪的使用方法，了解受试者的认知方式。

【实验原理】

认知方式这一概念最早由威特金等于20世纪40年代提出。威特金根据自己的研究结果发现，人在完成认知活动时，其认知对象的周围环境或背景会对认知活动产生一定程度的影响，并且发现不同的人，由于其在认知方式上有所不同，因而受周围环境等因素的影响程度或影响方式亦有一定程度的差异。威特金把人类的这种认知差异分为两类：一类为"很难离析出知觉单元的人，即依存于场的人"，另一类为"很容易离析出知觉单元的人，即独立于场的人"。棒框仪是场独立性和场依存性认知方式实验的常用仪器。其特点是：棒在框内部，两者都可以单独作顺逆时针调节，并有读数盘将棒和框的倾斜角度显示出来。一般来说，框的倾斜角度在18°和27°时的垂直误差较大。

【实验仪器】

棒框仪、秒表。

【实验方法与步骤】

（1）测试者将仪器置于实验桌上，并将仪器调整至水平位。然后将仪器上的框调到左倾17°，把框内的棒调至右倾20°。

（2）开始实验时，要求受试者从观察窗里观察棒是否与地面垂直，并通过旋钮调节棒的斜度，直到受试者感到棒与地面成垂直位。受试者的眼睛离开观察窗后不得再调节。测试者记录下这时棒偏离垂直位的角度（即误差）。休息1分钟后，受试者可接着完成第2次实验，实验程序及方法同上，但框的倾斜方向则按"左—右—右—左"的顺序排列，而棒的倾斜方向则按"右—左—左—右"的顺序安排。受试者按上述要求共做8次实验，其顺序见表5–3。

（3）用8次实验结果的平均误差表示受试者场依存性的大小。

表 5-3　棒框仪实验记录表

顺序	1	2	3	4	5	6	7	8	均值
框（17°）	左	右	右	左	左	右	右	左	
棒（20°）	右	左	左	右	右	左	左	右	
误差（度）									

测试者：　　　　　　　受试者：

【应用与评价】

（1）误差较大者，场依存性较大；误差较小者，场独立性较大。

（2）一般来说，女性比男性更依存于场，而且场独立性是随年龄而增长的，儿童场独立性随着年龄的增长而有所提高。

（3）场依存性大者从复杂图形中发现简单图形困难较大，而场依存性小者则很容易发现。

【思考与讨论】

（1）所测学生的场依存性是否存在性别差异，为什么？

（2）根据实验结果，结合自己的认知方式特点，分析自己属于哪一类型，为什么？

实验五　动作稳定性实验

【实验类别】

验证性实验。

【每组人数】

2~6人。

【实验目的】

学会测定动作稳定性的方法，理解其在技能形成过程中的作用。

【实验原理】

动作稳定性是保证动作技能顺利完成的条件，它受到个体自身和外界等很多因素的影响。其中，情绪就是一个重要的影响因素，情绪的波动会引起手臂肌肉的震颤。而当一个人尽量控制自己的身体、手臂和手指等保持不动时，往往有明显的不自主的细微颤动，身体某部位的这种颤动范围可作为控制运动能力的指标。颤动范围越大，则控制运动能力越低；反之，控制运动的能力越强。当一个人出于某种情绪状态时，这种身体的不自主颤动会比心平气和时明显，所以这种颤动范围又可作为情绪强度的指标。

【实验仪器】

九洞仪。

【实验方法与步骤】

（1）将九洞仪置于实验桌上，其前面边沿与桌边齐平。受试者面对九洞仪坐下，以优势手持触笔，手臂悬空。

（2）测试者告诉受试者将触笔垂直插入九洞仪的孔内，直至触到孔内的底板和白色指示灯亮后，才抽出触笔。在整个过程中，触笔均不得接触洞的边缘，否则红色指示灯亮，以示错误。

（3）实验开始时，受试者从最大号洞开始，依次插入，1次通过后即可换插下一个洞，若连续3次都通不过，则停止实验，按最后通过的洞计分。测试结果记录在表5-4中。

表5-4 动作稳定性测试记录表

测试手	项目	1	2	3	4	5	平均值
左手	错误次数						
	终止于						
测试手	项目	1	2	3	4	5	平均值
右手	错误次数						
	终止于						

测试者： 受试者：

【应用与评价】

用通过洞的直径的倒数乘以2表示手部肌肉动作的稳定程度（表5-5）。受试者最后可通过的洞直径越小，其动作稳定性越高。

表5-5 手部肌肉动作的稳定性评价

项目	洞号								
	1	2	3	4	5	6	7	8	9
直径（mm）	13	8	6.5	5	4	3.5	3	2.5	2
直径的倒数	0.08	0.13	0.15	0.20	0.25	0.29	0.33	0.40	0.50
手动稳定性	0.16	0.26	0.30	0.40	0.50	0.58	0.66	0.80	1.00

（1）手臂动作的稳定性随年龄增长而提高。
（2）优势手的动作稳定性超过非优势手。
（3）大多数男孩的双手运动稳定性超过女孩的。
（4）运动的方向对稳定性有影响。

【思考与讨论】
（1）从本实验结果分析动作稳定性的心理结构及影响因素。
（2）讨论本实验对体育教学和运动训练的意义。

实验六 注意分配能力的测定

【实验类别】
验证性实验。

【每组人数】
2～3人。

【实验目的】
测定学生对不同刺激的注意分配能力；学习使用注意分配实验仪，探讨注意分配的可能性与条件。

【实验原理】
注意的分配是指在同一时间内把注意分配到2个以上不同的对象上。注意分配是可能且有效的，它是人们根据当前活动需要主动调整注意指向的一种能力。它需要满足2个条件：①要有熟练的技能技巧，在同时进行的多项活动中，只能有一种是活动生疏的，需要集中注意于该活动上，而其余动作只有达到一定的熟练程度，才可以不假思索地稍加留意即能完成；②同时进行的几种活动必须是有联系的,或通过训练使复杂的活动形成一定的反应系统,这样注意分配也就比较容易了。

【实验仪器】

注意分配实验仪。

【实验方法与步骤】

(1)测试者将仪器调到"试音"档,先让受试者熟悉高、中、低三种音量的声音。

(2)测试者将仪器调到"声"档,时间调至1分钟(可视需要而定),告诉受试者准备好后即可按下启动键,然后立刻按要求对不同的声音进行反应,直至工作指示灯熄灭,测试者记下仪器显示出的正确反应次数 $R1$。

(3)测试者将仪器调到"光"档,并告诉受试者,该实验的反应是用右手食指尽快按一下发光二极管(指示灯)下边的反应键,直至该二极管的红光熄灭。受试者练习10秒钟后即可开始实验,实验过程和时间与步骤(2)相同,测试者记下仪器显示的正确反应次数 $L1$。

(4)测试者将仪器调到"声+光"档,要求受试者用左右手同时对声和光刺激进行按键反应。受试者练习30秒后开始正式实验,实验要求与步骤(2)(3)相同,测试者分别记下受试者对声音和光的正确反应次数 $R2$ 和 $L2$,测试结果记录在表5-6中。

表5-6 注意分配实验记录表

实验结果			注意分配程度
声	光	声+光	

测试者: 受试者:

【应用与评价】

(1)将所记录数据代入下式计算实验结果和确定注意分配程度。注意分配程度为:

$$F = \sqrt{\frac{R2}{R1} \times \frac{L2}{L1}} \tag{5-1}$$

当 $F>1$ 时,注意分配值无效;$F=1$ 时,表示注意完全分配;$1>F\geqslant 0.5$ 时,表示注意有不同程度的分配;$F<0.5$ 时,表示注意没有分配。

（2）注意分配有不同的水平，它取决于同时进行的几种活动的性质、复杂程度以及人对活动的熟悉或熟练程度等条件。当同时进行的几种活动越复杂或难度越大时，注意分配就越困难。

（3）在智力和运动两种活动同时进行时，智力活动的效率比运动活动的效率有更大程度的降低。当同时进行两种智力活动时，注意分配的困难更大一些。

（4）注意分配能力能够在后天的生活实践中得到训练发展，是人们从事复杂劳动的必要条件。

（5）在体育运动中，尤其是开放性运动项目，需要注意分配的参与。对学生或运动员进行注意分配的专门训练，有助于提高他们的竞技水平。

【思考与讨论】

（1）注意分配能力有无个体差异？比较不同运动专项学生的注意分配能力。

（2）在体育活动中，注意分配能否同时分配到两个对象上？

（3）"一心不能二用"的说法和注意分配是否矛盾？谈谈自己的看法。

实验七 动作技能迁移实验

【实验类别】

验证性实验。

【每组人数】

2～3人。

【实验目的】

研究动作学习的过程，检验一只手的动作学习对另一只手的动作学习有无影响，了解在完全不熟悉的情况下进行动作学习的过程及其特征。

【实验原理】

学习是一个连续的过程，在这一过程中，任何学习都是学习者在已经具有的知识经验和认知结构中，以及已经获得的动作技能、习得的态度等基础上进行的；而新的学习过程及其结果又会对学习者原有的知识经验、技能和态度甚至学习策略等产生影响，这种新旧学习之间的相互影响就是学习的迁移。简单来说，就是一种学习对另一种学习的影响。迁移的本质，实质上是两种学习之间在知识结构、认知规律上相同要素间的影响与同化。以此理论，教育工作者以及有关的培训人员应用迁移规律进行教学和培训系统的设计，在课程设置、教材选择、教学方法的确定、教学活动的安排、教学成效的考核等方面利用迁移规律，可以加快教学和培训的进程。

第五章 体育心理测量与评价

韦伯定律的创始人韦伯曾发现有些儿童在学会用右手写字以后，左手也具有写字技能（无须练习）。许多实验表明，一只手练习所得到的动作技能，可以迁移到另一只手上去，即所谓"两侧迁移"（是指身体一侧器官的学习向另一侧器官的迁移），甚至迁移到脚上去。韦伯认为，一只手的练习是可以向另一只手转移的。在人体中的对称部位确有此现象，即首先右手—左手、左腿—右腿表现得很强；其次是同侧部位，即右手—右脚、左手—左脚；最弱的是位于对角线上的部位，即右手—左脚、左手—右脚。影响两侧性运动迁移的因素包括：①语言的自我暗示；②视觉标志；③肌肉的放松与紧张度；④身体的方位和姿势；⑤对复杂知觉的适应水平；⑥情绪的适应；⑦对练习内容一般性质的认识；⑧与已有技能相似的程度；⑨确定最佳练习方案、巩固最佳练习方法；⑩具有较强的自信心。

【实验仪器】

镜画仪、秒表、星形图案纸。

【实验方法与步骤】

（1）受试者面对镜子正坐；测试者把星形图案纸放在镜前，调节遮眼板；受试者不能直接看见图案，只能在镜中看见。

（2）受试者用左手执笔，笔尖放在星形纸图案的起点处，做好准备。测试者发令——"开始"，受试者立即动作，按图中箭头所示方向，顺着星形图的双线中央，尽快地画1圈，直至回到起点为止，这算练习1次。画线如越出星形双线以外，就算犯规1次。

（3）在测试者发令"开始"的同时，开动秒表，画完1遍停止秒表并记录下所用时间。

（4）受试者在完成左手画图10次后，改用右手画星形图案10次。方法与左手的画法相同。

（5）实验完成后，询问受试者镜画的自我感受，并记录在表5-7中。

表5-7 镜画技能迁移操作数据

测试项目			次数										均值
			1	2	3	4	5	6	7	8	9	10	
左—右迁移	左	时间											
		错误次数											
	右	时间											
		错误次数											

续表 5-7

测试项目			次数										均值
			1	2	3	4	5	6	7	8	9	10	
右—左迁移	右	时间											
		错误次数											
	左	时间											
		错误次数											

测试者：　　　　　　　　　　　　受试者：

【注意事项】

（1）镜画技能的迁移练习，存在由优势手向非优势手迁移，或反向迁移两种情况，实验时应注意对两种迁移进行比较。

（2）在单手镜画测试10次中，各次测试的间隔时长不要超过0.5秒；单手10次测试后换另一只手测试，换手测试的间隔时长不要超过1秒。

（3）不允许有旁观者，尤其不准将要测试的受试者围观。

【应用与评价】

（1）无论是右手优势者还是左手优势者，当学会镜画动作技能之后，均可迁移到另一只手。例如，右利手者先用左手做镜画练习10次，再做右手10次，其操作时间则低于左手平均数，由3.5秒减为3.0秒，这是左—右手动作技能迁移的结果。同理，右—左手也具有迁移作用。

（2）镜画中犯错误的次数是动作技能形成的另一客观指标。在左—右手迁移中或在右—左手迁移中，其错误次数也大体随练习时间的增加而减少到首次做镜画时的次数以下，这说明动作技能的迁移是存在的。与开始练习镜画时的9～10次错误相比，动作迁移后的错误数量大体与练习次数的数量相当。

（3）在教学中，可以通过改革教材内容和教材呈现方式改进学生的原有认知结构变量以达到迁移的目的。

（4）在镜画过程中，根据条件也可进行生理、心理指标分析。

【思考与讨论】

（1）从镜面学习的实验结果中分析动作技能形成过程中的一些特点。

（2）根据实验结果分析受试者之间是否存在个体差异。

（3）根据实验结果分析动作技能双向迁移的程度、影响因素。

实验八　动作技能练习实验

【实验类别】

综合性试验。

【每组人数】

2~3人。

【实验目的】

了解动作技能形成的特点并掌握实验操作过程及方法。

【实验原理】

技能心理学的研究指出，技能形成的主要指标是指动觉的控制程度，能排除视觉自动控制，是技能达到熟练的标准。各种运动技能的形成，必须经历由视觉参与到动觉单独控制的发展过程。

【实验仪器】

触棒迷宫、秒表、遮眼罩、坐标纸。

【实验方法与步骤】

（1）测试者检查实验仪器反应是否灵敏，即将电触棒接触迷宫壁则立即发出声音，视为错误1次。

（2）给受试者戴上眼罩，手持电触棒，做好准备。测试者引导电棒，将其放置于迷宫入口处。

（3）受试者在听到"开始"口令后，立即用电触棒沿迷宫通道探索前进，直到通过出口处。测试者在发出"开始"口令的同时，按动秒表开始计时。在探索过程中，电棒进入盲巷1次（即迷宫发出错误声音），记1次错误。

（4）当电棒到达出口处，测试者发出"停"口令，受试者停止前进。测试者在发出"停"口令同时，按动秒表停止计时。即为完成1次迷宫操作。测试者按"复位"键，准备下一轮操作。

（5）按照步骤（2）至步骤（4），每位受试者完成练习10次。每次完成操作后，测试者将操作时间和错误次数记入记录表5-8中。

（6）根据测试所得数据，以所走次数为横坐标，所用时间与错误次数为纵坐标，绘制动作技能学习折线图。

表 5-8 触棒迷宫操作的数量记录表

受试者	操作次序										操作平均数量
	1	2	3	4	5	6	7	8	9	10	
A											
B											
C											
平均数											

【注意事项】

（1）触棒迷宫操作实验主要测定受试者的动觉对触棒的控制能力，因此，受试者事先不能练习，且不能现场围观实验过程。

（2）受试者多次触动迷宫边缘而发生错误时，测试者不得进行提醒或暗示；当受试者屡次错误且不能改正，导致实验持续达 10 分钟时，测试者可停止实验。

（3）实验结束后，测试者按顺序如实记录每次操作完成时间和错误次数，并询问受试者的实验感受，记录下来，以供实验分析参考之用。

【应用与评价】

（1）受试者在开始触棒迷宫实验时，处于技术动作不熟练阶段，花费的时间较多。随着练习次数的增多，每次操作花费的时长呈下降趋势。这表明受试者的操作水平随着练习次数的增加而提高。

（2）从实验操作的错误次数看，错误次数会随着练习次数的增多而减少。

（3）运动能力、身体素质等个体差异对实验结果有一定的影响。

【思考与讨论】

（1）试分析练习次数与动作技能掌握的关系。

（2）影响动作技能掌握的个体因素有哪些？

实验九　运动表象训练

【实验类别】

综合性试验。

【每组人数】

2～3 人。

【实验目的】

理解运动表象训练,初步掌握该训练的流程与方法。

【实验原理】

运动表象训练是心理训练的核心训练之一。运动表象训练是在暗示语的指导下,在大脑中反复想象某种技术动作或运动情境,从而提高运动技能和情绪控制能力。这一训练在运动心理学领域被称作"内心学习"。作为实验对象,专业运动员在日常训练中积累了大量的动作技能形象,如果能自发、有规律地进行技术动作回忆的尝试(俗称"过电影"),就会使实验效果更完善。

【实验仪器】

心率遥测仪、简易晶体管皮肤反射仪、电子皮纹测定仪、电子血压测定仪、呼吸描记器、运动表象训练感受记录表。

【实验方法与步骤】

(1)实验前,先测定受试者的心率、呼吸频率、血压、皮电、皮温等生理指标。

(2)测试者向受试者讲解表象训练的基本手段、进行示范,并用指导语说明训练的过程及要求。

(3)测试者提示受试者进行放松恢复期练习5~8 min,并进行心率、呼吸、血压、皮电、皮温等指标的测定。

(4)测试者暗示受试者开始回忆运动技术动作形象,时间在10~15 min之间。结束后,测定受试者的心率、皮电、皮温等生理指标。

(5)受试者在测试者的提示中慢慢结束回忆技术动作,结束后立即测定心率、呼吸、血压、皮电、皮温等生理指标。

(6)训练结束后,受试者填写"运动表象训练心理感受记录表"(表5-9)的自我评定,并由测试者填写该表的"他人评定"。

表5-9 运动表象训练心理感受记录表

心理感受	自我评定				他人评定	
	是	有时是	最后是	不是	相同	不同
动作形象清晰						
感到疲劳						
愉快						

续表 5-9

心理感受	自我评定				他人评定	
	是	有时是	最后是	不是	相同	不同
想继续演练						
发现技术关键						
动作十分连贯						
就像在运动场上						
听不见外界声音						

注："自我评定"由受试者评定，在符合自己情况处画"√"；"他人评定"，则由在场测试者在认为符合受试者的情况处画"√"。

【注意事项】

（1）运动表象训练实验属于心理训练方法的练习实验，在实验前必须让受试者了解其方法，否则会影响实验结果。

（2）运动表象训练对身心能量消耗较大，应注意控制训练时长，一般在 10～15 min 之间，且要及时做恢复训练。

（3）运动表象训练前应选择适合训练的技术动作，动作不能太复杂、太多，要由简到繁、由易到难，逐渐增加难度。

（4）实验过程中若发现受试者有异常，应及时处理或终止实验，让受试者进行恢复。

（5）实验结束后，应询问受试者的自我感受，对实验的收获和建议，为提高下次实验的质量提供依据。

【应用与评价】

（1）表象训练过程中，受试者的生理变化起伏较大。

（2）实验前后受试者的心理能量变化的一般规律为：在实验前进行性格测定，加算数量较高；经过表象训练后再测定，其加算数量则显著下降。

【思考与讨论】

（1）举例说明如何使用表象使运动员激发起更多的唤醒和努力。

（2）举例说明如何利用表象训练学习团队策略并培养团队技能。

第二节 体育运动常用心理测量量表

实验一 心境状态量表

心境状态量表,又称"情绪状态量表"(profile of mood states,POMS),是由美国的麦克奈尔等于1971年首先编制出来的一种心境状态自评量表。它包括紧张、抑郁、愤怒、精力、疲劳、慌乱、自我情绪7个分量表,共40个形容词,每个题目有5个等级分数,从"几乎没有"到"非常多"。

20世纪70年代以来,多数研究结果都显示体育锻炼后POMS测量有良好的变化。祝蓓里(1995)对简式POMS进行了修订并建立了中国常模,认为该量表是一种研究情绪状态以及情绪与运动效能之间的一种良好工具。

【实验类别】

综合性实验。

【量表正文】

[指导语]

请根据下列单词表达您在上一周(包括今天)的感受。对每一个题项只能在五种选择中选出一项最符合您的实际情况的感受,并在相应的小方块内打"√"。

[问卷项目](例表5-1)

例表5-1 情绪状态量表问卷项目

题项	几乎没有	有一点	适中	相当多	非常多
1. 紧张的	□	□	□	□	□
2. 生气的	□	□	□	□	□
3. 无精打采的	□	□	□	□	□
4. 不快活的	□	□	□	□	□
5. 轻松愉快的	□	□	□	□	□
6. 慌乱的	□	□	□	□	□
7. 为难的	□	□	□	□	□

续例表 5-1

题项	几乎没有	有一点	适中	相当多	非常多
8. 心烦意乱的	□	□	□	□	□
9. 气坏的	□	□	□	□	□
10. 劳累的	□	□	□	□	□
11. 悲伤的	□	□	□	□	□
12. 精神饱满的	□	□	□	□	□
13. 集中不了注意力的	□	□	□	□	□
14. 自信的	□	□	□	□	□
15. 内心不安的	□	□	□	□	□
16. 气恼的	□	□	□	□	□
17. 筋疲力尽的	□	□	□	□	□
18. 沮丧的	□	□	□	□	□
19. 主动积极的	□	□	□	□	□
20. 慌张的	□	□	□	□	□
21. 坐卧不宁的	□	□	□	□	□
22. 烦恼的	□	□	□	□	□
23. 倦怠的	□	□	□	□	□
24. 忧郁的	□	□	□	□	□
25. 兴致勃勃的	□	□	□	□	□
26. 健忘的	□	□	□	□	□
27. 有能力感的	□	□	□	□	□
28. 易激动的	□	□	□	□	□
29. 愤怒的	□	□	□	□	□
30. 疲惫不堪的	□	□	□	□	□
31. 毫无价值的	□	□	□	□	□
32. 富有活动的	□	□	□	□	□
33. 有不确定感的	□	□	□	□	□

续例表 5-1

题项	几乎没有	有一点	适中	相当多	非常多
34. 满意的	☐	☐	☐	☐	☐
35. 担忧的	☐	☐	☐	☐	☐
36. 狂怒的	☐	☐	☐	☐	☐
37. 抱怨的	☐	☐	☐	☐	☐
38. 孤弱无助的	☐	☐	☐	☐	☐
39. 劲头十足的	☐	☐	☐	☐	☐
40. 自豪的	☐	☐	☐	☐	☐

【计分方法】

该量表的计分方法为:"几乎没有"为 0 分,"有一点"为 1 分,"适中"为 2 分,"相当多"为 3 分,"非常多"为 4 分。7 个分量表的题项分别为:

(1) 紧张:第 1、8、15、21、28、35 题。

(2) 愤怒:第 2、9、16、22、29、36、37 题。

(3) 疲劳:第 3、10、17、23、30 题。

(4) 抑郁:第 4、11、18、24、31、38 题。

(5) 精力:第 5、12、19、25、32、39 题。

(6) 慌乱:第 6、13、20、26、33 题。

(7) 自我情绪:第 7、14、27、34、40 题。

其中,精力、自我情绪为积极情绪,其余 5 个分量均为消极情绪。分别累计各分量表的原始分数,通过查阅常模,计算每个分量表的 T 分数。

TMD(情绪纷乱的总分)= 5 个消极情绪的得分之和 - 2 个积极情绪的得分之和 + 100。 (5-2)

【应用与评价】

(1) POMS 有较好的心理学特征,被用来评价、监测运动中的情绪变化。实验证明:成功队员的心境状态与失利队员的比较,紧张、抑郁、愤怒、疲劳、精力和慌乱等心理特征存在着明显差异;长跑运动员的紧张、抑郁、愤怒、疲劳和慌乱(消极情绪)的得分比普通人低,而精力的(积极情绪)得分高于普通人。

(2) 广泛用于预防医学、临床医疗及心理学等研究领域的情绪测量内容有评估短期心理治疗、药物依赖及成瘾等。

（3）该量表对受试者的文化程度有一定的要求，若受试者文化程度较低，则可能会因难以理解测量条目的题意而影响测量的信度和效度。

实验二　心理健康综合测量

目前，国内多使用身心症状自评量表（symptom checklist 90，SCL-90），对大学生心理健康状况进行综合诊断。SCL-90是我国心理学工作者在国外有关量表的基础上改造而成的，它适合具有中等以上文化程度者的心理健康测量，尤其是大学生团体的心理健康普查工作。

SCL-90评定的时间范围是"现在"或"最近一个星期"。SCL-90共有90个询问题目，其内容涉及感觉、思维、情绪、意识、行为、生活习惯、人际关系、饮食睡眠等。这90个询问题目中隐含有10个因子：①躯体化（主要反映主观的身体不适感）；②强迫（主要指那些明知没有必要，但又无法摆脱的无意义的思想、冲动、行为等表现）；③人际关系敏感（主要指不自在感与自卑感，尤其是与其他人比较时更突出）；④抑郁（反映与临床忧郁症状相联系的广泛概念，忧郁苦闷的感情和心境的代表性症状）；⑤焦虑（包括一些通常与临床上明显与焦虑相联系的症状及体验，一般指那些无法静息、神经过敏、紧张，以及由此产生的躯体征象）；⑥敌意（反映患者的敌对表现、思想、感情及行为）；⑦恐怖（包括出门旅行、空旷场地、人群或公共场合及交通工具）；⑧妄想（主要在想象、思维方面）；⑨精神病性（用于门诊中迅速、扼要地了解患者的病情程度，以便做出进一步的治疗等决定）；⑩其他。

【实验类别】

综合性实验。

【量表正文】

［指导语］

以下列出了一些可能会发生在大部分人身上的问题，请仔细阅读每一条，然后根据最近一星期来的实际感觉，选择最符合你的一种情况，并在每个项目后面所附的备选答案对应的字母画"○"。其中，选字母"A""B""C""D""E"分别对应"没有""较轻""中等""较重""严重"。

［问卷项目］（例表5-2）

第五章 体育心理测量与评价

例表5-2 身心症状自评量表问卷项目

序号	项目	没有	较轻	中等	较重	严重
1	头痛	A	B	C	D	E
2	神经过敏，心中不踏实	A	B	C	D	E
3	头脑中有不必要的想法或字句盘旋	A	B	C	D	E
4	头昏或昏倒	A	B	C	D	E
5	对异性的兴趣减退	A	B	C	D	E
6	对旁人责备求全	A	B	C	D	E
7	感到他人能控制自己的思想	A	B	C	D	E
8	责怪他人制造麻烦	A	B	C	D	E
9	健忘	A	B	C	D	E
10	担心自己衣饰的整齐及仪态的端正	A	B	C	D	E
11	容易烦恼和激动	A	B	C	D	E
12	胸痛	A	B	C	D	E
13	害怕空旷的场所或街道	A	B	C	D	E
14	感到自己的精力下降，活动减慢	A	B	C	D	E
15	想结束自己的生命	A	B	C	D	E
16	听到旁人听不到的声音	A	B	C	D	E
17	发抖	A	B	C	D	E
18	感到大多数人都不可信任	A	B	C	D	E
19	胃口不好	A	B	C	D	E
20	易哭泣	A	B	C	D	E
21	与异性相处时感到害羞不自在	A	B	C	D	E
22	感到受骗、中了圈套或有人想抓住自己	A	B	C	D	E
23	无缘无故地突然感到害怕	A	B	C	D	E
24	不能自控地大发脾气	A	B	C	D	E
25	怕单独出门	A	B	C	D	E
26	经常责怪自己	A	B	C	D	E
27	腰痛	A	B	C	D	E
28	感到难以完成任务	A	B	C	D	E
29	感到孤独	A	B	C	D	E
30	感到苦闷	A	B	C	D	E

续例表 5-2

序号	项目	没有	较轻	中等	较重	严重
31	过分担忧	A	B	C	D	E
32	对事物不感兴趣	A	B	C	D	E
33	感到害怕	A	B	C	D	E
34	感情容易受到伤害	A	B	C	D	E
35	认为旁人能知道自己的私下想法	A	B	C	D	E
36	感到他人不理解自己、不同情自己	A	B	C	D	E
37	感到人们对自己不友好、不喜欢自己	A	B	C	D	E
38	做事必须做得很慢以保证做得正确	A	B	C	D	E
39	心跳得很厉害	A	B	C	D	E
40	恶心或胃部不舒服	A	B	C	D	E
41	感到比不上他人	A	B	C	D	E
42	肌肉酸痛	A	B	C	D	E
43	感到有人在监视自己、谈论自己	A	B	C	D	E
44	难以入睡	A	B	C	D	E
45	做事必须反复检查	A	B	C	D	E
46	难以做出决定	A	B	C	D	E
47	怕乘电车、公共汽车、地铁或火车	A	B	C	D	E
48	呼吸有困难	A	B	C	D	E
49	一阵阵发冷或发热	A	B	C	D	E
50	因为感到害怕而避开某些东西、场合或活动	A	B	C	D	E
51	脑子变空了	A	B	C	D	E
52	身体发麻或刺痛	A	B	C	D	E
53	喉咙有梗咽感	A	B	C	D	E
54	感到没有前途、没有希望	A	B	C	D	E
55	不能集中精神	A	B	C	D	E
56	感到身体的某一部分软弱无力	A	B	C	D	E
57	感到紧张或容易紧张	A	B	C	D	E
58	感到手或脚发硬	A	B	C	D	E
59	想到死亡的事	A	B	C	D	E
60	吃得太多	A	B	C	D	E

续例表 5-2

序号	项目	没有	较轻	中等	较重	严重
61	当他人看着自己或谈论自己时感到不自在	A	B	C	D	E
62	有一些不属于自己的想法	A	B	C	D	E
63	有想打人或伤害他人的冲动	A	B	C	D	E
64	醒得太早	A	B	C	D	E
65	必须反复洗手、点数目或触摸某些东西	A	B	C	D	E
66	睡得不稳不深	A	B	C	D	E
67	有想摔坏或破坏东西的冲动	A	B	C	D	E
68	有一些他人没有的想法或念头	A	B	C	D	E
69	感到对他人神经过敏	A	B	C	D	E
70	在商店或电影院等人多的地方感到不自在	A	B	C	D	E
71	感到做任何事情都很困难	A	B	C	D	E
72	一阵阵恐惧或惊恐	A	B	C	D	E
73	感到在公共场合吃东西很不自在	A	B	C	D	E
74	经常与人争论	A	B	C	D	E
75	单独一人时神经很紧张	A	B	C	D	E
76	认为他人对自己的成绩没有给出恰当的评价	A	B	C	D	E
77	即使和他人在一起也感到孤单	A	B	C	D	E
78	感到坐立不安、心神不定	A	B	C	D	E
79	感到自己没有什么价值	A	B	C	D	E
80	感到熟悉的东西变得陌生或不像是真的	A	B	C	D	E
81	大叫或摔东西	A	B	C	D	E
82	害怕会在公共场合昏倒	A	B	C	D	E
83	感到他人想占自己的便宜	A	B	C	D	E
84	为一些有关"性"的想法而很苦恼	A	B	C	D	E
85	认为应该因为自己的过错而受到惩罚	A	B	C	D	E
86	感到要赶快把事情做完	A	B	C	D	E
87	感到自己的身体有严重问题	A	B	C	D	E
88	从未感到和其他人很亲近	A	B	C	D	E
89	感到自己有罪	A	B	C	D	E
90	感到自己的脑子有毛病	A	B	C	D	E

【评分规则】

在评分规则方面，SCL-90采用5级评分制，其中，1分表示没有该情况，2分表示在频度和强度上较轻，3分表示中等，4分表示较重，5分为严重。即选A计1分，选B计2分，选C计3分，选D计4分，选E计5分。将因子F1（躯体化）、F2（强迫）、F3（人际关系敏感）、F4（抑郁）、F5（焦虑）、F6（敌意）、F7（恐怖）、F8（妄想）、F9（精神病性）、F10（其他）各自所包含的项目得分分别累计相加，即可得到各因子的累计得分；将各因子的累计得分除以其相应的项目数，即可得到各因子的分数——T分数。例如，若"躯体化"项合计分为8，项目数为8，则T分数为1。将各个因子分数相加，即可得到总因子分数。SCL-90测量答卷得分换算见表5-10。

此外，若将整个问卷的总项目数减去选A（即代表"没有"）的答案，还可得到反映症状广度的阳性项目数。

表5-10　SCL-90测量答卷得分换算表

因子	所属因子的项目编号	累计得分（S）	T分数（累计得分/项目数）
F1	1、4、12、27、40、42、48、49、52、53、56、58		
F2	3、9、10、28、38、45、46、51、55、65		
F3	6、21、34、36、37、41、61、69、73		
F4	5、14、15、20、22、26、29、30、31、32、54、71、79		
F5	2、17、23、33、39、57、72、78、80、86		
F6	11、24、63、67、74、81		
F7	13、25、47、50、70、75、82		
F8	8、18、43、68、76、83		
F9	7、16、35、62、77、84、85、87、88、90		
F10	19、44、59、60、64、66、89		
阳性项目总数（=90-选A的项目数）：		总累计得分：	总因子分数：

【应用与评价】

SCL-90测量结果的解释可以从许多角度进行，即可从整个量表（90个题目）中的阳性症状广度和总因子分数出发来宏观评定受试者心理障碍的大体情况，又可从统计原理出发对受试者的某一因子得分偏离常模团体均数的程度加以评价。

SCL-90 在国内已有 18～29 岁的全国性常模（表 5-11）。该常模给出了各种因子的平均数（$\bar{x}$）和标准差（SD）。一般而言，如果某一因子分数偏离常模团体平均数达到 2 个标准差（SD）时，即可认为是异常。比较直观的判断方法是看因子分数是否超过 3 分（1～5 分制），若超过 3 分，则表明该因子的症状达中等以上的严重程度。

表 5-11　正常人 SCL-90 的因子分布

项目	$\bar{x}$ + SD	项目	$\bar{x}$ + SD
躯体化	1.34 + 0.45	敌意	1.50 + 0.57
强迫	1.69 + 0.61	恐怖	1.33 + 0.47
人际关系敏感	1.76 + 0.67	妄想	1.52 + 0.60
抑郁	1.57 + 0.61	精神病性	1.36 + 0.47
焦虑	1.42 + 0.43	阳性项目数	27.45 ± 19.32

实验三　青少年竞技运动员非智力因素调查量表

智力因素对个体的运动能力来说非常重要，对个体的运动成绩的影响是巨大的。同样，非智力因素对个体的竞技能力和运动成绩的影响也是很重要的、甚至起着决定性的作用，它是青少年运动员训练与竞赛活动的动力—调节系统，是重要的制胜因素之一。不同性质的运动项群对青少年运动员具有不同的非智力要求；反过来，经过多年的专业训练，青少年运动员的各项非智力因素也与其各项身体素质一样会发生相应的变化。运动员的各项非智力因素对运动员的技能学习、运动员的综合竞技能力及运动团队的综合制胜能力的提高均有很大的帮助。

【实验类别】

综合性实验。

【量表正文】

训练年限：　　项目：　　运动级别：　　性别：①男＿＿；②女＿＿

［指导语］该问卷是关于青少年竞技运动员非智力因素发展现状的调查，不是任何形式的考试。它由 83 个非常贴近生活且很容易回答的问题组成，每题有 3 个可供选择的答案，请填写一个最接近你实际情况的答案。望各位队员在做题

时，按照你的所想所做如实地回答，而不是应该怎样想、应该怎样做。回答越快越好，不必花费许多时间用于考虑每一个具体问题。测试时长不得超过20分钟。

1. 在体育运动方面，你希望将来能：A. 干一番轰轰烈烈的事业；B. 介于A与C之间；C. 默默无闻。

2. 你的运动热情很高昂，有用不完的精力吗？A. 总是；B. 有时是；C. 不是。

3. 你一旦确定了训练目标，会坚持到底吗？A. 总会坚持到底；B. 有时动摇；C. 总不能坚持到底。

4. 对于教练安排的任务，你会努力做得很完美吗？A. 总是；B. 有时是；C. 从未做得很完美。

5. 通常，对于训练或比赛中的事情，你要求的标准会高于其他人吗？A. 总是这样；B. 有时这样；C. 从不这样。

6. 你会找机会自我加练吗？A. 经常加练；B. 有时加练；C. 从未加练过。

7. 你的队友有没有说你训练太拼命了？A. 都这样说；B. 有些人这样说；C. 没人这样说。

8. 你训练时能充分利用每一分钟吗？A. 总是；B. 有时是；C. 从不。

9. 教练不要求你，你会主动训练吗？A. 总会；B. 有时会；C. 不会。

10. 每次训练结束，你会感到很充实满足吗？A. 总是；B. 有时是这样；C. 从未。

11. 你在意训练环境的好坏吗？A. 不在意；B. 有些在意；C. 很在意。

12. 对于你训练过程中出现的问题，你喜欢寻根究底，直至找出原因吗？A. 总是这样；B. 有时这样；C. 从不这样。

13. 你喜欢与周围的人谈论你的训练或比赛感受吗？A. 非常喜欢；B. 有些喜欢；C. 不喜欢。

14. 你认为走运动训练和竞赛这条道路是明智的选择吗？A. 绝对是；B. 也许是；C. 不是。

15. 你认为，你目前的经济状况和训练环境会妨碍你运动成绩的提高吗？A. 不会；B. 介于A与C之间；C. 会。

16. 进入运动队以来，随着训练年限的增长，你：A. 越来越喜欢训练和比赛了；B. 看情况而定；C. 越来越不喜欢训练和比赛。

17. 为了第二天的训练，你会保证充足的睡眠吗？A. 总是；B. 有时是；C. 从不。

18. 你会把训练比赛的事看得最重，而把其他事情摆在次要位置吗？A. 总是；B. 有时是；C. 从不。

19. 在运动训练过程中，你会找各种理由偷懒吗？A. 从不；B. 有时；C. 经常。

20. 训练课前、课后，你会帮教练整理场地，收拾器械吗？A. 总是；B. 有时；C. 从不。

21. 在训练和比赛中，对于教练的安排与要求，你会：A. 完全服从；B. 基本服从；C. 很少服从。

22. 你是否经常与教练商讨自己的训练情况？A. 总是；B. 有时；C. 从不。

23. 你平时怎样看待与自己的运动专项相关的运动理论知识？A. 很感兴趣，主动学习；B. 有时了解一点；C. 不感兴趣，知不知道无所谓。

24. 你认为，提高自己的运动水平对于集体：A. 很重要；B. 一般重要；C. 不重要。

25. 如果得了感冒，你会不会马上停止日常训练？A. 不会；B. 有时会；C. 总会。

26. 由于训练很艰苦，你是否想过要放弃训练？A. 从未想过；B. 有时想；C. 经常想。

27. 每当你受到意外运动损伤的困扰时，是否打算终止自己的运动生涯？A. 从未打算；B. 有时动摇过；C. 常常。

28. 训练或比赛时总会遇到许多困难，对于这些障碍你会设法排除，以免影响训练或比赛吗？A. 总是设法排除一切干扰；B. 有时设法排除干扰；C. 顺其自然。

29. 你觉得自己越来越能吃苦吗？A. 是的；B. 不好说；C. 不是。

30. 在比赛或训练的最后阶段，你会做得很好吗？A. 总是；B. 有时是；C. 总不能。

31. 在比赛中，假如你或你们处于被动状态时，你会：A. 坚持到底；B. 看情况而定；C. 总是轻易放弃。

32. 在运动训练过程中，从开始到结束，你：A. 总能集中精力；B. 有时能集中精力；C. 总不能集中精力。

33. 运动训练课上，别的队员做示范时你会做自己的事吗？A. 从不做；B. 有时做；C. 经常做。

34. 当教练讲解示范时，你会思想开小差吗？A. 从不；B. 有时；C. 经常。

35. 在比赛过程中，你的注意力受观众或对手影响的程度？A. 很小；B. 一般；C. 很大。

36. 在学习复杂技术动作时，你会非常专心吗？A. 总是非常专心；B. 有时很专心；C. 不太专心。

37. 对一般技术问题，你是否能想方设法尽快解决它？A. 总是能；B. 有时能；C. 不能。

38. 在对手实力相当的比赛中，尤其到了最后时刻，你：A. 能始终保持高度注意力，尽力减少失误；B. 有时能保持高度注意力；C. 总不能始终保持高度注意力。

39. 在运动训练中，你会出现许多无谓的失误吗？A. 从不；B. 有时；C. 经常。

40. 在目前的运动训练过程中，你会受到日常琐事的影响吗？A. 从未受到；B. 有时受到；C. 经常受到。

41. 比赛前，你是否明显感到吃不下、睡不着？A. 从不；B. 有时；C. 总是。

42. 比赛过程中，当对方妨碍了你，你是否能够保持冷静？A. 总是能；B. 有时能；C. 不能。

43. 如果教练训斥你，你会放到心里去吗？A. 不会；B. 有时会；C. 总会。

44. 在日常训练中，你会毫无原因而感到无精打采和厌倦吗？A. 从不；B. 有时；C. 常常。

45. 如果比赛中，你输给了对手，你沉重的心情将延续：A. 一两天；B. 四五天；C. 一周以上。

46. 在运动训练过程中，你是否会无缘无故变得很激动或烦躁？A. 从不；B. 有时会；C. 常常。

47. 你觉得平时能心平气和、井然有序地进行训练吗？A. 总能；B. 有时能；C. 总不能。

48. 面对重大赛事或者艰难训练任务，你会保持一颗平常心吗？A. 总能；B. 有时能；C. 总不能。

49. 一听说"教练在第二天的训练中要加大运动量"，你就感到害怕吗？A. 从不这样；B. 有时这样；C. 经常这样。

50. 你担心运动损伤吗？A. 不担心；B. 有时担心；C. 非常担心。

51. 你对目前的运动专项成绩苦恼吗？A. 不苦恼；B. 有时苦恼；C. 一直苦恼。

52. 你平时训练结束后容易入睡，并且一夜睡得很好吗？A. 总能；B. 有时能；C. 不能。

53. 想到训练或比赛，你会无缘无故紧张甚至害怕吗？A. 不会；B. 有时会；C. 总会。

54. 在运动训练过程中，你会担心教练和队友把你看成没用之人吗？A. 不担心；B. 有时担心；C. 总是担心。

55. 你现在担心辜负教练和家长等对你的期望吗？A. 从不担心；B. 有时担心；C. 总是担心。

56. 在运动训练和比赛方面，你相信别人会对你有好的印象吗？A. 总是相信；B. 有时相信；C. 总不相信。

57. 在日常的训练中，你喜欢完成有一定难度的训练任务吗？A. 总是；B. 有时是；C. 不是。

58. 你认为自己能成为：A. 非常出色的运动员；B. 比较出色的运动员；C. 一般运动员。

59. 在运动专项方面，你认为比他人更有天赋吗？A. 一直认为；B. 不好说；C. 不认为。

60. 目前，你认为自己的训练水平会不断提高吗？A. 完全认为；B. 不好说；C. 不认为。

61. 目前你有更高的训练目标吗？A. 有；B. 有时有；C. 没有。

62. 随着年龄的增长，对于训练和比赛，你觉得自己能做得：A. 更好；B. 不好说；C. 更糟。

63. 你觉得自己目前的运动训练和竞赛有价值吗？A. 总是很有价值；B. 有时很有价值；C. 没有价值。

64. 你对自己目前的运动成绩感到满意吗？A. 非常满意；B. 比较满意；C. 不满意。

65. 对于教练对你的评价，你在意吗？A. 非常在意；B. 有些在意；C. 从不在意。

66. 假如进行力量训练，对于最大力量您会努力尝试多少次试图把它举起：A. 3～4次；B. 1～2次；C. 一次也不试。

67. 你渴望得第一吗？A. 总是；B. 有时；C. 从不。

68. 比赛中，当你发挥失常时，你会：A. 很伤心；B. 遗憾；C. 无所谓。

69. 你会力求把比赛中的事情做得很好吗？A. 总是；B. 有时；C. 从未想过。

70. 你敢于比赛吗？A. 总是；B. 有时是；C. 总是怯赛。

71. 你会为自己设定尽可能高的运动训练的要求和目标吗？A. 总是这样做；B. 有时这样做；C. 从不这样做。

72. 如果不能实现自己目前的某些运动训练目标，你会觉得自己很没有价值吗？A. 一定会；B. 没有想过；C. 不会。

73. 你觉得在比赛中能很好地控制自己的情绪吗？A. 总能；B. 有时能；C. 不能。

74. 在比赛中，你能很好地发挥自己的真实水平吗？A. 总能；B. 有时能；C. 总不能。

75. 在比赛或训练前，你能自己做好充分的准备吗？A. 总能；B. 有时能；C. 不能。

76. 比赛前，根据竞争对手情况，你会精心设计应对计划吗？A. 总是认真准备；B. 有时认真；C. 从不准备。

77. 在日常的训练中，你是否会想方设法提高自己的运动成绩？A. 总是；B. 有时；C. 没想过。

78. 你觉得自己的自我训练能力：A. 很强；B. 一般；C. 较差。

79. 你会承认并且正确看待自己与队友之间的差距吗？A. 总能；B. 有时能；C. 不能。

80. 对于训练或比赛中的事，只要自己认为正确，你就会不顾他人的反对而坚持自己的观点吗？A. 总是这样；B. 有时这样；C. 不会。

81. 对这次调查，你是：A. 非常喜欢；B. 比较喜欢；C. 不喜欢。

82. 今天你感到：A. 精力很充沛；B. 一般情况；C. 困乏。

83. 你觉得回答以上题目：A. 非常有意义；B. 较有意义；C. 没意义。

【评分方法】

该量表是一个由83个题目组成的，包括10个诊断分量表（每个诊断分量表均由8个题目组成）和3个检验效度的测谎题目（第81、82、83题）。其中，诊断分量表及其题目如下：

（1）成就动机（AM）：第1、2、3、4、5、6、7、8题。

（2）运动热情（SE）：第9、10、11、12、13、14、15、16题。

（3）运动责任心（SR）：第17、18、19、20、21、22、23、24题。

（4）运动坚持性（SP）：第25、26、27、28、29、30、31、32题。

（5）注意稳定性（AS）：第33、34、35、36、37、38、39、40题。

（6）情绪稳定性（ES）：第41、42、43、44、45、46、47、48题。

（7）运动焦虑（SA）：第49、50、51、52、53、54、55、56题。

（8）运动自信心（SC）：第57、58、59、60、61、62、63、64题。

（9）运动好胜心（SW）：第65、66、67、68、69、70、71、72题。

(10) 运动独立性（SI）：第 73、74、75、76、77、78、79、80 题。

【应用与评价】

"青少年竞技运动员非智力因素调查量表"的实施对象仅限于竞技体校的青少年运动员。根据需要可使用全应用量表或仅使用某些分量表均可。

实验四　个性测定

卡特尔个性特质（相当于特点因素，是构成个性的成分）论的代表之一。卡特尔用因素分析方法研究个性，他把个性特质分为表面特质和根源特质，最后确定 16 种特质。个性特质学派的心理学家除卡特尔外，还有阿尔波特、艾森克、吉尔福特等。

【实验类别】

综合性实验。

【实验目的】

了解个性特质论的基本理论，学会卡特尔测定的方法。

【实验器材】

卡特尔 16 种个性因素测验用纸、卡特尔 16 种个性因素测验计分表、16 种个性因素常模表、16 种个性因素剖面图（见本书附录五），以及 A、B 两套套板。

【实验方法与步骤】

(1) 测试者向受试者说明，答题时，要如实表达自己的兴趣和态度，不要花费时间去斟酌问题，应当顺其自然，根据个人的反应进行选答。

(2) 对下面题目根据自己的情况选择其中之一回答，在符合自己情况的方格内打"√"。

(3) 要求受试者尽量少选中性答案，即题中"介于 A、C 之间"或"不确定"答案。

(4) 在完成全部 187 道测试题后，用套板 A 和套板 B 分别算出受试者的原始分数（共 16 项分数）。然后，再换算成与受试者身份相当的标准分数（查阅 16 种个性因素常模表及分数统计表）。

(5) 根据标准分数，在 16 种个性因素剖面图上标出所在位置并将其连成曲线剖面图。

(6) 计分前，首先要检查答案有无错误或漏答。如果存在错误或漏答太多，

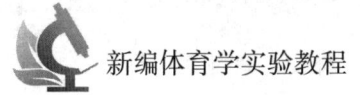

就必须重测；漏答少，则测验可以有效，但要由计分者对漏答题按照选择中性答案即B答案，代为作答。

【注意事项】

（1）测验题包括有关个人的兴趣与态度等问题，每个人对这些问题会有不同的看法，没有对与不对之分，请尽量表达个人的意见，不要有顾虑。

（2）每一题都有3个供选择的答案（A、B、C），答卷纸上相应地附有3个方格，请把自己选择的答案以"√"为符号，填入相应的方格中。

（3）务必请坦白地表达自己的兴趣和态度，不要费时间去斟酌问题，根据自己的实际情况和第一反应作答。通常每分钟可答3～4题，整个测验在1小时内即可完成。

（4）每题只能选择一个答案。

【量表正文】

1. 我很明了本测验的说明：A. 是的；B. 不确定；C. 不是的。

2. 我对本测验的每一个问题都能做到诚实地回答：A. 是的；B. 不确定；C. 不是的。

3. 如果有机会，我愿意：A. 到一个繁华的城市去旅行；B. 介于A、C之间；C. 去清静的山区旅游。

4. 我有能力应付各种困难：A. 是的；B. 不确定；C. 不是的。

5. 即使见到猛兽被关在铁笼里，也会使我惴惴不安：A. 是的；B. 不确定；C. 不是的。

6. 我不敢大胆地批评他人的言行：A. 是的；B. 有时如此；C. 不是的。

7. 我的思想似乎：A. 比较先进；B. 一般；C. 比较保守。

8. 我不擅长说笑话、讲趣事：A. 是的；B. 介于A、C之间；C. 不是的。

9. 当我见到亲友或邻居争吵时总是：A. 任他们自己解决；B. 介于A、C之间；C. 予以劝解。

10. 我在群众集会中：A. 谈吐自如；B. 介于A、C之间；C. 保持沉默。

11. 我愿意做一位：A. 建筑工程师；B. 不确定；C. 社会科学教授。

12. 我喜欢选读：A. 自然科学书籍；B. 不确定；C. 政治理论书籍。

13. 我认为很多人都有些心理不正常，只是他们不愿意承认：A. 是的；B. 介于A、C之间；C. 不是的。

14. 我希望自己的爱人擅长交际，无须具有文艺才能：A. 是的；B. 不确定；C. 不是的。

15. 对于性情急躁、爱发脾气的人，我仍能以礼相待：A. 是的；B. 介于A、

第五章　体育心理测量与评价

C 之间；C. 不是的。

16. 受人服侍时我常常局促不安：A. 是的；B. 介于 A、C 之间；C. 不是的。

17. 在从事体力或脑力劳动之后，我需要有比他人更多的休息时间才能恢复工作效率：A. 是的；B. 介于 A、C 之间；C. 不是的。

18. 半夜醒来，我会因种种忧虑不安而不能再入睡：A. 常常如此；B. 有时如此；C. 极少如此。

19. 事情进行得不顺利时，我会急得痛哭流涕：A. 从不如此；B. 有时如此；C. 常常如此。

20. 我认为只要双方同意就可以结婚，不用受传统观念的束缚：A. 是的；B. 介于 A、C 之间；C. 不是的。

21. 我对人或物的兴趣都很容易改变：A. 是的；B. 介于 A、C 之间；C. 不是的。

22. 工作中我愿意：A. 和他人合作；B. 不确定；C. 自己单独进行。

23. 我会无缘无故地自言自语：A. 常常如此；B. 偶然如此；C. 从不如此。

24. 无论是工作、饮食或外出游览，我总是：A. 匆匆忙忙而不能尽兴；B. 介于 A、C 之间；C. 从容不迫。

25. 有时我怀疑他人是否对我的言行真正感兴趣：A. 是的；B. 介于 A、C 之间；C. 不是的。

26. 如果在工厂里工作，我愿做：A. 技术性工作；B. 介于 A、C 之间；C. 宣传等与人交流的工作。

27. 阅读时我愿阅读：A. 有关太空旅行的书籍；B. 不确定；C. 有关家庭教育的书籍。

28. 本题后面给出的三个词，哪个与其他两个词不同类：A. 狗；B. 石头；C. 牛。

29. 如果到一个新的环境，我要把生活安排得：A. 和从前不一样；B. 不确定；C. 和从前相仿。

30. 我觉得一生中能达到自己所预期的目标：A. 是的；B. 不确定；C. 不是的。

31. 说谎时，我会觉得内心羞愧，不敢正视对方：A. 是的；B. 不确定；C. 不是的。

32. 假设我手里有一把装有子弹的手枪，我必须把子弹取出来才能安心：A. 是的；B. 介于 A、C 之间；C. 不是的。

33. 多数人认为我是一个说话风趣的人：A. 是的；B. 不确定；C. 不是的。

34. 如果人们知道我内心的成见，他们会大吃一惊：A. 是的；B. 不确定；C. 不是的。

35. 在公共场合，如果我突然成为大家注意的中心，就会感到局促不安：A. 是的；B. 介于 A、C 之间；C. 不是的。

36. 我喜欢参加规模庞大的晚会或集会：A. 是的；B. 介于 A、C 之间；C. 不是的。

37. 在所有学科中我喜欢：A. 音乐；B. 不确定；C. 手工劳动。

38. 我常常怀疑那些对我过于友善的人的真实动机：A. 是的；B. 介于 A、C 之间；C. 不是的。

39. 我愿意把自己的生活安排得像一位：A. 艺术家；B. 不确定；C. 会计师。

40. 我认为目前所需要的是：A. 多出现一些改造世界观的理想家；B. 不确定；C. 脚踏实地的实干家。

41. 有时候我觉得自己需要剧烈的体力劳动：A. 是的；B. 介于 A、C 之间；C. 不是的。

42. 我愿意跟有修养的人来往，而不愿意同鲁莽的人交往：A. 是的；B. 介于 A、C 之间；C. 不是的。

43. 在处理一些必须凭借智慧的事情时，我的亲人的确：A. 比一般人差；B. 普通；C. 超人一等。

44. 当领导召见我时：A. 觉得可以趁机提出建议；B. 介于 A、C 之间；C. 总怀疑自己做错了事。

45. 如果待遇优厚，我愿意做护理工作：A. 是的；B. 介于 A、C 之间；C. 不是的。

46. 读报时，我喜欢读：A. 当前世界的基本问题；B. 介于 A、C 之间；C. 地方新闻。

47. 在接受困难任务时，我总是：A. 有独立完成的信心；B. 不确定；C. 希望得到他人的帮助和指导。

48. 在游览时，我宁愿参观一个画家的写生，也不愿意听人家的辩论：A. 是的；B. 不确定；C. 不是的。

49. 我的神经脆弱，稍有点刺激就会使我战栗：A. 时常如此；B. 有时如此；C. 从不如此。

50. 早晨起来常常感到疲乏不堪：A. 是的；B. 介于 A、C 之间；C. 不是的。

51. 如果待遇相同，我愿做一位：A. 森林管理员；B. 不确定；C. 中小学教员。

52. 我每逢年节或亲友结婚时：A. 喜欢赠送礼品；B. 不确定；C. 不愿相互送礼。

53. 本题后面列有三个数字，哪个数字与其他两个数字不同类：A. 5；B. 2；C. 7。

54. 猫和鱼就像牛和：A. 牛奶；B. 牧草；C. 盐。

55. 小学时敬佩的老师到现在仍然值得我敬佩：A. 是的；B. 不确定；C. 不是的。

56. 我觉得自己确实有一些他人所不及的优良品质：A. 是的；B. 不确定；C. 不是的。

57. 根据我的能力，即使让我做一些平凡的工作，我也会安心的：A. 是的；B. 不确定；C. 不是的。

58. 我看电影或参加其他娱乐活动的次数：A. 比一般人多；B. 和一般人相同；C. 比一般人少。

59. 我喜欢从事需要精密技术的工作：A. 是的；B. 介于A、C之间；C. 不是的。

60. 在有威望、有地位的人面前，我总是较为局促、谨慎：A. 是的；B. 介于A、C之间；C. 不是的。

61. 对于我来说，在大众面前演讲或表演是一件难事：A. 是的；B. 介于A、C之间；C. 不是的。

62. 我擅长：A. 指挥几个人工作；B. 不确定；C. 和同志们一起工作。

63. 我即使做了一件让人笑话的事也能坦然处之：A. 是的；B. 介于A、C之间；C. 不是的。

64. 我认为，没有人会幸灾乐祸地希望我遇到困难：A. 是的；B. 不确定；C. 不是的。

65. 一个人应该：A. 考虑人生的真正意义；B. 不确定；C. 踏踏实实地工作和学习。

66. 我喜欢去处理被他人弄得一塌糊涂的工作：A. 是的；B. 介于A、C之间；C. 不是的。

67. 当我非常高兴时，总有一种"好景不长"的感觉：A. 是的；B. 介于A、C之间；C. 不是的。

68. 在一般困难的情境中，我总能保持乐观：A. 是的；B. 不确定；C. 不是的。

69. 迁居是一件不愉快的事：A. 是的；B. 介于A、C之间；C. 不是的。

70. 年轻的时候，当我和父母的意见不同时：A. 保留自己的意见；B. 介于A、C之间；C. 不接受父母的意见。

71. 我希望把我的家庭建设得：A. 有其自身的活动和娱乐；B. 介于A、C之间；C. 成为邻里交往活动的一部分。

72. 我解决问题时，多借助于：A. 个人独立思考；B. 介于A、C之间；C. 和他人共同讨论。

73. 在需要当机立断时，我总是：A. 镇静地运用理智；B. 介于A、C之间；C. 常常紧张兴奋。

74. 最近在一两件事情上，我觉得自己是无辜受累的：A. 是的；B. 介于A、C之间；C. 不是的。

75. 我善于控制自己的表情：A. 是的；B. 介于A、C之间；C. 不是的。

76. 如果待遇相同，我愿做一位：A. 文学研究工作者；B. 不确定；C. 旅行社经理。

77. "惊讶"与"新奇"犹如"惧怕"与：A. 勇敢；B. 焦虑；C. 恐怖。

78. 本题后面列出三个分数，哪一个分数与其他两个分数不同类：A. 3/7；B. 3/19；C. 3/11。

79. 不知为什么，有些人总是回避或冷淡我：A. 是的；B. 不确定；C. 不是的。

80. 我虽然善意待人，但常常得不到好报：A. 是的；B. 不确定；C. 不是的。

81. 我不喜欢争强好胜的人：A. 是的；B. 介于A、C之间；C. 不是的。

82. 和一般人相比，我的朋友的确太少：A. 是的；B. 介于A、C之间；C. 不是的。

83. 若非万不得已，我总是回避参加应酬性的活动：A. 是的；B. 不确定；C. 不是的。

84. 我认为对领导逢迎得当比工作表现更重要：A. 是的；B. 介于A、C之间；C. 不是的。

85. 参加竞赛时，我会重在参与竞赛的活动，而不计较其成败：A. 总是如此；B. 一般如此；C. 偶然如此。

86. 按照个人的意愿，我希望做的工作是：A. 有固定而可靠的工资收入；B. 介于A、C之间；C. 工资高低应随我的工作表现而随时调整。

87. 我愿意阅读：A. 军事与政治的实事记载；B. 不确定；C. 富有情感和幻

想的作品。

88. 我认为许多人之所以不敢犯罪，其主要原因是怕受惩罚：A. 是的；B. 介于A、C之间；C. 不是的。

89. 我父母从来不要求我事事顺从：A. 是的；B. 不确定；C. 不是的。

90. "百折不挠、再接再厉"的精神似乎被人们所忽略：A. 是的；B. 不确定；C. 不是的。

91. 当有人对我发火时，我总是：A. 设法使他/她冷静下来；B. 不确定；C. 也会发起火来。

92. 我希望人们都要：A. 友好相处；B. 不确定；C. 进行斗争。

93. 不论在极高的屋顶上，还是在极深的隧道中，我都很少感到胆怯不安：A. 是的；B. 介于A、C之间；C. 不是的。

94. 只要没有过错，不管他人怎么说，我总能心安理得：A. 是的；B. 不确定；C. 不是的。

95. 我认为，凡是无法用理智来解决的问题，有时就不得不靠权力处理：A. 是的；B. 介于A、C之间；C. 不是的。

96. 我年轻的时候和异性朋友交往：A. 较多；B. 介于A、C之间；C. 较他人少。

97. 我在社会活动中是一个活跃分子：A. 是的；B. 介于A、C之间；C. 不是的。

98. 在人声嘈杂中，我仍然能不受干扰、专心工作：A. 是的；B. 介于A、C之间；C. 不是的。

99. 在某些心境下，我常常因为困惑陷入空想而将工作搁置下来：A. 是的；B. 介于A、C之间；C. 不是的。

100. 我很少用难堪的语言去刺伤他人的感情：A. 是的；B. 不确定；C. 不是的。

101. 如果让我选择，我宁愿选做一位：A. 列车员；B. 不确定；C. 描图员。

102. "理不胜词"的意思是：A. 理不如词；B. 理多而词少；C. 辞藻华丽而理不足。

103. "铁锹"与"挖掘"犹如"刀子"与：A. 琢磨；B. 切割；C. 铲除。

104. 我在大街上，会避开自己不愿意打招呼的人：A. 极少如此；B. 偶然如此；C. 有时如此。

105. 当我聚精会神地听音乐会时，如有人在旁边高谈阔论：A. 我仍然专心听音乐会；B. 介于A、C之间；C. 我因不能专心而感到恼怒。

106. 在课堂上，如果我的意见与老师的不同，我常常：A. 保持沉默；B. 不确定；C. 当场表明立场。

107. 我单独跟异性谈话时，总显得不自然：A. 是的；B. 介于A、C之间；C. 不是的。

108. 我在待人接物方面的确不太成功：A. 是的；B. 不完全是；C. 不是的。

109. 每当做一件困难工作时，我总是：A. 预先做好准备；B. 介于A、C之间；C. 相信到时候总会有办法解决。

110. 在我结交的朋友中男女各占一半：A. 是的；B. 介于A、C之间；C. 不是的。

111. 我在结交朋友方面：A. 结识很多人；B. 不确定；C. 维持几个深交的朋友。

112. 我愿意做一名社会科学家而不愿做一名机械工程师：A. 是的；B. 不确定；C. 不是的。

113. 如果我发现了他人的缺点，我会不顾一切地提出批评意见：A. 是的；B. 介于A、C之间；C. 不是的。

114. 我善于设法影响和我一起工作的同事，使他们能协助我实现所计划的目标：A. 是的；B. 介于A、C之间；C. 不是的。

115. 我喜欢做戏剧、音乐、歌舞、新闻采访等工作：A. 是的；B. 不确定；C. 不是的。

116. 当人们表扬我时，我总觉得羞愧窘促：A. 是的；B. 介于A、C之间；C. 不是的。

117. 我认为一个国家最需要解决的问题是：A. 政治问题；B. 不确定；C. 道德问题。

118. 有时我会无故产生一种面临天祸的恐惧：A. 是的；B. 有时如此；C. 不是的。

119. 我在童年时害怕黑暗的次数：A. 极多；B. 不太多；C. 几乎没有。

120. 闲暇时，我喜欢：A. 看一部历史性的探险电影；B. 不确定；C. 读一本科学性的幻想小说。

121. 当人们批评我古怪不正常时，我的表现是：A. 非常气恼；B. 有些生气；C. 无所谓。

122. 到一个新城市里找某地点：A. 找人问路；B. 介于A、C之间；C. 参考市区地图。

123. 当朋友声明他要在家休息时，我总是设法劝说他同我一起到外面去游

第五章 体育心理测量与评价

览：A. 是的；B. 不确定；C. 不是的。

124. 在就寝时，我常常：A. 不易入睡；B. 介于A、C之间；C. 极易入睡。

125. 有人烦扰我时，我：A. 能不露声色；B. 介于A、C之间；C. 总要说给别人听，以泄气愤。

126. 如果待遇相同，我愿做一位：A. 律师；B. 不确定；C. 航海员。

127. "时间变成了永恒"这是比喻：A. 时间过得很快；B. 忘了时间；C. 光阴一去不复返。

128. 本题后面列的哪一项应接在"×0000××000×××"的后面：A. ×0×0；B. 00×；C. 0××。

129. 我不论到什么地方都能清楚地辨别方向：A. 是的；B. 介于A、C之间；C. 不是的。

130. 我热爱我所学的专业和所从事的工作：A. 是的；B. 不确定；C. 不是的。

131. 如果我急于想借朋友的东西而朋友又不在家时，我认为不告而取也没有关系：A. 是的；B. 介于A、C之间；C. 不是的。

132. 我喜欢向朋友讲述一些自己有趣的经历：A. 是的；B. 介于A、C之间；C. 不是的。

133. 我宁愿做一位：A. 演员；B. 不确定；C. 建筑师。

134. 业余时间我总是做好安排，不浪费时间：A. 是的；B. 介于A、C之间；C. 不是的。

135. 在和他人的交往中，我常常会无缘无故地产生一种自卑感：A. 是的；B. 介于A、C之间；C. 不是的。

136. 和不熟识的人交谈对我来说：A. 毫无困难；B. 介于A、C之间；C. 是一件难事。

137. 我喜欢的音乐多是：A. 轻松活泼的；B. 介于A、C之间；C. 富于感情的。

138. 我爱想入非非：A. 是的；B. 不确定；C. 不是的。

139. 我认为，未来20年的世界局势定将好转：A. 是的；B. 不确定；C. 不是的。

140. 我在童年时喜欢阅读：A. 神话幻想故事；B. 不确定；C. 战争故事。

141. 我向来都对机械、汽车等有兴趣：A. 是的；B. 介于A、C之间；C. 不是的。

142. 即使让我做一个缓刑释放的罪犯的管理员，我也会把工作做得较好：

231

A. 是的；B. 介于 A、C 之间；C. 不是的。

143. 我被认为只是一个能够苦干且稍有成就的人：A. 是的；B. 介于 A、C 之间；C. 不是的。

144. 即使在不顺利的情况下，我仍能保持精神振奋：A. 是的；B. 介于 A、C 之间；C. 不是的。

145. 我认为，节制生育是解决经济与和平问题的重要条件：A. 是的；B. 不确定；C. 不是的。

146. 在工作中，我喜欢独自筹划，不愿受他人干涉：A. 是的；B. 介于 A、C 之间；C. 不是的。

147. 尽管有的同事与我意见不合，但我仍能跟他/她团结：A. 是的；B. 介于 A、C 之间；C. 不是的。

148. 我在工作和学习上，从不粗心大意、忽略细节：A. 是的；B. 介于 A、C 之间；C. 不是的。

149. 和他人争辩或险遇事故后，我常常表现出震颤、精疲力竭，不能安心工作：A. 是的；B. 介于 A、C 之间；C. 不是的。

150. 未经医生处方，我是从不乱吃药的：A. 是的；B. 介于 A、C 之间；C. 不是的。

151. 根据我个人的兴趣，我愿参加：A. 摄影组活动；B. 不确定；C. 文娱队活动。

152. "星火"与"燎原"犹如"姑息"与：A. 同情；B. 养奸；C. 纵容。

153. "钟表"与"时间"犹如"裁缝"与：A. 服装；B. 剪刀；C. 布料。

154. 生活的梦境，会干扰我的睡眠：A. 经常如此；B. 偶然如此；C. 从不如此。

155. 我爱打抱不平：A. 是的；B. 介于 A、C 之间；C. 不是的。

156. 如果我要到一个新城市，我将要：A. 到处闲逛；B. 不确定；C. 避免去不安全的地方。

157. 我爱穿朴素的衣服，不愿穿华丽的服装：A. 是的；B. 不确定；C. 不是的。

158. 我认为，安静的娱乐远远胜过热闹的宴会：A. 是的；B. 不确定；C. 不是的。

159. 我明知自己的缺点，但不愿意接受他人的批评：A. 偶然如此；B. 极少如此；C. 从不如此。

160. 我总是把"是、非、善、恶"作为处理问题的原则：A. 是的；B. 介于 A、C 之间；C. 不是的。

161. 当我工作时，我不喜欢有许多人在旁边围观：A. 是的；B. 介于 A、C 之间；C. 不是的。

162. 我认为侮辱那些有文化修养的人，如医生、教师等，即使他们曾犯了一些错误，也是不应该的：A. 是的；B. 介于 A、C 之间；C. 不是的。

163. 在各种课程中，我喜欢：A. 语文；B. 不确定；C. 数学。

164. 那些自以为是、道貌岸然的人会使我生气：A. 是的；B. 介于 A、C 之间；C. 不是的。

165. 和循规蹈矩的人交谈：A. 很有兴趣，并有所得；B. 介于 A、C 之间；C. 他们的思想简单，使我厌烦。

166. 我喜欢有几个有时对我很苛求但富有感情的朋友：A. 是的；B. 介于 A、C 之间；C. 不喜欢他人的干涉。

167. 如果征求我的意见，我赞同：A. 切实根绝有心理缺陷的人生育；B. 不确定；C. 杀人犯判处死刑。

168. 有时我会无缘无故地感到沮丧、痛苦：A. 是的；B. 介于 A、C 之间；C. 不是的。

169. 当和立场相反的人辩论时，我主张：A. 尽量找出基本概念的差异；B. 不确定；C. 彼此让步。

170. 我一向是重感情而不重理智，因而我的观点常常动摇不定：A. 是的；B. 不致如此；C. 不是的。

171. 我的学习多赖于：A. 阅读书刊；B. 介于 A、C 之间；C. 参加集体。

172. 我宁愿选择一个工资较高的工作，不在乎是否有保障，也不愿做一个工资低的固定工作：A. 是的；B. 不确定；C. 不是的。

173. 在参加讨论时，我能把握自己的立场：A. 总是；B. 经常如此；C. 必要时才能如此。

174. 我常常被一些无所谓的小事所烦扰：A. 是的；B. 介于 A、C 之间；C. 不是的。

175. 我宁愿住在嘈杂的闹市区，也不愿住在僻静的郊区：A. 是的；B. 不确定；C. 不是的。

176. 下列工作如果任我挑选，我愿做：A. 少先队辅导员；B. 不确定；C. 修表工作。

177. 一人____事，众人受累：A. 偾；B. 愤；C. 喷。

178. 望子成龙的家长往往____苗助长：A. 揠；B. 堰；C. 偃。

179. 气候的变化并不影响我的情绪：A. 是的；B. 介于 A、C 之间；C. 不是的。

180. 因为我对一切问题都有一些见解，所以大家都认为我是一个有头脑的人：A. 是的；B. 介于 A、C 之间；C. 不是的。

181. 我讲话的声音：A. 洪亮；B. 介于 A、C 之间；C. 低沉。

182. 一般人都认为我是一个活跃热情的人：A. 是的；B. 介于 A、C 之间；C. 不是的。

183. 我喜欢借出差机会做较多的工作：A. 是的；B. 介于 A、C 之间；C. 不是的。

184. 我做事严格，力求把事情办得尽善尽美：A. 是的；B. 介于 B、C 之间；C. 不是的：

185. 在取回或归还借的东西时，我总是仔细检查，看是否保持原样：A. 是的；B. 介于 A、C 之间；C. 不是的。

186. 我通常总是精力充沛、忙碌多事：A. 是的；B. 不确定；C. 不是的。

187. 我确信自己没有遗漏或不经心回答上面的任何问题：A. 是的；B. 不确定；C. 不是的。

【应用与评价】

16 种个性因素测验不仅能明确描绘出 16 种基本的个性特征，而且可以根据实验统计结果的公式，推算出许多可以描绘个性类型的二元因素。

二元个性的推算由有关的基本因素标准分，经过数量的均衡连同指定的常数相加而成。常数和均衡数量的多少，是卡氏根据多年实验研究统计分析而制定的。主要双重人格因素类型有如下四类。

(1) 适应性与焦虑性。其计算式为：

$$[(38 + 2L + 3 \times O + 4 \times Q_4)] - (2 \times C + 2 \times H + 2 \times Q_3) \div 10 \quad (5-3)$$

低分者生活适应顺利，通常感觉心满意足，能做到所期望和认为有重要意义的事；但极端低分者，可能缺乏毅力，遇事知难而退，不肯努力奋斗；高分者通常易于激动、焦虑，对自己的环境常常感到不满意。高度的焦虑，不但会降低工作的效率，而且会影响身体健康，易患精神病。

(2) 内向型与外向型。其计算式为：

$$[(2 \times A + 3 \times E + 4 \times F + 5 \times H) - (2 \times Q_2 + 11)] \div 10 \quad (5-4)$$

低分者内向，通常羞怯而审慎，与人相处多拘谨不自然。内、外向的性格无所谓利弊，而以工作条件为准，如内向者较专心，能从事精确性较强的工作。高分者外向，通常善于交际，不拘小节，不受拘束，有些工作需外向性格。

(3) 感情用事性与安详机警性。其计算式为:

$$[(77+2\times C+2\times E+2\times F+2\times N)-(4\times A+6\times I+2\times M)]\div10$$
(5-5)

低分者情绪多困扰不安,通常感觉挫折气馁,遇到问题必须经百般考虑才能做出决定,较为含蓄敏感、温文尔雅,讲究生活艺术;高分者安详、机警,通常果断、刚毅、有进取精神,但有时过分现实,忽视生活情趣,遇到困难时有时欠考虑,不计后果,贸然行事。

(4) 怯懦性与果断性。其计算式为:

$$[(4\times E+3\times M+4\times Q_1+4\times Q_2)-(3\times A+2\times G)]\div10$$
(5-6)

低分者常常人云亦云、优柔寡断,受人驱使而不能独立,依赖他人的扶持,因而事事迁就,以获取他人的欢心;高分者独立、果断、锋芒毕露、有气魄,通常主动地寻找施展所长的环境或机会,以充分表现自己的独创能力。

实验五　身体自尊量表

自尊是指个体对自身身体特点、个性、社会身份和行为的评价或情感反应。它被认为是最能预测个体情感和生活变化的个性变量。在体育心理学领域,自尊常用来检测锻炼后的心理效应的假设;同时,自尊水平又可作为预测人们参与体育锻炼状况的一种手段。

身体自尊是与社会评价密切相关的"个体对自我身体的不同方面的满意或不满意感"。Fox 等分别于 1989 年、1990 年建立了标准化和个性化并重的身体自尊多维等级模型,并针对大学生编制了"身体自我知觉剖面图"(physical self-perception profile,PSPP)作为检测工具。该检测工具主要用于测量人们在自己身体各方面所获得的主观身体能力,它包括 1 个主量表[身体自我价值感(general physical self-worth)]和 4 个分量表[运动技能(sport competence)、身体状况(condition)、身体吸引力(body attractive)和力量(strength)]。由于我国青少年所处的文化背景不同,我国学者徐霞(2001)通过对 498 名大学生进行大学生自尊问卷的调查,发展和修订了大学生"身体自尊量表"。在量表中,身体自尊作为整体自尊的一个具体领域包括 2 个等级:一般的身体自我价值感(physical self-worth,PSW)和 4 个次领域的自我价值感,包括运动能力、身体状况、身体吸引力和身体素质。

量表的所有题目都给受试者两种陈述,受试者选择其中一种符合自己的陈述，然后决定符合程度："完全符合"或"有些符合"。每题的得分范围为1～4分，每个分量表总分范围为6～24分。整个量表共30个条目。

【实验类别】

综合性实验。

【量表正文】

我是怎样的人？

下面是一些人们描述自我的句子，这里没有对或者错，请根据自己的情况如实回答。首先，请在下面黑体字的两种陈述中决定哪一种情况最适合您；接下来，请在您所选的一方根据选项的符合程度："有些符合我"或"完全符合我"，选出最适合自己的一项，并在括号内打"√"（例表5-3）。

例表5-3 判断"我是怎样的人"量表

例	完全符合我	有些符合我	我具有很强的竞争性	或	我并不具有很强的竞争性	有些符合我	完全符合我
	(√)	( )				( )	( )
1	完全符合我	有些符合我	参加体育运动时，我觉得自己并不很优秀	或	我觉得自己能胜任每项体育运动	有些符合我	完全符合我
	( )	( )				( )	( )
2	完全符合我	有些符合我	我对自己的身体状况和体质水平并不自信	或	我总有自信自己能保持极好的身体状况和体质	有些符合我	完全符合我
	( )	( )				( )	( )
3	完全符合我	有些符合我	与多数人相比，我拥有富有吸引力的身体	或	与多数人相比，我的身体并没有很强吸引力	有些符合我	完全符合我
	( )	( )				( )	( )
4	完全符合我	有些符合我	我比大多数同性都要身体强壮得多	或	我并不比大多数同性身体强壮得多	有些符合我	完全符合我
	( )	( )				( )	( )

续例表 5-3

5	完全符合我	有些符合我	我对自己的体型和身体能力感到无比自豪	或	有时我对自己的体型和体能并不感到自豪	有些符合我	完全符合我
	( )	( )				( )	( )
6	完全符合我	有些符合我	涉及运动能力时，我在最优秀者之列	或	涉及运动能力时，我并不在最优秀者之列	有些符合我	完全符合我
	( )	( )				( )	( )
7	完全符合我	有些符合我	我确信能经常参加充满活力的身体锻炼活动	或	我很少花功夫去参加保持活力的身体锻炼活动	有些符合我	完全符合我
	( )	( )				( )	( )
8	完全符合我	有些符合我	我觉得自己很难保持富有吸引力的身体	或	我觉得我很容易使身体保持得富有吸引力	有些符合我	完全符合我
	( )	( )				( )	( )
9	完全符合我	有些符合我	与多数同性相比，我跑得速度更快	或	与多数同性相比，我跑得速度更慢	有些符合我	完全符合我
	( )	( )				( )	( )
10	完全符合我	有些符合我	我有时并不满意自己的身体状态或体能	或	对自己的身体状态或体能，我总感到满意	有些符合我	完全符合我
	( )	( )				( )	( )
11	完全符合我	有些符合我	当参加体育运动时，我并不感到十分自信	或	当参加体育运动时，我是最自信的人之一	有些符合我	完全符合我
	( )	( )				( )	( )
12	完全符合我	有些符合我	与多数人相比，我不常有较好的精力和体质	或	与多数人相比，我的精力和体质总能保持得很好	有些符合我	完全符合我
	( )	( )				( )	( )

续例表 5-3

13	完全符合我（ ）	有些符合我（ ）	当穿得很少时，我感到很不自在	或	当穿得很少时，我感到非常自在	有些符合我（ ）	完全符合我（ ）
14	完全符合我（ ）	有些符合我（ ）	当涉及身体速度时，我信心十足	或	当涉及身体速度时，我总是望而却步	有些符合我（ ）	完全符合我（ ）
15	完全符合我（ ）	有些符合我（ ）	我对自己的身体方面并不感到非常自信	或	我对自己的身体方面感到信心十足	有些符合我（ ）	完全符合我（ ）
16	完全符合我（ ）	有些符合我（ ）	当参加运动时，我总是最优秀的人之一	或	当参加运动时，我不是最优秀的人之一	有些符合我（ ）	完全符合我（ ）
17	完全符合我（ ）	有些符合我（ ）	在健身和锻炼环境中，我觉得有些不自在	或	我对健身和锻炼环境一直感到自信和轻松	有些符合我（ ）	完全符合我（ ）
18	完全符合我（ ）	有些符合我（ ）	别人总羡慕我，因为我有出众的体格或身材	或	我觉得别人很少羡慕我的身体形象	有些符合我（ ）	完全符合我（ ）
19	完全符合我（ ）	有些符合我（ ）	当涉及身体力量时，我感到缺乏信心	或	当涉及身体力量时，我感到信心十足	有些符合我（ ）	完全符合我（ ）
20	完全符合我（ ）	有些符合我（ ）	对自己的身体，我总有积极体验，如满意等	或	我有时对自己的身体并没有积极的体验	有些符合我（ ）	完全符合我（ ）
21	完全符合我（ ）	有些符合我（ ）	学习新动作时，我有时比别人更慢一些	或	学习新动作时，我总是最先学会者之一	有些符合我（ ）	完全符合我（ ）

续例表 5-3

22	完全符合我 ( )	有些符合我 ( )	我对自己保持经常性体育锻炼和身体状况的能力感到信心十足	或	我对自己保持经常性体育锻炼和身体状况的能力不是很有信心	有些符合我 ( )	完全符合我 ( )
23	完全符合我 ( )	有些符合我 ( )	与多数人相比,我的体型看上去并不是最好的	或	与多数人相比,我的体型看上去是最好的	有些符合我 ( )	完全符合我 ( )
24	完全符合我 ( )	有些符合我 ( )	与多数同性相比,我的爆发力要好得多	或	与多数同性相比,我的爆发力要差得多	有些符合我 ( )	完全符合我 ( )
25	完全符合我 ( )	有些符合我 ( )	我希望能更关心自己的身体一些	或	我总是对自己的身体加倍关心	有些符合我 ( )	完全符合我 ( )
26	完全符合我 ( )	有些符合我 ( )	只要有机会,我总是最先参加运动的人	或	我有时会迟疑不定,不会最先参加运动	有些符合我 ( )	完全符合我 ( )
27	完全符合我 ( )	有些符合我 ( )	与多数人相比,我总保持高水平的身体健康状况	或	与多数人相比,我的身体状况水平并不总是很高	有些符合我 ( )	完全符合我 ( )
28	完全符合我 ( )	有些符合我 ( )	我对自己的身体与外表感到信心十足	或	我很少意识到自己的身体与外表	有些符合我 ( )	完全符合我 ( )
29	完全符合我 ( )	有些符合我 ( )	当在需要身体力量的情境中,我感到自己没有别人优秀	或	当在需要身体力量的情境中,我感到自己是最优秀者之一	有些符合我 ( )	完全符合我 ( )

续例表 5-3

| 30 | 完全符合我
（　） | 有些符合我
（　） | 我对自己身体所属的类型感到十分满意 | 或 | 我对自己身体所属的类型感到不满 | 有些符合我
（　） | 完全符合我
（　） |

注：同一行的四个括号内仅选择一个打"√"，不要漏选。

【评分方法】

"身体自尊量表记分表"见表 5-12。

表 5-12　身体自尊量表记分表

类型	分量表名称	分量表题号
主量表	身体自我价值感	（5）（10）（15）（20）（25）（30）
分量表	运动能力	（1）（6）（11）（16）（21）（26）
	身体状况	（2）（7）（12）（17）（22）（27）
	身体吸引力	（3）（8）（13）（18）（23）（28）
	身体素质	（4）（9）（14）（19）（24）（29）

该量表评分有正向计分和反向计分。其中，正向计分的分量表题号为第 1、2、8、10、11、12、13、15、17、19、21、23、25、29 题，即从 1~4 分评分；负向计分的分量表题号为第 3、4、5、6、7、9、14、16、18、20、22、24、26、27、28、30 题，即从 4~1 分评分。

【应用与评价】

（1）"身体自尊量表"是在我国文化背景下用来测量与社会评价密切相关的个体对自我身体的不同方面的满意或不满意程度的标准化工具，具有方便、可靠和有效的特点。

（2）该量表可广泛应用于以下领域：在运动心理学领域可用于评估运动员的身体自尊及其与表现的关系；在教育领域可用于评估学生，特别是大学生的身体自尊状况，体育锻炼对身体自尊的影响，以及身体自尊对学业和社交的影响；在临床心理学领域可用于身体形象障碍和饮食失调患者的评估与干预。

第六章　体育设计性实验

实验一　体育运动动作分析的实验研究

【实验类别】

设计性实验。

【实验目的】

（1）培养学生运用解剖学知识分析问题与解决问题的能力。

（2）提高学生的实际设计操作能力和创新思维素质。

（3）使学生进一步理解运动动作的规律，提高运动技能，并能通过对运动动作的分析研究，指导运动实践。

【实验内容】

（1）设计要观察分析的体育运动动作，确定观察的方法、手段和步骤。

（2）记录在不同状态下，体育运动动作的不合理性并进行讨论与分析。

（3）提出产生错误体育运动动作的原因及纠正方法。

【实验器材】

根据学校的实际条件和实验需求确定相关实验材料与器具。

【实验要求】

科学组建实验小组（4～6人），依据小组成员的专业专项技能和知识水平，在查找资料并充分讨论之后，选择一个体育动作进行实验方案设计，设计好实验方法、实验步骤和数据处理方法，按要求正确选用实验所需的材料与器具，以及推证的有关基础理论。在预定的时间内完成实验的实际操作，把实验方法和过程用书面形式表达清楚，并对照基础理论进行相应的讨论与分析，形成一份完整的实验报告或论文。

【实验方法与步骤】

（1）设计要观察分析的体育运动动作，并确定实验对象。

（2）独立检索、阅读相关文献资料，以小组为单位讨论，设计实验观察的内容。

（3）根据实验观察的内容，讨论实验方案、实验方法与手段、实验的分工等。

（4）提前熟悉实验方法的操作技术与技能。

（5）制定详细的实验步骤，并严格按照实验步骤进行实验。

（6）根据评价指标对各种实验方法的效果进行检测，并对实验结果进行讨论、分析，得出结论，以小论文的形式完成实验报告。

【实验设计方案及结果分析示例】

单手肩上投篮技术动作的解剖学分析

1. 实验目的：从解剖学的角度探讨单手肩上投篮技术动作的规范性与合理性。

2. 实验原理：完整的单手肩上投篮动作过程应符合人体的解剖学特征及生物力学原理。单手肩上投篮时必须考虑手腕、手臂和躯干在空间的角度、位置，以及手指拨球和机体各部位的发力顺序与协调用力的关系，完善训练者的投篮动作，可以提高投篮命中率。

3. 实验对象：体育学院篮球普选班男生50名。

4. 实验器材：身高计、关节角度测量仪、摄像机、篮球等。

5. 实验方法与步骤。

（1）实验对象分别在罚球线上完成10次单手肩上投篮，记录投篮命中率，并测量和运用摄像机录制每个学生的完整动作过程。

（2）运用慢速完成动作法，分解完成动作法、全面观察法和正反动作对比法等方法对每个学生完成单手肩上投篮的手腕、手臂和躯干的空间角度位置及投篮时肌肉用力情况进行记录。

（3）对照标准技术动作的要求及投篮命中率进行综合分析，发现主要有如下6种原因影响投篮命中率：①投篮时手腕的姿势；②投篮时手腕、前臂、上臂与躯干的相对位置、角度；③手指拨球的动作；④投篮时躯干的姿势；⑤机体整体发力顺序与协调用力关系；⑥出手角度与抛物线的关系。

（4）小组讨论，筛选出存在主要错误动作原因的实验对象并对其进行分组，确定纠正错误动作的训练方案。

（5）对实验对象进行3周的实践实验训练，每个小组按照确定的纠正动作方案进行，每周训练3次，每次完成4×20次的投篮，间歇时间为5分钟。

（6）实验投篮命中率结果对比。

（7）讨论与分析。对影响因素的6个方面进行解剖学分析，分析预测如下：投篮时，手腕稍内旋屈曲，手掌自然张开，保持与球的接触面积控制住球，手外展在桡腕关节处伸，居于前臂后面、肌束于手关节冠状轴的后方跨越前臂的后群

第六章 体育设计性实验

肌作近固定收缩；发力压腕时，是位于前臂的前面和内侧面，其肌拉力线跨越肘关节冠状轴的前臂前肌群作近固定收缩。投篮手位于额状轴的前面，前臂与上臂之间的夹角以接近90°为最佳，上臂处在屈和内收状态。胸廓相对固定，稍含髋，使肌肉处在一种紧张状态。手臂随踝、膝、髋、肩、肘关节的充分伸展而由下向上依次用力。手腕在投篮过程中有一个前向下的挥摆，形成压腕动作。出手角度与出手点水平面构成的夹角及出手速度要合理，形成的抛物线的高低还与投篮队员的身高、置球部位和出手高度等有关。

(8) 小结。

(9) 按要求撰写实验报告或论文。

【要点与难点】

(1) 合理确定研究对象，选取样本数量要适当。

(2) 训练实践操作过程要严格，技术动作要规范。

(3) 实验报告或者实验论文要言之有理，分析问题要有理有据，重点在实验研究设计、分析、论证的能力培养上。

(4) 学会设计分析技术动作要求，找出一般规律。

【思考与讨论】

根据自己的实验设计和结果分析，以小论文的形式完成一篇实验报告或按设计性实验报告格式完成作业。

实验二　人体形态测量评价的实验研究

身体形态是指身体的概括性外部特征，包括器官的外形结构、体格、体型和姿势。身体形态测量是定量化研究人体外部特征的重要方法，包括人体形态整体、长度、宽度、围度和厚度指标的测量，其测量获得的数据资料在许多专业领域中均有着非常广泛的实用价值。它是研究人体的生长发育规律、体质水平、营养状况和运动员选材必不可少的方法手段。同时，它也可为运动能力、身体素质、运动技术和身体机能等方面的研究提供大量有价值的信息。

人体形态测量应参照"国际体能测验标准化委员会"(International Committee on the Standardization of Physical Fitness Tests，ICSPFT)、"国际促进人体功能形态测量学协会"(International Society for the Advancement of Kinanthropometry，ISAK)提出的《国际人体测量学标准》和《国际生物学计划》(*International Biological Programme*，IBP)的测定方案。在进行形态测量时，使用精密的测量仪器，按照规定的姿势和测量点定位，使用标准化的测量方法，严格遵守形态测量的各项规则，是获得准确测量数据资料的前提。

【实验类别】

设计性实验。

【实验目的】

（1）进行实验分组，提前查阅有关资料，各实验组集体讨论并设计实验方案。

（2）使学生学会对实验结果进行讨论与分析，培养学生综合分析、解决问题的能力和团结协作的精神。

【实验内容】

设计实验方案，研究不同人群的身体形态特征及运动对人体形态特征的影响。

【实验器材】

根据实验室条件和实验的实际需要自行确定实验仪器。

【实验要求】

根据自己的专业知识水平，在查找资料并经过充分讨论后，选择特定人群进行实验方案的设计。首先，选择配套的仪器设备，确定实验方法，设计好实验步骤和数据处理方法，按要求使用实验室所提供的仪器，并自行推证有关理论基础。然后，在预定的时间内完成实验的实际操作，并对结果进行讨论与分析。最后，以小论文的形式完成一篇实验报告或按设计性实验报告要求完成作业。

【实验方法与步骤】

（1）把学生分成若干组，4～6人为一组，要求各组自行设计人体形态反映某一方面的实验研究。

（2）学生查阅文献，小组讨论，确定实验具体需要测量的人体形态指标。

（3）根据拟定的实验内容和目标，确定实验对象、实验步骤和方法，做好实验分工。

（4）提前熟悉实验方法的操作技术与技能，并严格按照实验步骤进行实验。

（5）在实验结束时，根据评价指标进行检测，并对结果进行讨论与分析，得出结论，按要求完成作业部分。

【实验设计方案及结果分析示例】

在校大学生体格营养调查与分析

1. 实验目的：探讨在校大学生现阶段的体格营养状况。

2. 实验原理：通过测量受试者身高、体重、胸围、上臂围、肱三头肌皮褶厚度，采用理想体重（%）、维尔威克指数、体脂亏损、肌蛋白消耗来评价在校大学生的营养状况及男、女生之间的差异。

3. 实验对象：在校大学生（体育学院学生除外），按随机抽样方法抽取大一至大四学生，每个年级男、女生各100名，共800名。

4. 实验器材：身高计、体重秤、软皮尺、皮褶厚度计等。

5. 实验方法与步骤。

（1）身高、体重、胸围、上臂围、肱三头肌皮褶厚度指标的测定（详细测量方法可参照本书第二章的相关内容）。

（2）提前做好上述测量数据的记录表，进行实验记录。

（3）理想体重（%）、维尔威克指数、体脂亏损、肌蛋白消耗的推算与评价（可参照本书第二章"人体体格测量与营养状况的评价"实验部分）。

（4）利用统计软件进行统计学计算，合理处理实验结果。受试者的基本情况记录在表6-1中，其理想体重（%）评价、维尔威克指数分类、肱三头肌皮褶厚度评价体脂亏损和上臂肌围评价肌蛋白消耗的人数统计分别记录在表6-2至表6-5中。

（5）讨论与分析（以实验后实际结果而定）。

（6）结论（以实验后实际结果而定）。

（7）按要求撰写实验论文。

表6-1 受试者的基本情况

性别	人数	身高（cm）	体重（kg）
男			
女			

表6-2 理想体重（%）评价人数统计

性别	严重营养不良	营养不良		标准	超重	肥胖
		中度	轻度			
男						
女						

表6-3 维尔威克指数分类人数统计

性别	极不良	不良	合格	良	优
男					
女					

表6-4 肱三头肌皮褶厚度评价体脂亏损人数统计

性别	重度亏损	中度亏损	轻度亏损	营养正常	肥胖
男					
女					

表6-5 上臂肌围评价肌蛋白消耗人数统计

性别	重度消耗	中度消耗	轻度消耗	营养正常
男				
女				

【要点与难点】

（1）确定研究对象，选取样本数量要适当。

（2）综合考虑与体格营养有关的指标，要符合实验室的实验条件。

（3）指标测试操作过程要严格，动作要规范。

（4）实验报告或者实验论文要言之有理，分析问题要有理有据，重点要放在实验研究设计、分析、论证的能力培养上。

（5）学会综合分析实验数据，找出一般规律。

【思考与讨论】

根据自己的实验设计和结果分析，以小论文的形式写一篇实验报告或按设计性实验报告格式完成作业。

实验三　心率、血压对体育课生理负荷的评定作用

【实验类别】

设计性实验。

【实验目的】

(1) 培养学生运用运动生理学知识分析与解决问题的能力。

(2) 提高学生的实际设计操作能力和创新思维素质。

(3) 使学生进一步理解心率、血压与运动负荷之间的关系，学会使用心率、血压进行运动负荷的评定，为合理安排体育课的运动负荷提供实验数据参考。

【实验内容】

(1) 设计实验分析的运动方案及实验对象，确定实验的方法、手段和步骤。

(2) 分析体育课中学生的心率、血压的变化，评定学生在体育课上的生理负荷。

【实验器材】

根据学校的实际条件和实验需求确定相关实验材料与器具。

【实验要求】

科学组建实验小组（4～6人），依据小组成员的专业专项技能和知识水平，在查找资料并经过充分讨论后，选择一次体育课进行实验方案设计，设计好实验方法、实验步骤和数据处理方法，按要求正确选用实验所需的材料与器具，以及推证的有关基础理论。在预定的时间内完成实验的实际操作，把实验方法和过程用书面形式表达清楚，并对照基础理论进行相应的讨论与分析，形成一份完整的实验报告或论文。

【实验方法与步骤】

(1) 确定要实验分析的体育课及实验对象。

(2) 独立检索、阅读相关文献资料，以小组为单位讨论，设计实验的内容。

(3) 根据实验内容，讨论实验方案、实验方法与手段、实验的分工等。

(4) 提前熟悉实验方法的操作技术与技能。

(5) 制定详细的实验步骤，并严格按照实验步骤进行实验。

(6) 根据评价指标对体育课不同部分进行监测，记录和分析整堂体育课的运动负荷分布，并对实验结果进行讨论与分析，得出结论，以小论文的形式完成实验报告。

【实验设计方案及结果分析示例】

心率指标对体育课生理负荷的评定作用

1. 实验原理：当人们由安静进入运动状态时，心率随着运动负荷而增加，搏出量亦随心率加快而增加，当心率增加至一定水平时，搏出量将达峰值而不再增加，此后心输出量的增加将主要取决于心率的增加。将搏出量达到峰值时的心率水平称为"心搏峰"。目前，国内外的研究认为，搏出量达到峰值时的心率水平在 110～130 次/分钟时。

心率是了解和评价体育课生理负荷的常用指标。体育教学以及运动锻炼过程中，应使学生和锻炼者的心率在大部分时间里处于最佳心率范围。当前，我国学校体育课生理负荷的平均心率标准是 120～140 次/分钟，这是指一堂体育课的平均心率，其生理基础就是充分考虑了最佳心率范围理论和心搏峰理论。在体育课中，一方面要让学生在心搏峰的心率水平上持续运动一段时间，使心搏峰值保持的时间较长，以锻炼心肌的泵血功能；另一方面，由于心搏峰时对应的心率并不高，每分钟输出量并未达到最高水平。因此，在体育课中也应安排一定时间的大强度运动，使心率达到最佳心率范围的上限，让青少年学生的心脏功能在体育课中获得更好的锻炼。

2. 研究对象：30 名未参加过体育运动训练的学生。

3. 研究方法：将 30 名未参加过体育运动训练的学生分为 2 组，每组 15 人，分别设计 2 种不同的体育课进行实验。分别测量其体育课前、准备活动结束后、课的主体内容开始前、课的主体内容结束后、整理活动结束后的心率，将 2 组各时间节点的心率进行统计分析，结合具体的体育课内容安排进行比较分析，对结果进行分析评定。

4. 实验仪器：秒表、Polar 心率遥测仪。

5. 实验方法与步骤：

（1）让 2 组的学生进行不同内容设计和安排的体育课。

（2）分别测量其体育课前、准备活动结束后、课的主体内容开始前、课的主体内容结束后、整理活动结束后的心率。

（3）实验数据分析和评定。

（4）小结。

（5）按要求撰写实验报告或论文。

【要点与难点】

（1）合理确定研究对象，选取样本数量要适当。

（2）训练实践操作过程要严格，技术动作要规范。

（3）实验报告或者实验论文要言之有理，分析问题要有理有据，重点要放在实验研究设计、分析、论证的能力培养上。

【思考与讨论】

根据自己的实验设计和结果分析，以小论文的形式完成一篇实验报告或按设计性实验报告格式完成作业。

实验四 血乳酸浓度对身体机能水平或训练方案的评定作用

【实验类别】

设计性实验。

【实验目的】

（1）培养学生运用运动生理学和运动生物化学知识分析与解决问题的能力。

（2）提高学生的实际设计操作能力和创新思维素质。

（3）使学生进一步理解不同运动项目的能量代谢特点，使用血乳酸指标进行训练指导和训练效果评价，为科学运动训练提供实验数据参考。

【实验内容】

（1）设计实验的运动方案，确定实验对象和实验的方法、手段、步骤。

（2）分析不同运动项目的能量代谢特点，提出对应的运动训练方案。

（3）分析身体机能状态，评价运动训练效果。

【实验器材】

根据学校的实际条件和实验需求确定相关实验材料与器具。

【实验要求】

科学组建实验小组（4～6人），依据小组成员的专业专项技能和知识水平，在查找资料并经过充分讨论后，选择一个运动项目进行实验方案设计，设计好实验方法、实验步骤和数据处理方法，按要求正确选用实验所需的材料与器具，以及推证的有关基础理论。在预定的时间内完成实验的实际操作，把实验方法和过程用书面形式表达清楚，并对照基础理论进行相应的讨论与分析，形成一份完整的实验报告或论文。

【实验方法与步骤】

（1）设计需要讨论与分析的运动项目，并确定实验对象。

（2）独立检索、阅读相关文献资料，以小组为单位讨论，设计实验的内容。

(3) 根据实验内容，讨论实验方案、实验方法与手段、实验的分工等。

(4) 提前熟悉实验方法的操作技术与技能。

(5) 制定详细的实验步骤，并严格按照实验步骤进行实验。

(6) 根据评价指标对各种训练方法的效果进行检测，并对实验结果进行讨论与分析，得出结论，以小论文的形式完成实验报告。

【实验设计方案及结果分析示例】

血乳酸浓度对身体机能水平的评定作用

1. 实验原理：运动时血乳酸的浓度变化与所动用的能量系统有关，以磷酸原系统供能为主的运动，血乳酸浓度一般不超过 4 mmol/L，以糖酵解系统供能为主的运动，血乳酸浓度可达 15 mmol/L 以上，而以有氧氧化系统供能为主的运动，血乳酸浓度在 4 mmol/L 左右。在训练时，可通过测血乳酸峰值的变化掌握运动强度以及运动员代谢能力变化。运动后的血乳酸浓度变化可评定运动员训练水平及用于选材，还可根据运动后乳酸的消除速率评定运动员机体的恢复能力。

2. 研究对象：30 名有 2 年以上参加体育运动训练的学生，30 名未参加过体育运动训练的学生。

3. 研究方法：将 30 名未参加过体育运动训练的学生作为对照组，30 名有 2 年以上参加体育运动训练经历的学生作为实验组，完成规定的运动方案后，分别测定对照组和实验组的血乳酸值，数据经统计学处理并进行比较，对结果进行分析和评定。

4. 实验仪器：LT-1710 掌上型血乳酸分析仪、XG-1819 电动跑台、Monark 功率自行车。

5. 实验方法与步骤：

(1) 让实验组与对照组的学生进行同等大强度的运动。

(2) 3 分钟后第 1 次采集血样并测定血乳酸浓度。

(3) 于 10 分钟之后第 2 次采集血样并测定血乳酸浓度。

(4) 重复上述实验步骤，记录两组的实验结果。

(5) 实验数据分析和评定。

(6) 小结。

(7) 按要求撰写实验报告或论文。

【要点与难点】

(1) 合理确定研究对象，选取样本数量要适当。

(2) 训练实践操作过程要严格，技术动作要规范。

(3) 实验报告或者实验论文要言之有理，分析问题要有理有据，重点要放在实验研究设计、分析、论证的能力培养上。

【思考与讨论】

根据自己的实验设计和结果分析,以小论文的形式完成一篇实验报告或按设计性实验报告格式完成作业。

实验五　不同负荷量运动的设计及医务监督方法

人体在体育运动过程中,身体各方面都将发生一系列适应性的变化。这些变化的结果对健康水平和运动水平的影响,对某些伤病的防治,具有"双向效应"。为了使体育运动获得良好的效果,必须采取医务监督措施,把不利因素控制在最低限度,并使那些促进身体健康等积极因素得到最大程度的发挥,以达到预期的实验目的。大运动量运动对人体造成很大影响,机体的生理指标会随之而变化,如心率、血压及心电图会呈一定规律性的改变。通过这些指标的变化值可以推断运动是否对机体造成损害,因为机体对运动有一定的承受能力,一旦运动负荷超出机体承受力,就可以通过常见的生理指标反映出来。

【实验类别】

设计性实验。

【实验目的】

了解运动中常用医务监督实验原理及操作方法,巩固在体育保健学中所学到的理论知识。

【实验仪器】

心电图机、心率遥测仪、秒表、血压计、听诊器。

【实验方法与步骤】

一、测定安静时的心率、血压和心电图

受试者静坐 15 min 后,连续测试 3 次 10 s 心率,取其稳定值(即其差数不大于 1),再测血压和心电图。测过血压后不要将袖带解下,以备继续测量血压时用。

二、运动设计

学生可以自行设计运动方式及时间,但要求分为大运动量(心率大于 180 次/min)、中等运动量(心率在 144～180 次/min 之间)和小运动量(心率小于 144 次/min)。

三、测定恢复期心率、血压及心电图

当运动结束时,受试者迅速坐下,测恢复期即刻、1 min、2 min、3 min、5 min、10 min、20 min、30 min 的心率和血压,每分钟的前 10 s 测心率,后 50 s 测血压,并记录。测定即刻及 30 min 的心电图。

四、评定

根据心率、血压及心电图的变化进行评定。

(1) 测定运动前、后的脉搏可评定运动量(表 6-6)。

表 6-6　心率评定运动量

运动中最高心率(次/min)	运动后 5～10 min 的心率(次/10 s)	运动量
<144	能恢复到运动前水平	小
144～180	比运动前仍快 2～5	中
>180	比运动前仍快 6～9	大

(2) 测定运动前、后的血压可评定运动强度(表 6-7)。

表 6-7　血压评定运动强度表

收缩压上升值(mmHg)	舒张压下降值(mmHg)	恢复时间	运动强度
20～30	5～10	3～5 min	小
30～40	10～20	20～30 min	中
40～60	20～40	24 h 内	大

(3) 测定心电图评定机能。正常心电图,以及窦性心动过缓及心律不齐者、阵发性心动过速者的心电图分别如图 6-1 至图 6-3 所示。重点看是否 P-R 阻滞、T 形状和 S-T 段下移。

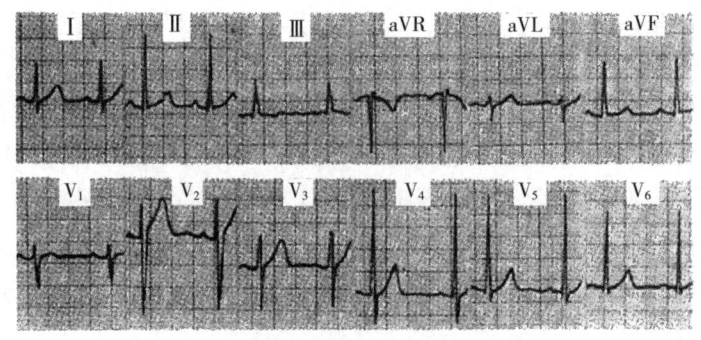

图 6-1　正常心电图

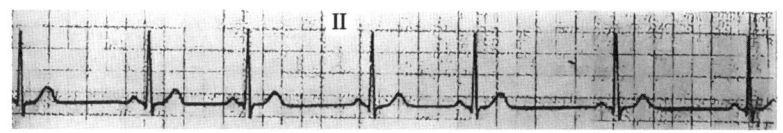

图6-2 窦性心动过缓及心律不齐者的心电图

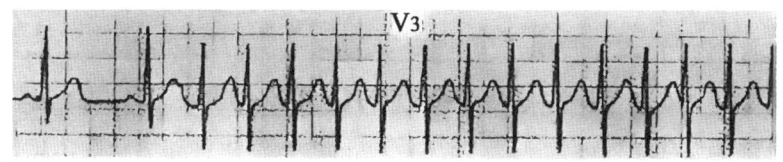

图6-3 阵发性心动过速者的心电图

【注意事项】
(1) 该试验负荷较大，适用于经常参加体育锻炼的青少年。
(2) 虽然自行设计运动内容，但要符合大、中、小运动量或强度的要求。
(3) 试验前要有一定的运动损伤预防设施准备。
(4) 试验前要对所有仪器进行检查调校，使测定结果尽可能准确。

【思考与讨论】
(1) 怎样从心电图中判断运动性疲劳？
(2) S-T段下移说明什么问题？

实验六 活动性休息对人体工作能力的影响

机体在进行剧烈运动后，会产生一定程度的疲劳，如果在运动后采用中小强度活动或适当变换肢体部位的活动，能使机体更快地恢复工作能力，这种恢复手段称为活动性休息。研究发现，相较于静止性休息，活动性休息可以增加肌肉血流量，进一步促进血乳酸的氧化。活动性休息还可以加速Ⅰ型肌纤维中的糖原再合成速度，对Ⅱ型肌纤维中的糖原再合成速度则没有影响。从代谢角度看，活动性休息有利于代谢产物迅速排出体外，但如果恢复目的是加速副交感神经的重新激活，则该手段的效果有限。因此，依据不同的运动条件，设计有针对性的活动性休息方案，观察对比活动性休息效果并应用于体育教学和运动训练过程，对加速机体工作能力的恢复，提高训练成绩具有重要意义。

【实验类别】

设计性实验。

【实验目的】

(1) 培养学生运用运动生理学和运动生物化学知识分析与解决问题的能力。
(2) 提高学生的实际设计操作能力和创新思维素质。
(3) 观察活动性休息对运动后人体工作能力的影响。

【实验内容】

(1) 活动性休息与静止性休息对人体工作能力的影响。受试者完成2组相同的运动方案，运动结束后分别进行时间相同的静止性休息和活动性休息，然后选取与运动性疲劳有关的生理生化指标进行测试，并对2组测试结果进行比较分析。

(2) 不同活动性休息方案对人体高强度间歇运动能力的影响。高强度间歇运动是以大于无氧阈或最大乳酸稳态的负荷强度进行多次持续时间为几秒到几分钟的练习，且在每2次练习之间安排使练习者不足以恢复的静息或低强度练习的训练方法，这也是体育健身及慢性疾病康复的锻炼方式。高强度间歇运动中骨骼肌主要依赖磷酸原和糖酵解系统来支持其能量需求，乳酸堆积在肌肉疲劳的发展中发挥了重要作用。所以，在2次练习之间的活动性休息期间，研究不同运动时间和运动强度的组合对机体运动后血乳酸清除效果的影响，可以为锻炼者选择合理训练方案提供参考依据。

(3) 活动性中场休息对人体工作能力的影响。在某些对抗激烈、身体接触频繁的运动项目中会安排 10~15 min 的中场休息时间，如足球、篮球和曲棍球等。教练员和运动员可以利用这种休息时间来补充水分、布置战术和进行医疗护理等。研究发现，相对于静止性休息，中低强度的活动性休息可以提高足球运动员下半场初始阶段的肌肉温度，提升运动能力，包括冲刺、跳跃能力和动力性力量水平。活动内容可以采用灵敏性练习、慢跑和下肢力量训练等。

【实验器材】

根据学校的实际条件和实验需求确定相关实验材料与器具。

【实验要求】

科学组建实验小组（4~6人），依据小组成员的专业专项技能和知识水平，在查找资料并充分讨论之后，选择一个运动项目进行实验方案设计，设计好实验方法、实验步骤和数据处理方法，按要求正确选用实验所需的材料与器具，以及推证的有关基础理论。在预定的时间内完成实验的实际操作，把实验方法和过程用书面形式表达清楚,并对照基础理论进行相应的讨论与分析,形成一份完整的实验报告或论文。

【实验方法与步骤】

(1) 设计需要讨论与分析的运动项目,并确定实验对象。
(2) 独立检索、阅读相关文献资料,以小组为单位讨论,设计实验的内容。
(3) 根据实验内容,讨论实验方案、实验方法与手段、实验的分工等。
(4) 提前熟悉实验方法的操作技术与技能。
(5) 制定详细的实验步骤,并严格按照实验步骤进行实验。
(6) 根据评价指标对各种训练方法的效果进行检测,并对实验结果进行讨论与分析,得出结论,以小论文的形式完成实验报告。

【实验设计方案及结果分析示例】

活动性休息与静止性休息对人体工作能力的影响

1. 实验目的:在 400 m 跑结束后,通过安排不同的恢复手段,观察活动性休息对机能水平恢复的影响。

2. 实验对象及分组:在校大学生 20 人,随机分为实验组和对照组,每组各 10 人。

3. 实验方法:实验前测定两组受试者安静时的血乳酸浓度;测试方案是以本人最大能力进行 3 次 400 m 计时跑,组间休息 10 min,休息期间实验组采用活动性休息(低强度练习),对照组采用静止性休息;最后 1 次 400 m 跑结束后即刻及 30 min 后再分别测定两组受试者的血乳酸浓度。采用重复测量方差分析或独立样本 t 检验对所得数据进行统计分析。

4. 实验结果:依据两组大学生 3 次 400 m 跑的运动成绩可绘制图 6-4,依据运动前、运动后即刻、运动后 30 min 的血乳酸浓度可绘制图 6-5。

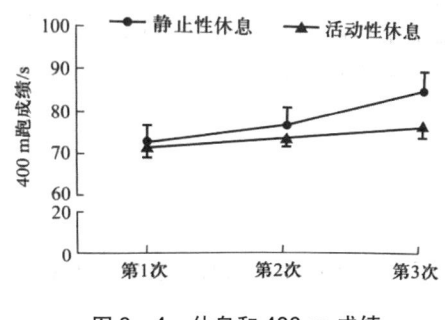

图 6-4 休息和 400 m 成绩

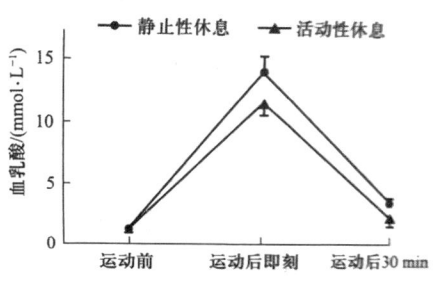

图 6-5 血乳酸浓度变化曲线

5. 讨论与分析：通过实验发现，两组大学生的前两次400 m跑成绩没有明显差异（$p>0.05$）；两组血乳酸浓度在运动前和运动后30 min没有明显差异（$p>0.05$）；而运动后采用不同的休息方式，使两组的血乳酸水平产生明显的影响，活动性休息后血乳酸浓度明显低于静止性休息（$p<0.05$），表明活动性休息可使乳酸的清除速度加快，从而加速机体工作能力的恢复。

6. 实验结论：400 m跑后活动性休息对机能水平恢复的效果大于静止性休息。

【注意事项】

（1）合理确定研究对象，选取样本数量要适当。

（2）训练实践操作过程要严格，技术动作要规范。

（3）实验报告或者实验论文要言之有理，分析问题要有理有据，重点要放在实验研究设计、分析、论证的能力培养上。

（4）学会使用SPSS软件，掌握方差分析和独立样本t检验的操作方法。

【思考与讨论】

根据自己的实验设计和结果分析，以小论文的形式完成一篇实验报告或按设计性实验报告格式完成作业。

实验七　有氧健身运动处方的研制

静坐少动的生活方式已成为慢性疾病发生的独立危险因素，特别是心肺耐力（cardiorespiratory fitness，CRF）的降低，已严重危害着大众体质健康水平。循环系统、呼吸系统和骨骼肌系统是维持机体活动能力、心肺耐力水平和体质健康的核心要素。有氧健身运动在提高心肺耐力、增强体质健康方面发挥着重要作用。为此，学者们围绕有氧健康运动处方的制订进行了深入探讨，如有氧健身运动处方的目标及制订的原则是什么？运动处方基本要素的确定依据及核心要素（运动负荷）的具体确定方法是什么？有氧健身运动处方制订的程序和实施方法及注意的问题有哪些？评价有氧能力有哪些有效的办法？如何提高目标人群或个体的有氧能力等。

【实验类别】

设计性实验。

【实验目的】

培养学生运用运动生理学知识分析问题与解决问题的能力，培养学生制订不

同运动处方的能力。

【实验内容】

（1）明确有氧健身运动处方与心肺耐力的关系。制订有氧健身运动处方是为了安全有效地提高有氧运动能力。有氧运动能力又称"心肺耐力"，最有效反映有氧运动能力的生理指标是最大摄氧量（VO_{2max}）或峰值摄氧量（VO_{2peak}）。现在学者们通过运动平板或功率自行车运动试验的方法，对有氧健身运动处方与心肺耐力的关系展开了一系列的研究，并取得了有价值的成果。

（2）制订有氧健身运动处方的原则。有氧健身运动处方的内容主要包括运动频率、运动强度、运动时间、运动方式和运动量。其中，运动强度和运动时间是运动处方的核心，也是确保运动处方安全有效的关键。制订有氧运动处方应遵循"安全、有效、个性化"的原则。

【实验步骤】

（1）运动前的健康筛查。对受试者进行一般调查，提问内容包括：是否患有心脏病或仅能参加医生推荐的体力活动？进行体力活动或运动时，是否有过胸痛或严重憋气的感觉？近来未参加体力活动或运动时是否有过胸痛或严重憋气的感觉？近6个月来，在进行体力活动或运动时，是否曾因为头晕跌倒或失去知觉？是否有因体力活动或运动而出现骨、关节疼痛或功能障碍加重的情况？血压是否超过180/110 mmHg？以上问题如出现一个，则应先到医院进行相关的检查，再根据医生的建议来制订运动处方，该程序适用于15～69周岁的人群。

（2）系统的身体检查。对受试者进行系统的身体检查（形态、机能、心理），进一步明确健康状况。

（3）心肺耐力测试。采用功率自行车递增负荷试验测试心肺耐力。也可以采用台阶试验、功率车PWC_{170}测试及12 min跑等方法。

（4）全面分析确定目标。依据测试数据全面分析受试者的具体情况，找出亟待解决的主要问题，确定有氧健身目标，如提高心肺耐力、减脂控体重等。

（5）依据主要目标制订运动负荷。制订运动处方的关键在于确定运动强度。常按照靶心率或最大摄氧量储备百分比来确定运动强度，也可将其量化为跑速、骑速或游速，便于运动时监控。

（6）依运动反应微调运动处方。按初步拟订的有氧健身运动处方锻炼一段时间（观察期），使受试者适应所推荐的运动负荷，同时观察其运动生理反应。根据受试者运动生理反应程度（如心率反应等）对运动处方进行微调。

（7）一段时间后，根据实际情况重新整理运动处方的内容。实施有氧运动处方一段时间后，再次进行有氧工作能力测试（方法同运动前的有氧工作能力测试一样，以便于纵向比较），依据测试结果，分析评价有氧健身运动处方的实施效果，参照应激适应理论和超量恢复理论重新调整有氧运动处方的内容。

【实验器材】

根据学校的实际条件和实验需求确定相关实验材料与器具。

【实验预期结果】

能够依据实验对象，针对其个体特征制订出不同内容和形式的运动处方，并通过一定时间的锻炼，取得明显的锻炼效果。

【实验要求】

（1）实验时，3～5名学生为一组共同进行，可选择实验对象（本班、本院或本校学生等均可），每次实验最好有多种不同类型（如不同年龄、不同性别）的实验对象，从而了解不同情况下制订运动处方的差异，体现运动处方的个性化。应特别注意有氧运动能力测试，依条件选择合适的测试方法。

（2）要求学生熟悉运动处方的内容，特别是FITT 4要素[①]，其中运动强度的确定是制订运动处方的难点，务必真正掌握每种方法的应用原理，至少掌握一种确定运动强度的方法。实验中，应注意根据受试者具体情况采用合适的方法，熟悉运动处方的常用格式，制订运动处方须考虑年龄、性别、体能水平、健康状态的差异。

（3）实施运动处方过程中，需要根据受试者的运动反应对处方内容经常进行调整，特别是实施了较长一段时间后，其有氧能力得以较大提高，这时要对运动处方进行较大的调整其至重新制订。

【实验方法与步骤】

（1）设计需要讨论与分析的运动项目，并确定实验对象。

（2）独立检索、阅读相关文献资料，以小组为单位讨论，设计实验的内容。

（3）根据实验内容，讨论实验方案、实验方法与手段、实验的分工等。

（4）提前熟悉实验方法的操作技术与技能。

（5）制定详细的实验步骤，并严格按照实验步骤进行实验。

（6）根据评价指标对各种训练方法的效果进行检测，并对实验结果进行讨论与分析、得出结论，以小论文的形式完成实验报告。

[①] 指制订运动处方或进行体育锻炼时需要考虑的4个关键要素，分别是频率（frequency）、强度（intensity）、时间（time）和类型（type）。

第六章 体育设计性实验

【实验设计方案及结果分析示例】

有氧健身运动处方的制订

1. 实验目的：掌握有氧健身运动处方制订的原则、原理、程序及方法，熟悉运动处方的内容。

2. 实验对象：某大学生。

3. 实验方法：

（1）咨询填表：对受试者进行运动前的健康筛查，询问家族史、既往史、目前健康状况等，填写 PAR-Q 筛选问卷，签订运动协议。

（2）身体检查：测量受试者身高、体重、血压，并进一步对形态、机能、心理等进行检查，明确健康状况。

（3）测试体质，制订方案：采用功率自行车递增负荷试验测试，采用受试者在进行递增负荷运动时，完成最后一个负荷后 30 s 的 VO_{2max}（或 VO_{2peak}），即心肺耐力。依据测试情况确定锻炼目标，制订具体的运动处方。

（4）开始实施，进行调整：按照运动处方执行一段时间以后，再次进行体能测试，根据测试结果评价运动处方的实施效果，并重新修订、完善运动处方内容。

4. 实验结果：依据咨询、检查和测试结果可以看出，该受试者体质正常、无疾病史，可以参加正常的运动锻炼，根据其锻炼的目标，制订运动处方（见例表 6-1）。

例表 6-1 有氧运动处方范例

姓名：×××　　性别：男　　年龄：20　　身高：175 cm　　体重：65 kg

项目	内容
健康状况及 病史询问	家族史：家族无遗传和传染病史，无其他特殊疾病史
	既往史：既往体健，无特殊疾病史
	健康状况：目前健康状况良好
体格检查	经检查未见身体形态、机能、心理等存在明显异常
目前体质状况	安静心率：70 bpm 血压：120/80 mmHg 肺活量体重指数：50.3 台阶指数：43.3 PWC_{170}：1100 kg·m/min 最大摄氧量：43 mL/(min·kg)

续例表 6-1

项目	内容
锻炼目标	发展心肺耐力
运动强度	安静心率：70 bpm 最大储备心率：130 bpm 靶心率：148～174 bpm（60%～80% 最大储备心率）
运动形式	主项：有氧健身操、各式跳绳、有氧间歇跑 辅项：自行车、游泳、足球游戏等
运动频率及持续时间	每周 3～4 次，每次 40～50 min（不含准备活动和整理活动时间）
准备活动内容	慢跑和伸展练习操（8～10 min）
整理活动内容	放松全身肌肉，尤其是小腿和手臂肌肉，走或慢跑（8～10 min）
注意事项	注意对运动强度的把握，可通过心率进行控制；确保运动前准备活动和运动后整理活动要充分
运动处方的修改和调整	经过实施，该学生基本适应此运动处方，因此未做特殊改动，建议每 8 周复测 1 次体能以修正运动处方内容

制订者：×××　　　　时间：×××

5. 讨论与分析：经过病史询问、体格和健康状况检查显示，该受试者可参加正常的运动锻炼。但根据递增负荷试验测试发现，其心肺耐力处于一般水平，与优秀者相比还有较大差距，需进一步提升心肺耐力。因此，为其制订的运动处方的主要目的是发展心肺耐力，推荐的运动形式以有氧健身操、各式跳绳、有氧间歇跑等为主；运动强度推荐 60%～80% 最大储备心率；运动频率为每周 3～4 次；每次运动时长为 40～50 min。经过初步实验发现，该运动处方负荷可使该受试者达到提高心肺耐力的目的。此外，在运动处方中还包含有准备活动、整理活动，内容和时间安排合理，有防伤和促进运动性疲劳消除的作用。

6. 实验结论：针对受试者制订的有氧健身运动处方，对其心肺耐力有显著提高，表明该有氧健身运动处方科学有效。

【注意事项】

(1) 合理确定运动强度，选择合适的方法监控运动强度。

(2) 让受试者在一段时间内切实有效完成运动处方的相关内容。

(3) 提高运动处方的针对性和有效性。

【思考与讨论】

根据自己的实验设计和结果分析,以小论文的形式完成一篇实验报告或按设计性实验报告格式完成作业。

实验八 闭合性软组织损伤的简易外用伤科中药制备及外敷疗法

中草药外用治疗运动损伤在我国有悠久的历史,在治疗闭合性软组织损伤中运用祖国医学的辨证施治的原则,根据伤情采用不同的药物、不同的调制方法可取得较好的效果。同时,中药的加工处理过程也对疗效有很大影响。外敷疗法的特点是局部疗效明显,而全身副作用较小,所以外敷疗法经常用于外科伤科疾病。外敷疗法方法简单,易于推广,外敷疗法无须特殊的仪器和设备,且使用的药物均可以很方便地获取,在家里就可以操作。

伤科中药与方剂学是研究伤科中药基本理论、性能功效、应用方法及伤科方剂的药物配伍和临床应用的学科,是中医骨伤科的基础学科之一,它有着丰富的内容和重要的实用价值,在体育保健学中占有重要地位。

【实验类别】

设计性实验。

【实验目的】

了解运用中药外用治疗闭合性软组织损伤的方法,同时了解外用伤科中药方剂开发与研制。

【实验器材】

45%酒精、蜂蜜、食用醋、剪刀、筛子、弯盘、药勺、玻璃棒、2 L广口玻璃瓶2个、药钵、刀具、油纸、绷带及胶布、中药粉碎机、纱布、医用橡皮膏。

【实验药物】

一、新伤药水

(1) 组成:黄芩50 g,生大黄40 g,黄柏20 g,三棱25 g,莪术25 g,羌活20 g,川芎20 g,白芷20 g,血通40 g,延胡索10 g。

(2) 用法:将上述药粉碎成粗粉,分装若干纱布袋内,放入坛中,加45%酒精浸泡,没药50 g,加45%酒精500 mL。每周翻动药袋1次,浸泡1个月左右即可使用。同时将药水浸于棉花或纱布上,外敷患处。

(3) 功效：清热散瘀，消肿止痛。

(4) 主治：各种闭合性骨折、脱位和软组织损伤早期有肿痛瘀血者。

二、一号新伤药

(1) 组成：黄柏 40 g，白芷 12 g，血通 15 g，血竭 4 g，羌活 8 g，独活 8 g，木香 12 g，延胡索 15 g。

(2) 用法：上述药共研细末，用蜂蜜或开水调和，根据患处的大小适量摊于油纸和纱布上，贴患处，药干燥后，可重新加蜂蜜或水再敷。可连敷 2 天。

(3) 功效：清热散瘀，消肿止痛。

(4) 主治：新伤局部疼痛，微肿微烧，活动不能着力。

【实验方法与步骤】

一、简单的中药炮制方法

(1) 纯净处理。采用挑、拣、簸、筛、刮等方法去掉灰屑、杂质及非药用部分，使药物清洁纯净。

(2) 粉碎处理。采用捣、碾、挫等方法，使药物粉碎，以符合制剂及其他炮制法的要求。

(3) 切制处理。采用切、铡的方法，把药物切制成一定的规格，使药物的有效成分易于溶出。根据药材的性质和医疗的要求，切片有许多规格。如天麻宜切薄片，泽泻、白术宜切厚片，黄芪宜切斜片，桑白叶宜切丝，麻黄宜铡成段，茯苓宜切成块，等等。

二、中药外用药的常用调制方法

(1) 用药勺取适量已配伍好的药末置于弯盘中，加入蜂蜜适量用玻璃棒搅拌均匀。用蜂蜜调制可以缓和药性，减轻副作用，同时可延缓药物干燥的过程，有利于治疗；缺点是成本较高，多用于损伤早期。

(2) 用药勺取适量已配伍好的药末置于弯盘中，加入白酒适量用玻璃棒搅拌均匀。用白酒调制有利于加强药物活血化瘀的作用，主要用于损伤中期仍有明显肿胀者，此法作用较强烈。

(3) 用药勺取适量已配伍好的药末置于弯盘中，加入食用醋适量用玻璃棒搅拌均匀，稍置片刻待成糊膏后，入罐贮存备用。

三、中药外用药的效用方法

(1) 将调制好的药物均匀摊放在油纸（也可用塑料纸）上，厚度约 0.5 cm，面积要较患处大一些。

（2）将患处皮肤暴露，用湿毛巾轻轻擦去皮肤表面的污垢。

（3）将油纸托起，有药物的一面朝向皮肤，轻柔地置于患处。

（4）用绷带在油纸外包扎数圈，然后用医用橡皮膏固定。

（5）若患处在关节部位，还需用小夹板固定关节，以防止关节活动时造成药物脱落。

【注意事项】

（1）用药要根据患者伤情、体质的强弱、局部与整体的关系、单纯损伤与并发症的变化等情况，在临床上相应地加减药味，临时配方，灵活配制。

（2）凡外敷药制成粉末后，应分别装在瓶内，使用时再根据伤情变化进行调配。

（3）外敷药时，有少数患者局部起皮疹、发痒。严重者有红、肿、烧现象，此时，外敷黄柏、甘草、地肤子，用开水调敷。如有水泡，用以上药粉涂擦。

（4）一般外敷药都研成细末，用开水及蜂蜜拌和均匀，并适当加热，或根据病情用醋调制，一般可连敷 2 天，2 天后再换药；2 天内若外敷药已干，可重新加水和蜂蜜，或者加醋调制再敷。

【思考与讨论】

（1）怎样研发新伤中药？

（2）闭合性软组织损伤的病理特征有哪些？

附录一　全身骨骼及其连结与运动的观察实验附图

长骨的构造、膝关节的构造分别如附图1-1、附图1-2所示，人体全身骨骼如附图1-3所示，胸廓形态、椎骨形态、肩胛骨形态分别如附图1-4、附图1-5、附图1-6所示，上肢带骨连结如附图1-7所示。

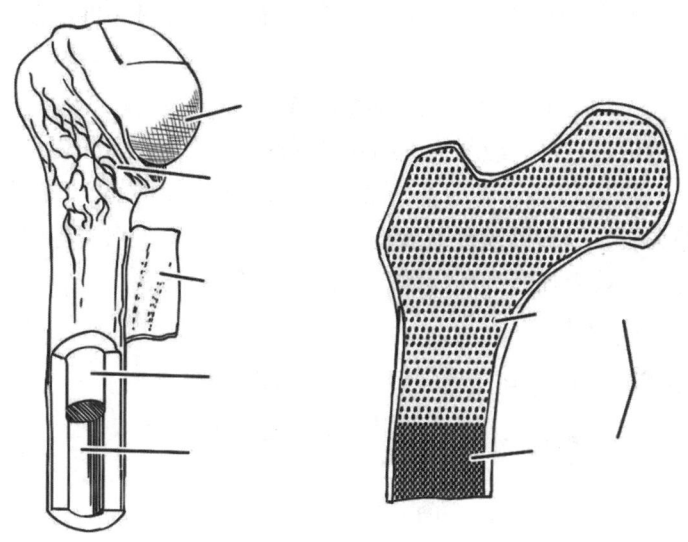

附图1-1　长骨的构造

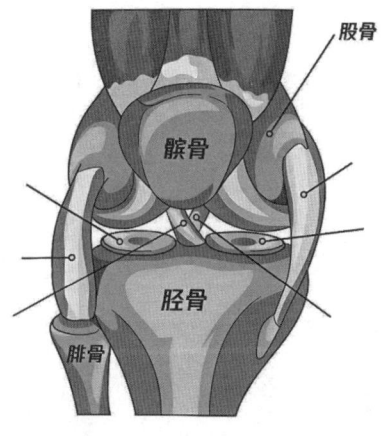

附图1-2　膝关节的构造

附录一　全身骨骼及其连结与运动的观察实验附图

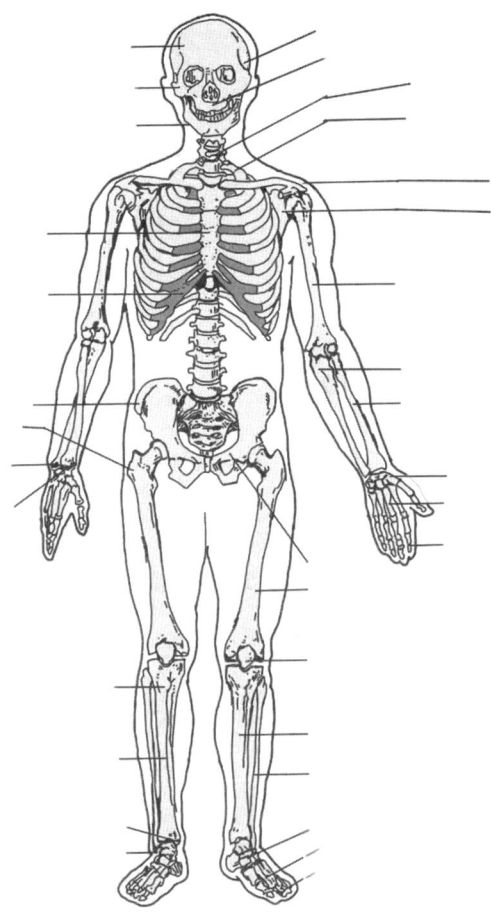

附图1-3　人体全身骨骼

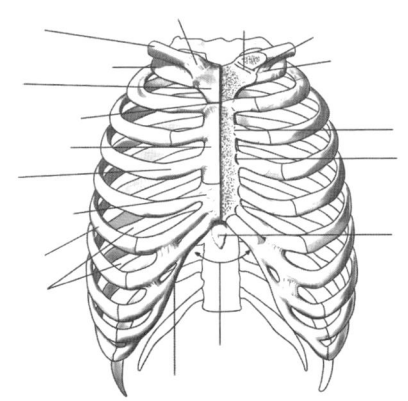

附图1-4　胸廓形态

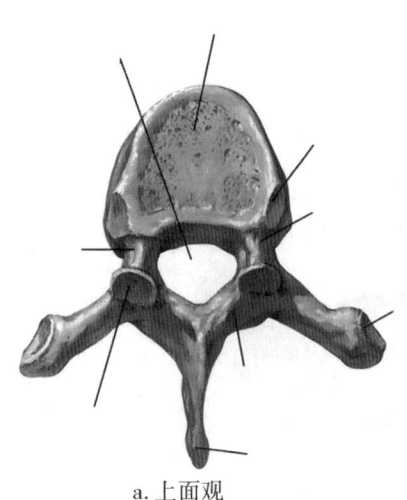
a. 上面观

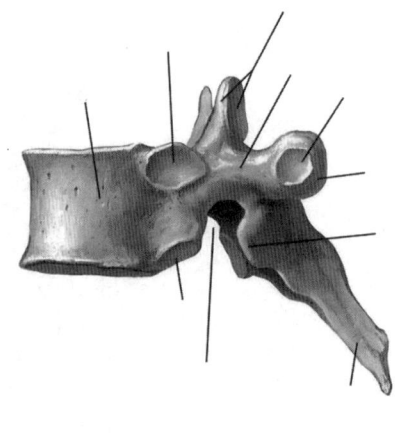
b. 外侧面观

附图1-5 椎骨形态

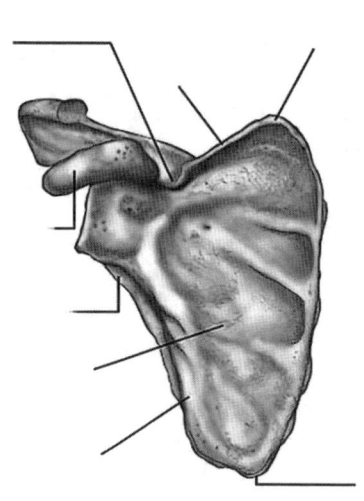
a. 前面观

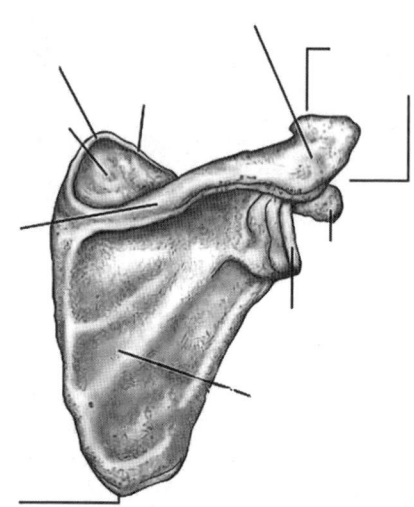
b. 后面观

附图1-6 肩胛骨形态

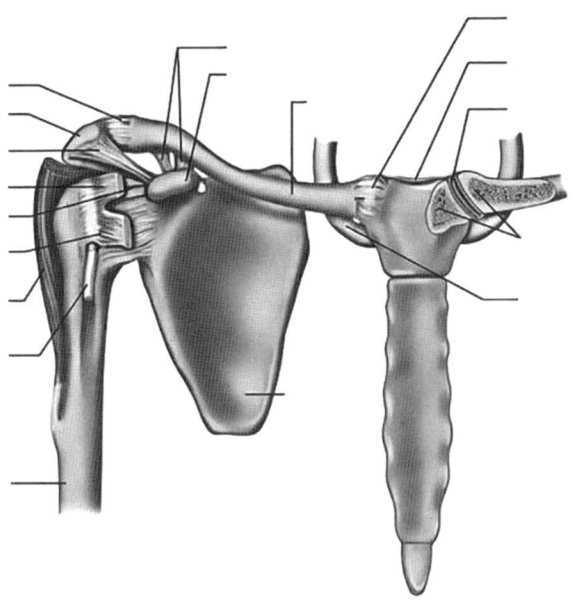

附图1-7 上肢带骨连结

附录二 全身不同肌群的定位及其机能分析实验附图

颈部肌肉如附图2-1所示，胸、肩部肌肉如附图2-2所示，腰腹部肌肉如附图2-3所示，上肢肌肉、下肢肌肉分别如附图2-4、附图2-5所示。

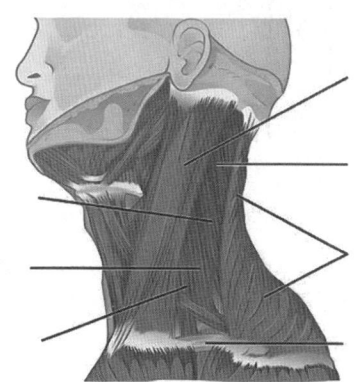
a. 侧面

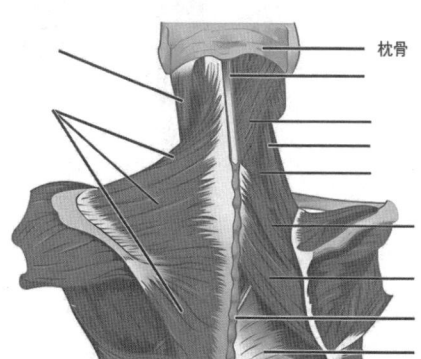
b. 背面

附图2-1 颈部肌肉

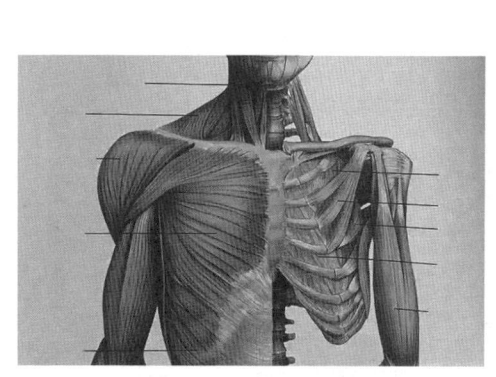
a. 胸部

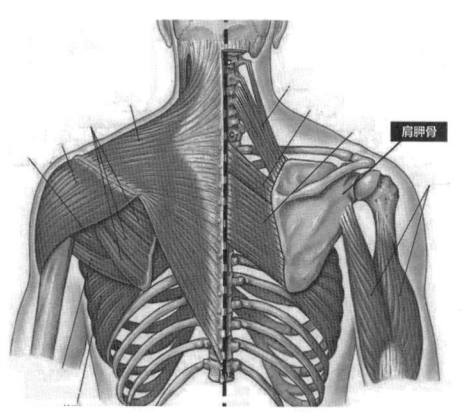
b. 肩部

附图2-2 胸、肩部肌肉

附录二 全身不同肌群的定位及其机能分析实验附图

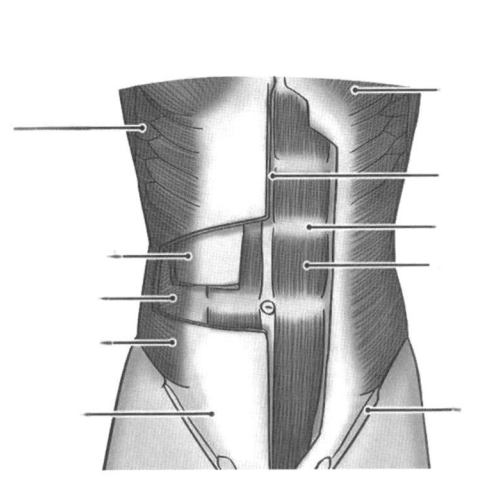
a. 腹部

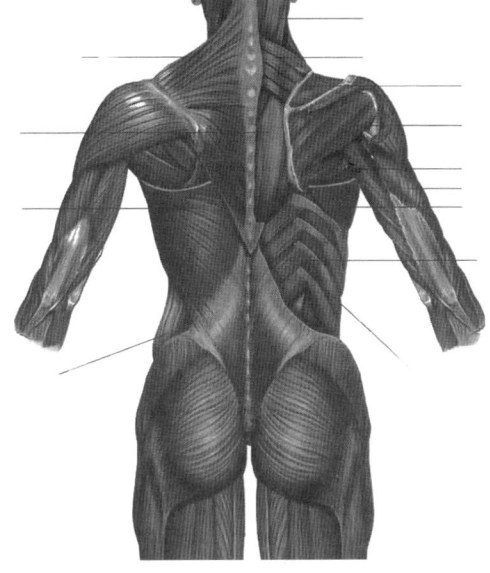
b. 腰背部

附图 2-3 腰腹部肌肉

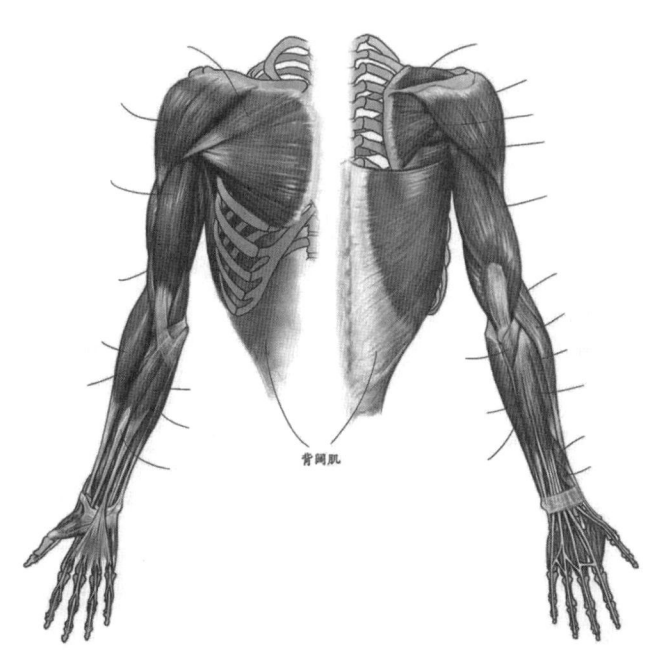

附图 2-4 上肢肌肉

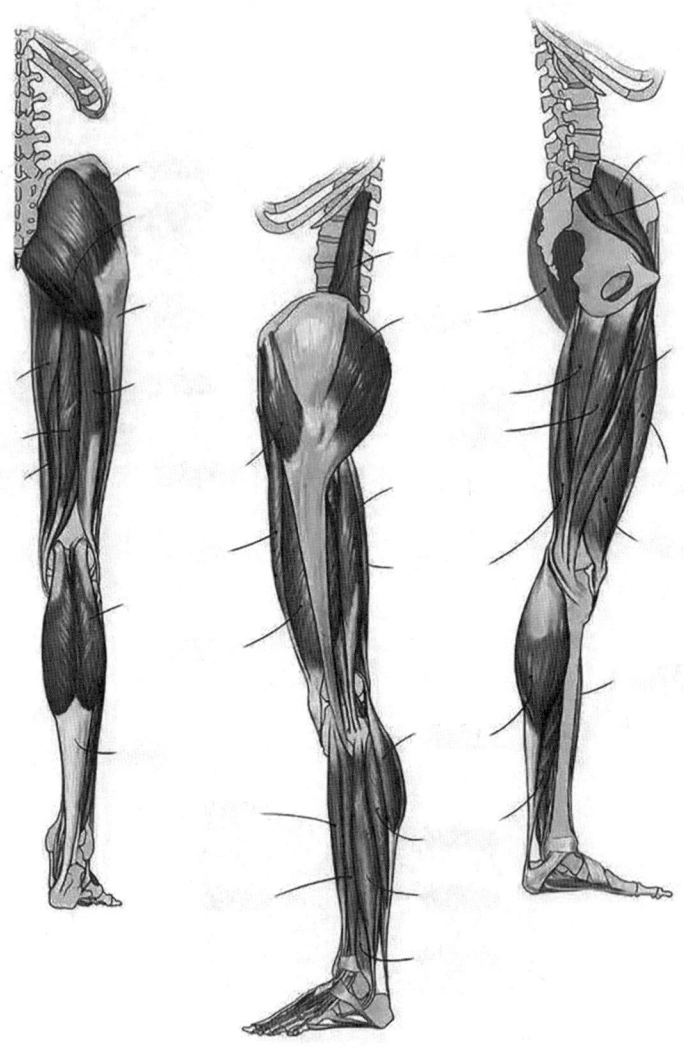

附图2-5 下肢肌肉

附录三　人体运动保障系统的观察实验附图

消化系统、泌尿系统、呼吸系统的组成分别如附图3-1、附图3-2、附图3-3所示，心脏的结构、血管分别如附图3-4、附图3-5所示，人体主要动脉、主要静脉如附图3-6所示。

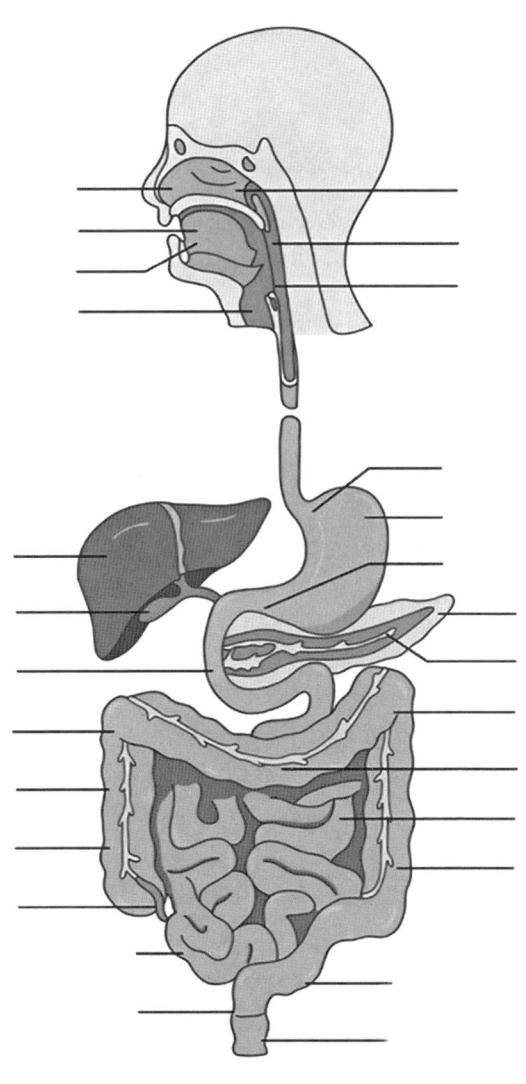

附图3-1　消化系统组成

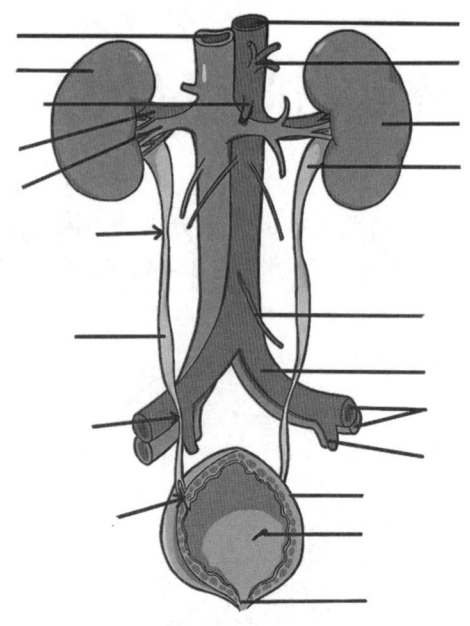

附图3-2　泌尿系统组成

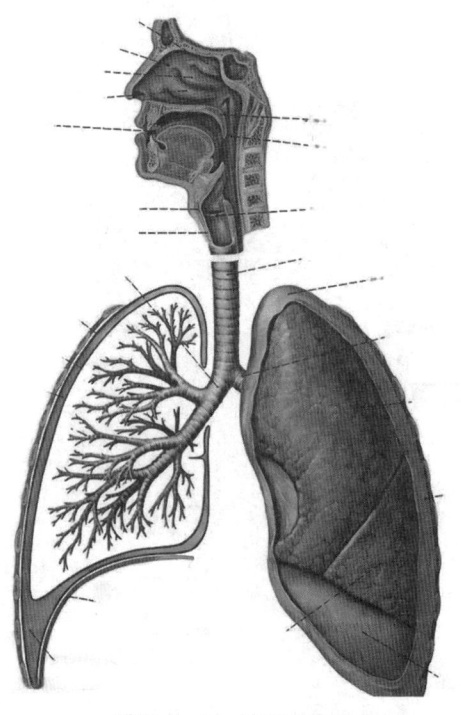

附图3-3　呼吸系统组成

附录三 人体运动保障系统的观察实验附图

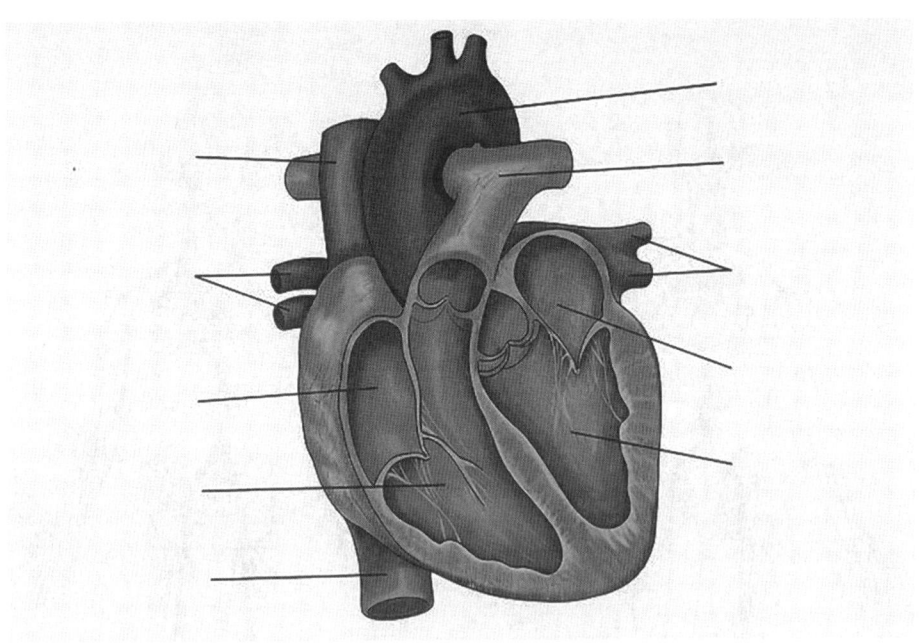

附图 3-4　心脏的结构

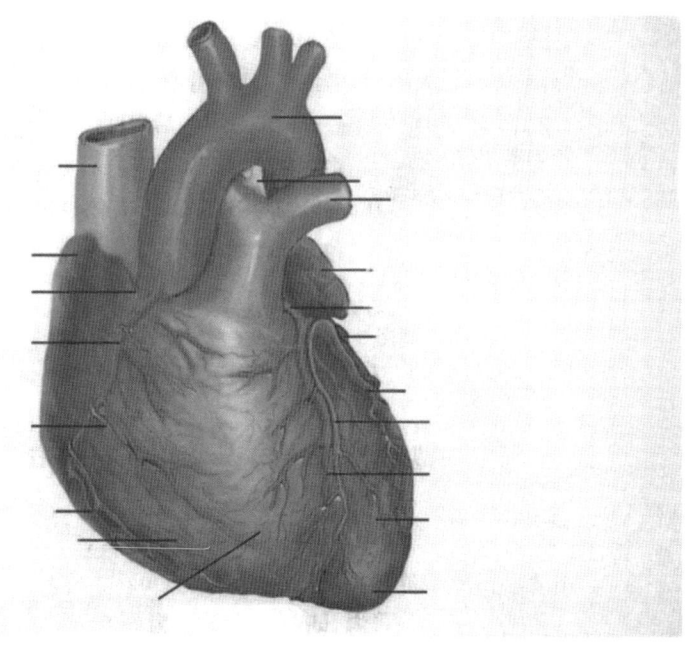

附图 3-5　心脏的血管

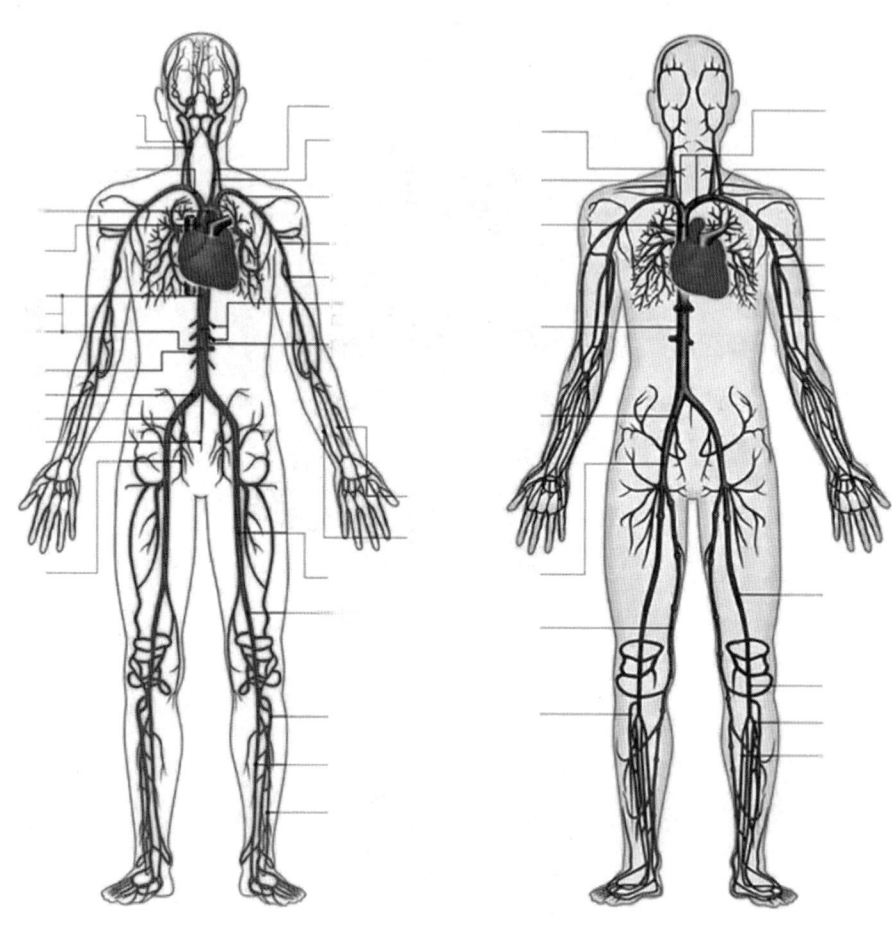

a. 人体主要动脉　　　　　　　　b. 人体主要静脉

附图 3-6　人体主要动脉、主要静脉

附录四　人体运动调节系统的观察实验附图

脑干结构如附图4-1所示,大脑结构如附图4-2所示,脊髓、脊神经的结构如附图4-3所示,眼球、耳的结构分别如附图4-4、附图4-5所示。

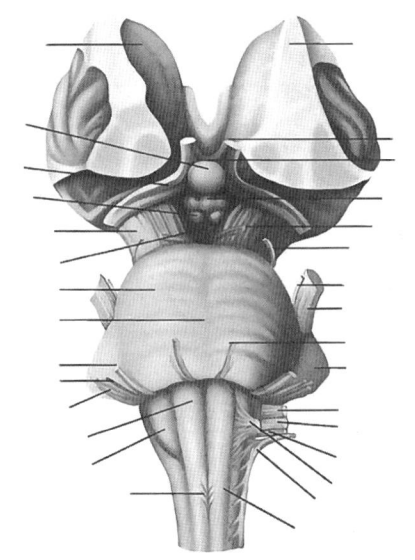
a. 前面

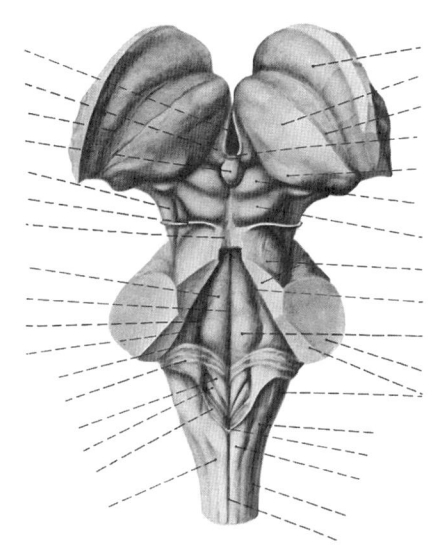
b. 背面

附图4-1　脑干结构

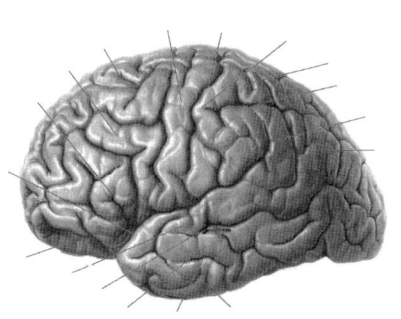
a. 外侧面的主要沟回

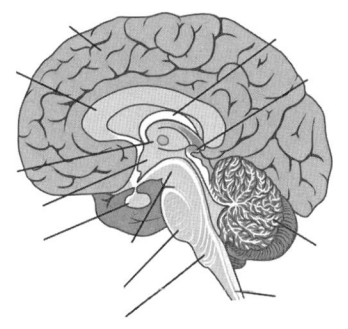
b. 内侧面的结构

附图4-2　大脑结构

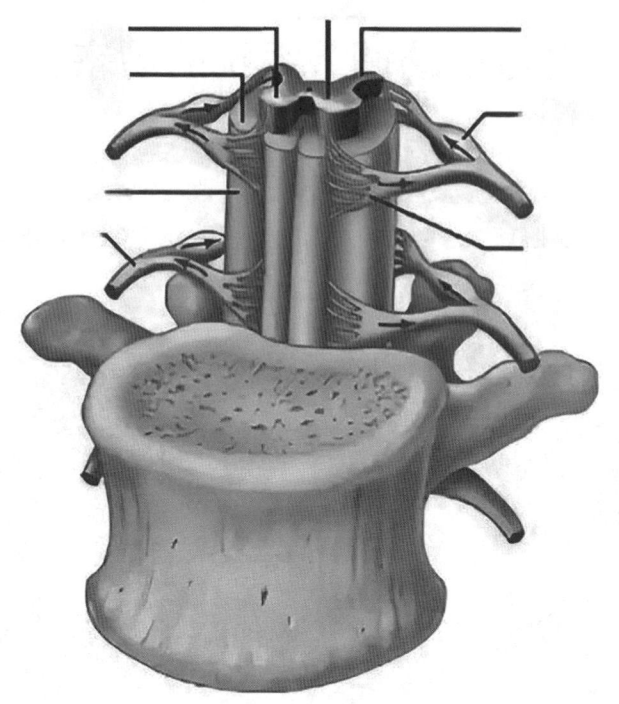

附图4-3 脊髓、脊神经的结构

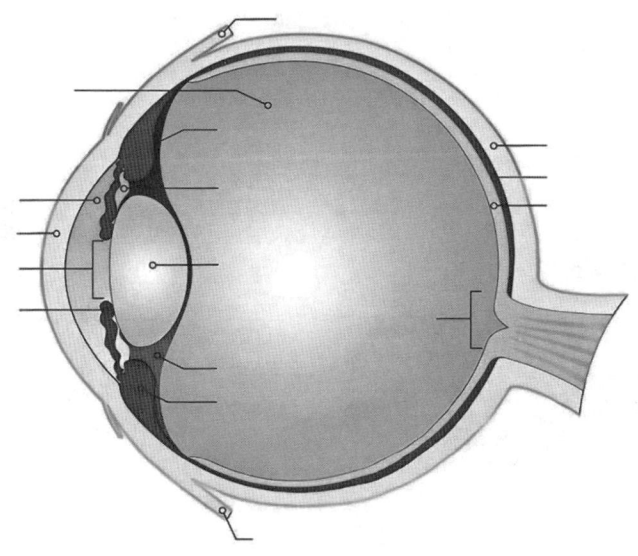

附图4-4 眼球的结构

附录四 人体运动调节系统的观察实验附图

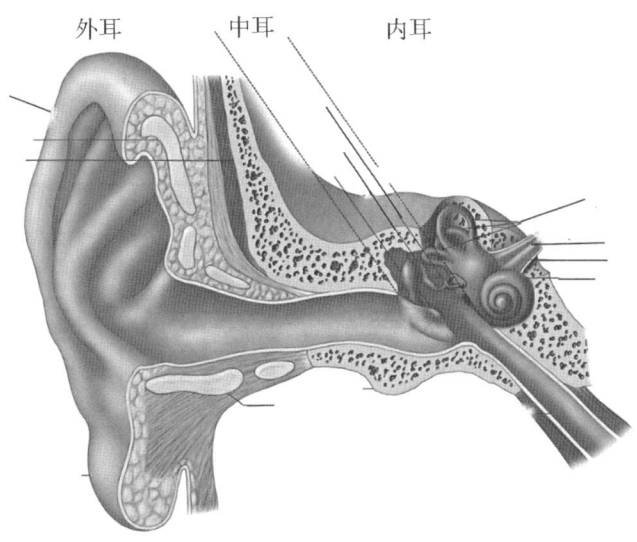

附图 4-5 耳的结构

附录五　个性测定实验用表

卡特尔16种个性因素测验纸

	a	b	c		a	b	c		a	b	c		a	b	c		a	b	c
1	□	□	□	6	□	□	□											
2	□	□	□	7	□	□	□											
3	□	□	□	8	□	□	□											
4	□	□	□	9	□	□	□											
5	□	□	□	10	□	□	□											
26	□	□	□	31	□	□	□	11	□	□	□							
27	□	□	□	32	□	□	□	12	□	□	□							
28	□	□	□	33	□	□	□	13	□	□	□							
29	□	□	□	34	□	□	□	14	□	□	□							
30	□	□	□	35	□	□	□											
51	□	□	□	56	□	□	□	36	□	□	□							
52	□	□	□	57	□	□	□	37	□	□	□							
53	□	□	□	58	□	□	□	38	□	□	□							
54	□	□	□	59	□	□	□	39	□	□	□							
55	□	□	□	60	□	□	□											
76	□	□	□	81	□	□	□	61	□	□	□							
77	□	□	□	82	□	□	□	62	□	□	□							
78	□	□	□	83	□	□	□	63	□	□	□							
79	□	□	□	84	□	□	□	64	□	□	□							
80	□	□	□	85	□	□	□											
101	□	□	□	106	□	□	□	86	□	□	□							
102	□	□	□	107	□	□	□	87	□	□	□							
103	□	□	□	108	□	□	□	88	□	□	□							
104	□	□	□	109	□	□	□	89	□	□	□							
105	□	□	□	110	□	□	□											
126	□	□	□	131	□	□	□	111	□	□	□							
127	□	□	□	132	□	□	□	112	□	□	□							
128	□	□	□	133	□	□	□	113	□	□	□							
129	□	□	□	134	□	□	□	114	□	□	□							
130	□	□	□	135	□	□	□											
151	□	□	□	156	□	□	□	136	□	□	□							
152	□	□	□	157	□	□	□	137	□	□	□							
153	□	□	□	158	□	□	□	138	□	□	□							
154	□	□	□	159	□	□	□	139	□	□	□							
155	□	□	□	160	□	□	□											
176	□	□	□	181	□	□	□	161	□	□	□							
177	□	□	□	182	□	□	□	162	□	□	□							
178	□	□	□	183	□	□	□	163	□	□	□							
179	□	□	□	184	□	□	□	164	□	□	□							
180	□	□	□	185	□	□	□											
								186	□	□	□							
								187	□	□	□							

附录五 人体运动调节系统的观察实验附图

续上表

	a	b	c		a	b	c		a	b	c		a	b	c
15	□	□	□	40	□	□	□	65	□	□	□	90	□	□	□
16	□	□	□	41	□	□	□	66	□	□	□	91	□	□	□
17	□	□	□	42	□	□	□	67	□	□	□	92	□	□	□
18	□	□	□	43	□	□	□	68	□	□	□	93	□	□	□
19	□	□	□	44	□	□	□	69	□	□	□	94	□	□	□
20	□	□	□	45	□	□	□	70	□	□	□	95	□	□	□
21	□	□	□	46	□	□	□	71	□	□	□	96	□	□	□
22	□	□	□	47	□	□	□	72	□	□	□	97	□	□	□
23	□	□	□	48	□	□	□	73	□	□	□	98	□	□	□
24	□	□	□	49	□	□	□	74	□	□	□	99	□	□	□
25	□	□	□	50	□	□	□	75	□	□	□	100	□	□	□

	a	b	c		a	b	c		a	b	c
115	□	□	□	140	□	□	□	165	□	□	□
116	□	□	□	141	□	□	□	166	□	□	□
117	□	□	□	142	□	□	□	167	□	□	□
118	□	□	□	143	□	□	□	168	□	□	□
119	□	□	□	144	□	□	□	169	□	□	□
120	□	□	□	145	□	□	□	170	□	□	□
121	□	□	□	146	□	□	□	171	□	□	□
122	□	□	□	147	□	□	□	172	□	□	□
123	□	□	□	148	□	□	□	173	□	□	□
124	□	□	□	149	□	□	□	174	□	□	□
125	□	□	□	150	□	□	□	175	□	□	□

卡特尔16种个性因素测验计分表

因素	题号	得分1	得分2	题号	得分1	得分2	题号	得分1	得分2	题号	得分1	得分2	题号	得分1	得分2	题号	得分1	得分2	题号	得分1	得分2	题号	得分1	得分2	题号	得分1	得分2	题号	得分1	得分2
A	3	a		26		c	27	b		51	b		52	a		76		c	101	b		126		a	151		c	176		b
B	28	a		53	b		54		c	77		c	78	b		102		c	103		c	127			128			152	b		177	a	c
C	4		c	5	b		29		c	30	b		55	a		79	b		80	b		104	b		105		a	129	b		153		a	178	a	
E	6	a		7		b	31	a		32	b		56	a		57		c	81	b		106	b		130		a	154		c	179	a	b
F	8		c	33		b	58	a		59	b		83	a		107	a		108	b		131	b		132	a		155	a		156		a	180	a	b
G	9		c	34	b		35		c	60	b		61		c	84		c	85		c	109	a		133	a		134	a		157	a		158		a	181	a	b
H	10	a		11		c	12	b		36	b		37	a		62	a		86		c	87		c	110	b		111	a		135	a		136		a	182	a	b
I	11		c	13	a		38		c	39	b		63		c	64	b		88		c	89	a		112	a		114	a		137	a					183	a	b
L	13		c	14	a		15		c	40	b		41	a		65		c	66	a		90	a		113	b		115	a		138	a		161		b			
M	14	a		16		c	17	b		42	b		43		c	67	a		68		c	91	b		116	a		117	a		139	a		140	b		185	a	b
N	16		c	18	a		19	b		44	b		45	a		69	a		70		c	92	b		117			118	a		140			163		b	164	b	
O	18		c	20	a		21	b		46	b		46		c	69	a		94	b		93	b		119	b		142	a		165		b	166	b	
Q1	20	a		22		c	47		c	72	b		72		c	95		c	120	b		121	b		145	a		167		b	168	b				
Q2	22		c	23		c	24	b		72			73	a		96	a		97	c		121			146	a		169	a		170		b	171	b	
Q3	23		c	24	a		48	b		73	b		74		b	97		c	123	a		122	a		148	a		172	a		173		b			
Q4	25	a	b	49		c	50	b		74	b		75		b	99		c	100	b		124	b		125	b		149	b		150		a	174	a	b	175	c	b

· 280 ·

附录五　人体运动调节系统的观察实验附图

成人（男）16种个性因素常模

因素	1	2	3	4	5	6	7	8	9	10	因素	x̄	S
A	0~3	4	5~6	7~8	9	10~11	12	13~14	15	16~20	A	9.63	3.17
B	0~3	4	5	6	7	8~9	10	11	12	13	B	7.98	2.05
C	0~8	9~10	11	12~13	14~15	16	17~18	19~20	21	22~26	C	15.16	3.27
E	0~4	5	6~7	8~9	10~11	12	13~14	15~16	17~18	19~26	E	11.18	3.56
F	0~3	4~5	6	7~8	9~10	11~12	13~14	15~16	17~18	19~26	F	10.74	3.77
G	0~6	7~8	9~10	11	12~13	14	15~16	17~18	19	20	G	13.25	3.23
H	0~2	3~4	5~6	7~8	9~10	11	12~13	14~15	16~17	18~26	H	9.95	3.71
I	0~5	6	7~8	9	10~11	12	13	14~15	16	17~20	I	11.11	2.80
L	0~6	7	8	9	10~11	12	13	14	15	16~20	L	11.12	2.39
M	0~6	7	8~9	10	11~12	13~14	15	16~17	18~19	20~26	M	12.62	3.25
N	0~3	4~5	5~6	7	8	9	10~11	12	13	14~20	N	8.71	2.56
O	0~3	4~5	6~7	8~9	10~11	12	13~14	15~16	17~18	19~26	O	11.03	3.54
Q1	0~5	6~7	8	9~10	11	12~13	14	15~16	17	18~20	Q1	11.78	2.92
Q2	0~6	7	8~9	10~11	12	13~14	15~16	17	18~19	20	Q2	12.75	3.30
Q3	0~6	7~8	9	10~11	12	13~14	15	16~17	18	19~20	Q3	12.70	3.04
Q4	0~3	4~5	6~7	8	9~10	11~12	13~14	15~16	17~18	19~26	Q4	10.83	3.69

N=470

成人（女）16种个性因素常模

因素	1	2	3	4	5	6	7	8	9	10	因素	$\bar{X}$	S
A	0~3	4~5	6	7~8	9~10	11	12~13	14~15	16	17~20	A	10.10	3.29
B	0~3	5	6	7	8	9	10	11	12	13	B	8.69	1.94
C	0~7	8~9	10~11	12~13	14	15~16	17~18	19	20~21	22~26	C	14.76	3.39
E	0~3	4~5	6	7~8	9	10~11	12~13	14	15~16	17~26	E	9.92	3.12
F	0~2	3~4	5~6	7~8	9~10	11~12	13~14	15~16	17~18	19~26	F	10.42	3.86
G	0~7	8~9	10	11~12	13	14~15	16~17	18	19	20	G	13.91	3.16
H	0~1	2~3	4~5	6~7	8	9~10	11~12	13~14	15~16	17~26	H	8.85	3.53
I	0~6	7	8~9	10	11	12~13	14	15	16~17	18~20	I	11.81	2.58
L	0~5	6	7~8	9	10	11~12	13	14	15~16	17~20	L	10.82	2.68
M	0~6	7	8~9	10~11	12	13~14	15~16	17~18	19	20~26	M	12.97	3.39
N	0~4	5	6	7~8	9	10	11	12	13~14	15~20	N	9.25	2.45
O	0~5	6~7	8	9~10	11~12	13~14	15	16~17	18~19	20~26	O	12.35	3.42
Q1	0~5	6	7~8	9	10~11	12	13~14	15	16~17	18~20	Q1	11.27	2.97
Q2	0~5	6~7	8	9~10	11	12~13	14~15	16	17~18	19~20	Q2	11.98	3.15
Q3	0~7	8	9~10	11	12~13	14	15	16~17	18	19~20	Q3	13.05	2.94
Q4	0~3	4~5	6~7	8~9	10~11	12~13	14~15	16~17	18~19	20~26	Q4	11.70	3.97

N=508

附录五 人体运动调节系统的观察实验附图

大学生（男）16种个性因素常模

因素	1	2	3	4	5	6	7	8	9	10	因素	$\bar{X}$	S
A	0~1	2~3	4~5	6~7	8	9~10	11~12	13~14	15	16~20	A	8.87	3.46
B	0~4	5	6	7	8	9	10	11	12	13	B	8.17	1.76
C	0~7	8~9	10~11	12	13~14	15~16	17	18~19	20~21	22~26	C	14.41	3.33
E	0~4	5~6	7	8~9	10~11	12~13	14	15~16	17~18	19~26	E	11.41	3.55
F	0~4	5~6	7~8	9~10	11~12	13~14	15~16	17~18	19~20	21~26	F	12.60	3.94
G	0~6	7	8~9	10~11	12	13~14	15	16~17	18	19~20	G	12.60	3.09
H	0~2	3~4	5~6	7~8	9~10	11~12	13~14	15~16	17~18	19~26	H	10.56	4.01
I	0~4	5~6	7	8~9	10	11	12~13	14	15~16	17~20	I	10.49	2.80
L	0~6	7	8~9	10	11	12~13	14	15	16~17	18~20	L	11.82	2.69
M	0~5	6~7	8~9	10	11~12	13~14	15	16~17	18~19	20~26	M	12.51	3.32
N	0~3	4	5~6	7	8	9~10	11	12	13~14	15~20	N	8.82	2.76
O	0~3	4~5	6~7	8	9~10	11~12	13~14	15~16	17	18~26	O	10.64	3.61
Q1	0~6	7	8~9	10	11	12~13	14	15~16	17	18~20	Q1	11.84	2.84
Q2	0~6	7~8	9	10~11	12	13~14	15~16	17	18~19	20	Q2	12.86	3.19
Q3	0~6	7	8~9	10	11~12	13	14~15	16	17~18	19~20	Q3	12.30	3.10
Q4	0~3	4~5	6~7	8~9	10~11	12~13	14~15	16	17~18	19~26	Q4	11.12	3.90

N=552

大学生（女）16种个性因素常模

因素	1	2	3	4	5	6	7	8	9	10	因素	$\bar{x}$	S
A	0~2	3~4	5	6~7	8~9	10~11	12~13	14	15~16	17~20	A	9.54	3.60
B	0~4	5	6	7	8	9	10	11	12	13	B	8.46	1.77
C	0~7	8~9	10~11	12	13~14	15~16	17	18~19	20~21	22~26	C	14.52	3.44
E	0~3	4~5	6	7~8	9~10	11~12	13	14~15	16~17	18~26	E	10.42	3.51
F	0~5	6~7	8	9~10	11~12	13~14	15~16	17~18	19	20~26	F	12.56	3.66
G	0~6	7	8~9	10	11~12	13	14~15	16	17~18	19~20	G	12.35	2.99
H	0~2	3~4	5~6	7~8	9~10	11~12	13	14~15	16~17	18~26	H	10.18	3.80
I	0~6	7	8~9	10	11	12~13	14	15~16	17	18~20	I	11.97	2.80
L	0~6	7~8	9	10	11	12~13	14	15	16	17~20	L	11.87	2.55
M	0~6	7~8	9~10	11~12	13~14	15	16~17	18~19	20~21	22~26	M	14.00	3.58
N	0~4	5	6	7	8~9	10	11	12	13	14~20	N	9.05	2.40
O	0~4	5~6	7~8	9	10~11	12~13	14~15	16~17	18	19~26	O	11.70	3.60
Q1	0~5	6~7	8	9~10	11	12~13	14	15	16~17	18~20	Q1	11.66	2.84
Q2	0~6	7	8~9	10~11	12	13~14	15~16	17	18~19	20	Q2	12.80	3.26
Q3	0~6	7~8	9	10~11	12~13	14	15~16	17~18	19	20	Q3	13.10	3.27
Q4	0~3	4~5	6~7	8~9	10~11	12~13	14~15	16~17	18~19	20~26	Q4	11.21	4.01

N=454

附录五 人体运动调节系统的观察实验附图

16种个性因素剖面图

因素	原始分	标准分	低分者特征	标准分					因素					高分者特征
				1	2	3	4	5	6	7	8	9	10	
A			缄默孤独						A					乐群外向
B			迟钝,学识浅薄						B					聪慧,富有才识
C			情绪激动						C					情绪稳定
E			谦虚顺从						E					好强固执
F			严肃审慎						F					轻松兴奋
G			权宜敷衍						G					有恒负责
H			畏缩退怯						H					冒险敢为
I			理智,着重实际						I					敏感,感情用事
L			信赖随和						L					怀疑刚愎
M			现实,合乎成规						M					幻想,放荡不羁
N			坦白直率,天真						N					精明能干,颇倜多端
O			安祥沉着,有自信心						O					忧虑抑郁,颇倜多故
Q1			保守,服膺传统						Q1					自由,批评激进
Q2			依赖随群附众						Q2					自主,当机立断
Q3			矛盾冲突不明大体						Q3					知己知彼,自律严重
Q4			心平气和						Q4					紧张困扰

参 考 文 献

[1] 陈晓东. 保健学理论与实践［M］. 北京：人民体育出版社，2022.

[2] 陈晓东. 运动解剖学实验与实践［M］. 北京：人民卫生出版社，2023.

[3] 陈晓东. 运动生理学［M］. 5版. 北京：人民卫生出版社，2023.

[4] 戴海琦. 心理测量学［M］. 4版. 北京：高等教育出版社，2023.

[5] 段锐，王健，乔德才. 运动生理学［M］. 4版. 北京：高等教育出版社，2025.

[6] 季浏，殷恒婵，颜军. 体育心理学［M］. 3版. 北京：高等教育出版社，2016.

[7] 李建国. 运动医学基础与临床［M］. 北京：高等教育出版社，2020.

[8] 李洁，陈仁伟. 人体运动能力检测与评定［M］. 北京：人民体育出版社，2005.

[9] 李伟. 运动解剖学实验指导手册［M］. 北京：北京体育大学出版社，2021.

[10] 刘强. 运动解剖学实验手册［M］. 北京：人民体育出版社，2023.

[11] 刘强. 运动生物化学实验指导［M］. 北京：人民卫生出版社，2022.

[12] 刘志强. 运动康复学［M］. 3版. 北京：北京体育大学出版社，2023.

[13] 王瑞元. 运动解剖学实验指南［M］. 北京：人民体育出版社，2015.

[14] 翁锡全. 运动生物化学实验［M］. 北京：人民体育出版社，2011.

[15] 姚鸿恩. 体育保健学［M］. 6版. 北京：高等教育出版社，2023.

[16] 张建华. 运动医学理论与实践［M］. 北京：北京体育大学出版社，2021.

[17] 张力为，毛志雄. 体育心理学［M］. 4版. 北京：高等教育出版社，2023.

[18] 张丽. 体育保健学理论与实践［M］. 北京：北京体育大学出版社，2022.

[19] 张丽. 体育心理学理论与实践［M］. 北京：北京体育大学出版社，2022.

[20] 张丽. 心理测量学理论与实践［M］. 北京：北京师范大学出版社，2022.

[21] 张薇，徐冬青，赵斐，等. 皮褶厚度法间接测定中国人身体脂肪含量公式的初步建立［J］. 天津体育学院学报，1999（1）：49-50.